U0647660

编委会

主　编　徐　方

副主编　鲁焕清　童明荣　李建国

编　委　（按姓氏笔画顺序）

史　斌　孙肖波　杨冰峰

吴伟强　吴炫德　陈建祥

郭春瑞　谢国光　熊　彬

编　者　严雪松　顾　晔　王铭徽

宁波社科咨政报告

❄ 2020 ❄

POLICY ADVISORY
REPORT ON NINGBO SOCIAL
SCIENCES 2020

徐　方◎主编

ZHEJIANG UNIVERSITY PRESS
浙江大学出版社

图书在版编目（CIP）数据

宁波社科咨政报告. 2020 / 徐方主编. — 杭州：
浙江大学出版社，2021.4
ISBN 978-7-308-21191-8

Ⅰ. ①宁… Ⅱ. ①徐… Ⅲ. ①社会科学－研究报告－
宁波－2020 Ⅳ. ①C125.53

中国版本图书馆CIP数据核字(2021)第050083号

宁波社科咨政报告2020

徐　方　主编

策划编辑	吴伟伟
责任编辑	陈　翾
责任校对	丁沛岚
封面设计	雷建军
出版发行	浙江大学出版社
	（杭州市天目山路148号　　邮政编码　310007）
	（网址：http：//www.zjupress.com）
排　　版	杭州林智广告有限公司
印　　刷	杭州高腾印务有限公司
开　　本	710mm×1000mm　1/16
印　　张	21.25
字　　数	345千
版 印 次	2021年4月第1版　2021年4月第1次印刷
书　　号	ISBN 978-7-308-21191-8
定　　价	88.00元

版权所有　翻印必究　　印装差错　负责调换

浙江大学出版社市场运营中心联系方式：0571-88925591；http：//zjdxcbs.tmall.com

目 录

三　助推复工复产

六 产业经济转型

七 开放合作深化

十　党建纪检建设

"重要窗口"建设

全面把握"重要窗口"新目标新定位的内涵特征

"重要窗口"新目标新定位凸显从国内视野到国际视野、从先发优势到能级优势、从现象层面到制度层面的三大转变，"重要窗口"具有典型性、先进性、示范性等特征，"重要窗口"应着力展示中国特色社会主义制度创新性、实践性、人民性三大特征。

2020 年，习近平总书记到浙江、到宁波考察，殷切期望浙江努力成为"新时代全面展示中国特色社会主义制度优越性的重要窗口"。宁波对照新目标新定位，奋力当好浙江建设"重要窗口"的模范生，需要准确把握"重要窗口"的深刻内涵。

一、习近平总书记对浙江和宁波发展目标定位指示的演进，凸显从国内视野到国际视野、从先发优势到能级优势、从现象层面到制度层面的三大转变

习近平总书记 2015 年在浙江调研时说，"浙江的今天就是中国的明天"。这个重要的定位，对当时的浙江人民有非常大的鼓舞和鞭策作用。从"浙江的今天就是中国的明天"到"重要窗口"，定位的转换，承上启下，继往开来，凸显了三大历史性转变。

（一）从国内视野转变为国际视野

"浙江的今天就是中国的明天"，更多的是从全国的角度着眼，意指浙江要成为中国发展最快、发展最好的地区。而努力成为"重要窗口"，则是从全球视野考量浙江的发展，意指要积极参与竞争合作，跻身全球竞争发展先进行列。

这就要求宁波拉高标杆，对标国际先进城市，以更高站位、更大格局、更宽视野，从全球化、国际化的高度谋划推动宁波城市发展，不断深化对外开放和国际合作，放大内外开放优势，不断提升城市发展综合实力和国际竞争力。

（二）从先发优势转变为能级优势

"浙江的今天就是中国的明天"，充分体现浙江作为改革开放的先行者在全国的比较优势，展现出先发优势的豪迈。而努力成为"重要窗口"，则是与发达国家的经济社会发展水平进行全面比较，努力实现经济社会发展的综合比拼、整体超越。

这就要求宁波善于进一步发挥自身特色优势，把港口、开放、制造业等先发优势"扬"得更高，使先发优势更明显，善于不断补齐短板，不断提升发展的全面性、协调性、可持续性，不只是满足争当"单项冠军"，而是要增强发展的整体效能和发展后劲，形成综合优势、能级优势。

（三）从现象层面转变为制度层面

"浙江的今天就是中国的明天"，更多的是从经济社会发展的阶段性成就去观察，只是一种可观可视的现象。而努力成为"重要窗口"，则是深入中国特色社会主义的制度层面，是从现象走向了本质。

这就要求宁波继续统筹做好疫情防控和复工复产工作，善于化危为机抢抓发展新机遇，更加彰显社会主义制度优越性。同时，不断深化新时代改革开放，继续发挥带头引领、先行先试的作用，努力形成一批具有宁波特色的可复制、可推广的体制机制经验范本，为中国特色社会主义现代化建设探索道路、提供经验。

二、"重要窗口"具有典型性、先进性、示范性等特征，就是要实现更多的呈现"风景"、更广的辐射带动、更强的示范引领三大功能

（一）具有典型性，发挥展示功能

"窗口"肯定不止一个，而是有很多个，每个"窗口"都具有代表性、典型性，都要展示不同特色的"美景"。这扇"窗户"，是全国千家万户的"窗户"中亮丽的一扇，打开这扇窗，透过这扇窗，能够一览最美风景，尽显"这边独好的风景"。

宁波要干在实处、走在前列，突出自身发展特色优势，突出战略重点，成

为生产力快速健康发展的经济热土、社会主义优越性的旗帜高地、人民安居乐业的和谐家园、生态文明的绿水青山，成为展示我国改革开放成就和国际社会观察我国改革开放的重要窗口，充分展示"中国之治""中国精神""中国气派"，彰显新时代中国特色社会主义制度的优越性。

（二）具有先进性，发挥辐射带动功能

"窗口"意味着"光"和"亮"，不仅自身要加快发展，成为"亮点"，还要利用自身的实力、资源、功能等带动辐射周边区域合作发展、联动发展、互动发展，形成区域协同发展新模式。

宁波要在加快自身发展的基础上，坚持"八八战略"再深化、改革开放再出发，加强与周边区域在基础设施、公共服务、产业经济、科技创新等方面的协同合作，加快宁波都市圈、港口经济圈建设，抓紧实质性推进甬舟一体化、沪甬合作，唱好"双城记"，全方位融入长三角一体化进程，实现与周边区域协同发展、共同发展。

（三）具有标杆性，发挥示范引领功能

每个"窗口"都是一个标杆，在全国改革开放大局中肩负特殊的地位、功能和使命，是率先改革、全面开放、"先行先试"的"窗口"，以"一马当先"带动"万马奔腾"，以一域服务全局，为其他地区实现高质量发展提供可借鉴和可复制的创新性模式、范本和经验。

宁波要服务和融入国家战略，围绕亟须突破的重点和难点敢闯敢试，在经济发展、社会治理、生态建设、文化文明等各领域争先创优，率先构建具有世界级竞争力的现代产业体系，率先形成全面开放格局，率先塑造展现社会主义文化繁荣兴盛的现代城市文明，率先打造人与自然和谐共生的美丽中国典范，奋力践行习近平新时代中国特色社会主义思想，做好全方位、全过程先行示范，当好标杆。

三、"重要窗口"应着力展示中国特色社会主义制度创新性、实践性、人民性三大特征，为新时代宁波高质量发展提供更强大的活力和动力

（一）突出创新性，激发宁波高质量发展新动力

中国特色社会主义制度之所以能永葆生机活力，一个重要原因是遵循守正创新之道，坚持与时俱进、自我完善。作为"重要窗口"，更要增强志不改、道不变的坚定，增强主动应变、积极求变的决心，持续以改革创新增强制度活力。

宁波要牢记在全国全省大局中的使命担当，努力成为展示中国特色社会主义制度创新性的重要窗口。加快解放思想，以学习贯彻习近平总书记到浙江考察讲话精神为契机，掀起新一轮思想大解放热潮，坚决摒弃"小富即安"、因循守旧思想，以思想解放带动观念转变和作风改进。坚持新发展理念，加快推进"六争攻坚"行动，不断突破改革的"盲区""禁区""难区"，积极争取自由贸易区等具有全局意义的重大改革试点，努力争当全面深化改革的先行者、领跑者。不断完善区域创新体系，大力招引高端人才，充分发挥科研院所和产业技术研究院作用，优化要素资源市场化配置，培育增强发展新动能。

（二）突出实践性，再创宁波高质量发展新优势

中国特色社会主义制度深深地植根于实践、服务于实践并在实践中不断发展，具有鲜明的实践性和时代性。作为"重要窗口"，更要坚持发展第一要务，在深入践行中国特色社会主义制度中发现问题、筛选问题、研究问题、解决问题。

宁波要立足于新的历史方位和实践要求，努力成为展示中国特色社会主义制度实践性的重要窗口。充分利用好港口这一最大的资源，推动宁波舟山港打造世界一流强港，做大做强临港制造业和港航服务业，实现"港产城"深度融合、共兴共荣。发挥好开放这一宁波最大的优势，打造"一带一路"强支点，加快前湾新区、南湾新区、甬舟合作区、沪浙合作发展区等平台建设，努力打造国际一流的营商环境。再创产业竞争优势，推动"246"万千亿级产业集群建设、"3433"服务业倍增发展行动计划和"225"外贸双万亿行动，在全球产业链供应链重构中提升产业能级。

（三）突出人民性，实现宁波高质量发展新要求

中国特色社会主义制度以最广大人民根本利益为价值取向，以植根人民、服务人民为出发点和落脚点，强调人民是我们党的工作的最高裁决者和最终评判者。作为"重要窗口"，更要坚持党的领导，坚持以人民为中心，率先形成共建共治共享共同富裕的民生发展格局。

宁波要遵照习近平总书记对宁波提出的"扎扎实实地帮助群众解决困难，实实在在地为群众谋取利益"等重要指示，努力成为展示中国特色社会主义制度人民性的重要窗口。加快补齐城市品质、社会治理等短板，完善基础设施体系、公共服务体系、社会保障体系、公共卫生应急管理体系等，维护社会平安稳定，推动城乡深度融合发展，满足人民更高水平的物质需要和文化需要，不断提升全体市民的幸福感和获得感。

宁波市社科院（市社科联）　徐方　童明荣　陈建祥　谢国光　陈珊珊

宁波争当"重要窗口"模范生的战略重点

宁波争当展现中国特色社会主义制度优越性"重要窗口"的模范生，要立足自身基础特色，突出战略重点，把优势扬得更优，力求在民营经济、港口开放、智能制造、社会治理、社会文明、城乡发展、生态保护等若干重点领域展现出"这边独好的风景"，形成可展示、可示范、可推广的实践经验。

2020 年，习近平总书记在浙江考察时提出浙江努力成为"新时代全面展示中国特色社会主义制度优越性的重要窗口"的新目标新定位。对宁波来说，一方面，要自我加压、对标对表，在政治、经济、社会、生态、党建等各个方面统筹推进、全面发展；另一方面，要立足自身基础和特色优势，突出战略重点，着重在高质量发展、高水平治理、高品质环境等有基础、有特色、有潜力的领域，争当展示中国特色社会主义制度优越性"重要窗口"的模范生。

一、争当展示高质量发展"重要窗口"的模范生

（一）展示民营经济活力

2018 年，习近平总书记在民营企业座谈会上重申"两个毫不动摇""三个没有变"，强调民营经济是我国经济制度的内在要素，应毫不动摇鼓励、支持、引导非公有制经济发展。改革开放以来，宁波民营经济蓬勃发展，较早形成了块状经济发展模式，民营经济已经成为宁波经济的显著特征和突出优势，为经济社会发展提供源源不断的动力。宁波平均每 8 个人就有 1 个经商，平均每 20 个人就办有 1 家企业，市场主体总量突破 100 万户，其中民营经济占 96% 以上。

下一步，宁波要坚决贯彻示范好"两个毫不动摇"，在构建亲清新型政商关系、促进市场公平竞争、优化营商环境、激发保护民营企业家精神等方面积极探索，推进民营经济转型发展、创新发展、跨越发展，形成提升民营经济发展

活力的新发展优势、新制度经验。

（二）展示港口开放动力

在 2018 年博鳌亚洲论坛开幕式上，习近平总书记强调，中国开放的大门不会关闭，只会越开越大。在宁波视察期间，他又强调了宁波舟山港的"硬核"力量。改革开放以来，宁波充分用好港口最重要资源，充分发挥开放最重要优势，以港口和开放带动城市发展，宁波已成为我国重要港口城市、口岸城市、对外开放门户和"一带一路"支点城市。2019 年，宁波舟山港累计完成货物吞吐量11.19 亿吨，连续 11 年位居全球港口第一，外贸总额突破 1 万亿元大关，位居全国城市第 8 位，外贸出口额排名跻身全国第 5 位，港口和开放成为宁波改革开放 40 多年来的"硬核"经验和亮点。

下一步，要在港口功能转型提升、高端航运服务业发展、浙江自贸区宁波联动创新区建设、"一带一路"综合试验区建设、"17+1"经贸合作示范区建设、开放型经济转型升级、城市国际化等方面发力，全面实施"225"外贸双万亿行动，加快打造世界一流强港，打造新型国际贸易中心，积极融入长三角一体化发展，加快杭绍甬、甬舟一体化，建设宁波都市圈、港口经济圈，继续在新时代港口开发和全面扩大开放中走在前列。

（三）展示智能制造实力

习近平总书记 2018 年 5 月在两院院士大会讲话中指出，以智能制造为主攻方向，推动产业技术变革和优化升级。宁波已经形成门类齐全、产业集群较为完备的现代工业体系，拥有 8 个超千亿级制造业产业集群，工业总产值超 2.1 万亿元，工业增加值位居全国前 10 位。智能制造是宁波制造业高质量发展的"制胜之匙"，根据标准排名城市研究院与《经济观察报》联合发布的"2019 世界智能制造中心城市潜力榜"，宁波位列全球第 27 位、全国第 8 位；另外，根据"2019 世界智能制造中心城市潜力榜"，智能制造企业占制造业企业总数的 71.6%，宁波智能制造企业数量位居全球城市第 7 位、全国第 2 位，智能制造成为宁波的一张亮丽名片。

下一步，要将深化智能制造作为培育"246"万千亿级产业集群、推进制造业高质量发展的主攻方向，实施"5G+工业互联网"试点工程，推进 5G、工业互联网、大数据、人工智能等新一代信息技术与制造业的深度融合，将"智能制造"这个强项优势继续扩大，建设国家制造业高质量发展示范区，成为智能制造发展模范生。

二、争当展示高水平治理"重要窗口"的模范生

（一）展示基层治理现代化

党的十九届四中全会提出坚持和完善共建共享共治的社会治理制度，强调构建基层社会治理新格局。近年来，宁波把加强和创新基层治理摆到突出的位置，激发基层社会治理新动能，涌现了"81890""俞复玲365社区服务工作法""道德银行""老潘警调中心""一中心四平台""村民说事""村级小微权力清单""移动微法院"等一批享誉全省乃至全国的特色品牌。

下一步，要以坚持和完善共建共治共享的社会治理制度为目标，坚持党建引领，加快完善基层治理的组织体系、制度体系、平台体系、保障体系，加快构建更高水平基层社会治理新格局，成为市域治理现代化的模范生。

（二）展示城市治理智能化

习近平总书记在浙江考察时指出，让城市更聪明一些、更智慧一些。这正是新型智慧城市建设的题中应用之义。早在2010年，宁波就在全国率先部署建设智慧城市，率先出台规划和支持政策，明确目标任务，基本建立了"最多跑一次"的智慧政务体系、"一站式服务"的智慧民生体系、"一张网监管"的智慧治理体系，先后荣获中国智慧城市"领军城市"、"示范领先城市"、中欧绿色和智慧城市"卓越奖"等荣誉，城市智能化治理和智慧城市建设走在全国前列。

下一步，要以新型智慧城市建设为目标，以政府数字化转型为先导，加快建设完善"城市数字智慧大脑"，运用大数据、区块链、人工智能等前沿治理技术，破解"数据孤岛"困境、行业标准不完善、数据应用场景不足等难题，建设高水平的新型智慧城市，力争成为城市治理智能化的模范生。

（三）展示风险治理科学化

2019年1月，在省部级主要领导干部坚持底线思维着力防范化解重大风险专题研讨班上，习近平总书记针对风险防范指出，既要高度警惕"黑天鹅"事件，也要防范"灰犀牛"事件；既要有防范风险的先手，也要有应对和化解风险挑战的高招；既要打好防范和抵御风险的有准备之战，也要打好化险为夷、转危为机的战略主动战。从此次新冠肺炎疫情防控看，宁波充分发挥中国特色社会主义制度优越性，用1个月的时间就有效控制疫情，实现患者"零死亡"、医护人员"零感染"，在统筹推进疫情防控和复工复产中取得"高分答卷"。同时，宁

波在金融风险防控、安全生产治理、食品药品安全工作等方面也成效明显。

下一步，要加强防范化解风险的顶层设计，建立健全风险预测和应急管理机制，科学制定城市风险治理专项规划，建立健全风险治理制度体系，充分发挥科技的支撑作用，持续开展安全生产、食品药品安全等风险治理攻坚，争当城市风险治理的模范生。

三、争当展示高品质环境重要窗口的模范生

（一）展示城乡发展均衡性

"八八战略"把统筹兼顾作为根本方法，高度重视提高城乡、区域发展的融合性和均衡性。2018年，习近平总书记就作出重要指示，强调要推广浙江"千村示范、万村整治"经验做法，建设好生态宜居的美丽乡村。宁波城乡统筹发展起步早、基础好，是首批国家新型城镇化标准化试点区域，城乡基础设施对接成网，城乡公共服务趋向均衡，城乡居民收入稳步增长，城乡环境面貌持续改善。2019年全市城乡居民人均可支配收入比为1.77，连续16年缩小。

下一步，要按照"一张蓝图绘到底"的理念，深化实施乡村振兴战略，深化"千村示范、万村整治"工程，推进高水平美丽乡村建设，创新涉农体制机制，推进城乡基础设施、公共服务、资源配置、文化治理等全方位深度融合，打造全域美丽大花园，创建国家城乡融合发展试验区，成为美丽乡村建设和城乡统筹发展的模范生。

（二）展示生态建设协调性

习近平总书记在浙江考察时强调，经济发展不能以破坏生态为代价，生态本身就是经济，保护生态就是发展生产力。近年来，宁波坚持以"绿水青山就是金山银山"理念为指导，持续推进生态文明建设，坚决打好污染防治攻坚战，全力打好蓝天保卫战、治水提升战、治土攻坚战，生态文明建设成效显著，2019年城市空气质量稳定达到国家二级标准，中心城区空气质量优良率为87.1%，市控以上地表水断面水质优良率为83.8%，是国家森林城市、园林城市、环保模范城市，以及国家生态文明先行示范区建设地区。

下一步，要不断完善生态文明建设的法治体系、治理体系、政策体系、制度体系，大力发展绿色经济、循环经济，全面推行清洁生产，加强生态环境保护、治理和修复，加快打造美丽宁波升级版，建设国家生态文明先行示范区和

国家生态文明建设示范市，成为践行"绿水青山就是金山银山"理念和生态保护治理的模范生。

（三）展示文明创建长效性

习近平总书记强调，实现中华民族伟大复兴的中国梦，物质财富要极大丰富，精神财富也要极大丰富。文化和文明是一座城市重要的软实力，也是城市发展的根本动力。宁波是国家历史文化名城、东亚文化之都，历史文化底蕴深厚，浙东文化、海洋文化、运河文化、河姆渡文化、海上丝绸之路文化等璀璨绚烂。宁波始终坚持"为民、靠民、惠民"的理念，推进全域化高水平文明城市建设，是全国获得全国文明城市"五连冠"的六个城市之一，连续10年被评为"中国最具幸福感城市"，东方文明之都和全国文明城市是宁波的强大软实力。

下一步，要大力弘扬新时代"四知"精神，推进文化发展繁荣，围绕文明城市全面创建、全民创建、全域创建，不断完善文明创建长效机制，努力把宁波建设得更加富裕、更加文明、更加和谐，让全体宁波人共享历史文化名城和文明城市的荣光，成为文化繁荣发展、文明城市建设的模范生。

宁波市社科院（市社科联）　童明荣　吴伟强　谢瑜宇　徐兆丰

"重要窗口"新目标新定位的内涵特征深化研究

综合能级优势主要包括产业、创新、开放、基础设施、城市服务和文化等六个方面的内涵;"重要窗口"典型性、先进性、示范性分别体现在特色和重点鲜明、速度和质量并举、先锋和标杆兼具等方面;中国特色社会主义制度的创新性在宁波体现为理念创新、制度创新、科技创新,实践性体现为立足实际、注重实干、做出实绩,人民性则体现为共建共治共享。

一、综合能级优势的内涵

(一)产业能级优势

一是产业集群强。构建一批体系全、实力强、特色明的产业集群,打造若干世界级产业集群,培育一批有较大影响力的新兴产业集群。

二是产业结构优。形成以现代服务业为主体、战略性新兴产业为引领、先进制造业为支撑的现代产业体系,产业结构优化合理,产业发展质量、效益较高。

三是产业平台高。建设一批规模化、集约化、集聚化的产业平台,打造若干国家级产业集聚区,形成一批专业特色鲜明、发展质量较高的产业特色园区。

四是总部经济强。总部经济发展环境较好,形成一批具有较强实力和影响力的央企、民营、外企总部企业,成为区域性总部中心城市。

(二)创新能级优势

一是创新平台完善。引进培育一批具有国际影响力的科研院所,建设一批高级别、高水平的创业创新平台载体。

二是创新要素集聚。以创新型人才、领军型拔尖人才和紧缺急需专门人才为重点,集聚规模较大、结构合理的高层次创业创新人才与团队。

三是创新主体发达。形成较为健全的科技型中小企业、高新技术企业、创新型领军企业发展梯队。

四是创新成果丰硕。基础研究水平较高，原始创新成果较多，发明、专利、品牌等数量位居同类城市前列，成为重要创新策源地。

（三）开放能级优势

一是国家开放战略融入深。顺应国家开放战略新布局和新变化，不断增创和充分发挥自身有利优势，积极主动融入、服务和争取国家战略，并在此过程中提升城市战略地位。

二是开放型经济实力强。开放型经济的规模、实力不断增强，全国外贸大市、开放龙头的地位更加巩固。

三是城市国际化水平高。经济、社会、人文等方面的国际化水平全面提升，构建形成宽领域、深层次、高水平的国际化城市发展格局，打造亚太国际门户。

（四）基础设施能级优势

一是打造国际航运枢纽港。国际航运枢纽港地位巩固提升，高端航运服务功能完善，成为全球航运资源配置中心。

二是打造区域性枢纽机场。货运客运吞吐量不断提升，建设成为国内重要干线机场和长三角国际航空物流枢纽。

三是打造国家综合交通枢纽。将铁路、公路、水运、民航等各种交通方式统筹规划、立体互联，形成布局完善、覆盖广泛的交通基础设施网，构筑多层级、一体化的综合交通枢纽体系。

（五）城市服务能级优势

一是生产性服务中心。打造区域性物流、金融、会展、商务、创业中心，并具有较强的辐射力、吸引力。

二是公共服务高地。形成高水平的教育、医疗、社保等公共服务供给体系，推动公共服务资源共建与共享。

三是生活服务福地。成为具有一定国际知名度的消费中心城市和高品质的区域性消费中心以及知名旅游目的地，吸引集聚效应明显。

（六）文化能级优势

一是文化基因鲜明。具有悠久的历史和深厚的文化底蕴，城市文明程度高，城市文化形象鲜明。

二是文化事业繁荣。建成覆盖城乡、便捷高效、均衡优质的现代公共文化服务体系，公共文化共建共享。

三是文化产业发达。文化产业成为国民经济重要支柱性产业，文化产业结构优，新型文化业态发展优。

宁波综合能级优势的内涵及主要抓手见表1。

表1 宁波综合能级优势的内涵及主要抓手

综合能级优势的内涵		主要抓手
产业能级优势	产业集群强	实施"246"万千亿级产业集群建设、"3433"服务业倍增发展行动、"4566"乡村产业振兴行动、5个新兴产业培育工程等。
	产业结构优	培育发展新兴产业，加快发展现代服务业，大力发展数字经济，创建制造业高质量发展示范区。
	产业平台高	推进"万亩千亿"高能级产业大平台建设，加快前湾新区、梅山保税港区等高能级产业集聚区以及港口物流、国际贸易、现代金融等高端功能平台、10个现代服务业集聚区建设，加快特色小镇建设、小微企业园提升等。
	总部经济强	建立完善总部引领、育强、招引、创新、集聚体系，构建总部经济"引得讲、留得好、育得强"的发展环境，集聚一批有较强国际竞争力的民营企业总部、央企区域性总部、跨国公司。
创新能级优势	创新平台完善	高标准推进甬江科创大走廊、新材料科技城、国际海洋生态科技城、甬江实验室等建设，推动中试平台、产业技术研究院、产业创新服务综合体建设提升发展，建设一批众创空间、博士后工作站、院士工作站，加快建设国家自主创新示范区等。
	创新要素集聚	大力实施"3315"系列计划，新设"海鸥人才"专项，集聚一批高水平创业创新人才和团队，建设人才生态最优市，完善国际科技与人才交流合作体系，深化海外科技孵化器、"科技飞地"建设，打造全球青年友好城。
	创新主体发达	实施加大全社会研发投入行动，深入实施"凤凰行动""雄鹰行动""雏鹰行动"，大力支持科创企业上市，加大高新技术企业培育力度，加快"单项冠军"企业和"专精特新"企业培育。
	创新成果丰硕	深入实施"科技创新2025"重大专项，集中攻克关键技术"卡脖子"问题，支持企业实施重大自主创新产品应用示范工程，加快建设完善科技大市场，促进科技成果集聚、展示、交易、合作、转化等。

续表

综合能级优势的内涵		主要抓手
开放能级优势	国家开放战略融入深	全面融入"一带一路"建设,加快打造"一带一路"综合试验区,加快创建浙江自贸区宁波片区,积极融入长三角一体化发展,加快杭绍甬、甬舟一体化,高标准建设"17+1"经贸合作示范区,加快建设宁波都市圈等。
	开放型经济实力强	实施"225"外贸双万亿行动,强化招商引资"一把手"工程,开展促进投资贸易便利化专项行动,积极主动扩大进口,推动技术贸易、转口贸易、离岸贸易、文化贸易创新发展,有序引导企业"走出去",建设新型国际贸易中心城市等。
	城市国际化水平高	办好中国—中东欧国家博览会,打造与国际接轨的营商环境、基础设施、公共服务,举办有影响力的国际论坛、会展、赛事、节庆等活动,加强城市形象的国际化宣传营销等。
基础能级优势	打造国际航运枢纽港	加快泊位、堆场、锚地、航道等基础设施建设,提升港口智慧化发展水平,大力发展高端航运服务业,打造港口经济圈。
	打造区域性枢纽机场	加快建设机场四期,做亮客运、做强货运,加快开辟国内外航线,打造空港经济产业链,加快建设临空经济示范区。
	打造国家综合交通枢纽	加快推进宁波西综合枢纽工程、沪甬跨海通道、沪舟甬跨海大通道、环杭州湾智慧高速公路、千吨级内河航道提升工程、沿海高铁工程、金甬铁路、轨道交通、城际铁路等重大交通项目建设。
文化能级优势	生产性服务中心	完善"大通关"体系,优化口岸服务,健全智慧化、一体化现代物流体系,打造区域性金融服务中心,打造创业之都,加快建设国际展览中心,打造国际会展之都,成为一流的休闲旅游目的地等。
	公共服务高地	提升高等教育、职业教育、学前教育发展水平,增强医疗卫生服务能力,提升对市外群众公共服务的吸引力。
	生活服务福地	完善消费基础设施和环境,促进境内外优质商品资源在宁波集聚,优化消费供给,打响消费品牌,成为国际性的商品和服务消费目的地。
	文化基因鲜明	加强历史文化传承保护,深化新时代文明实践中心建设,高标准常态化开展文明创建活动,弘扬"四知"精神,打造东方文明之都。
	文化事业繁荣	完善公共文化服务,推进"书香宁波""音乐宁波""影视宁波""创意宁波"建设,健全公共文化基础设施体系,加大优质文化产品和服务供给,加强区域文化交流合作等。
	文化产业发达	推动象山影视城、文创港、音乐港、宁波国家广告产业园区、和丰创意广场、民和文化产业园、博地影秀城等平台建设提升,加快招引文化产业航母级项目,实施文化企业梯度培育计划。

二、"重要窗口"典型性、先进性、示范性的内涵

（一）典型性：特色和重点鲜明

所谓典型性，就是依托自身基础和特色优势，突出战略重点，把优势做得更优、亮点做得更亮，成为若干领域展现中国特色社会主义制度优越性的模范生。

一是港口城市发展的典范。改革开放以来，宁波港完成了从内河小港到国际大港的转变，走出了一条"以港兴市、以市促港"的港城联动发展路子。宁波要继续加快打造世界一流强港，促进港口和城市的深度融合，成为港口城市发展的典范。

二是沿海开放城市的典范。宁波作为我国第一批沿海开放城市，是全国少数几个拥有全类型海关特殊监管区的城市，2019年，外贸出口额跻身全国城市第5位。宁波要加快浙江自贸试验区宁波片区建设，全力打造"一带一路"枢纽城市、新型国际贸易中心、国际投资合作示范城市，加快推进城市国际化，成为沿海开放城市发展的典范。

三是制造业大市转型提升的典范。"宁波制造"始终坚持创新求发展，形成八大千亿级产业集群，拥有39个"单打冠军"企业和"中国文具之都""中国模具之都""中国注塑机之都"等9个全国唯一的产业基地称号。宁波要继续将智能制造作为制造业转型升级主攻方向，建设国家制造业高质量发展示范区，成为制造业大市转型提升的典范。

（二）先进性：速度和质量并举

所谓先进性，就是要体现习近平在浙江工作期间对宁波提出的要求，站得更高一些，看得更远一些，想得更深一些，发展得更快更好一些。

一是发展速度快。全市地区生产总值从1978年的20.17亿元增加到2019年的11985亿元，跃居全国城市第12位，财政总收入从1978年的4.97亿元增加到2019年的2484亿元，是1978年的560倍，外贸进出口总额从1985年的0.1亿美元增长到2019年的9000亿元。下一步，宁波要以只争朝夕、时不我待的精气神奋力推动宁波经济社会发展继续走在前列，坐稳经济总量在全国城市中的位次。

二是发展质量高。宁波在保持经济社会快速发展的同时，注重提升发展的质量和效益，人均生产总值达到中上等发达国家水平，城镇居民可支配收入、

农村居民可支配收入分别位居 15 个副省级城市第二和第一。宁波以占全国 0.1% 的土地面积，创造了全国 1.2% 的生产总值、1.4% 的财政收入，以占全省 9% 左右的土地面积，创造了浙江省近 20% 的地区生产总值和 23% 的财政收入。下一步，要继续按照高质量发展要求，转变发展方式，培育发展新动能，不断提高生产效率和发展质量效益，成为展示高质量发展的重要窗口。

三是发展协调性好。宁波坚持推进城乡之间、产业之间、经济建设与社会事业之间、经济发展与生态文明之间均衡协调发展。三次产业结构从 1978 年的 32.3∶48.0∶19.7 演变为 2019 年的 2.7∶48.2∶49.1，基本构建起覆盖城乡、公益普惠的学前教育公共服务体系，基本形成覆盖全市的城乡公共卫生管理网络体系，环境质量总体趋好。下一步，要继续坚持以人民为中心的发展思想，统筹推进"五位一体"总体布局和协调推进"四个全面"战略布局，认真落实五大发展理念，成为展示全面、协调、可持续发展的重要窗口。

（三）示范性：先锋和标杆兼具

所谓示范性，是指敢于先行先试、敢于啃"硬骨头"、敢于率先突破，以点带面，形成规模，为其他地区实现高质量发展提供可借鉴与可复制的发展模式、范本和经验。

一是试点示范。不折不扣贯彻落实 129 项国家、省重大改革试点项目，形成可追溯的改革试点推进路线图、时间表，积极争取各领域新的国家级、省部级改革试点，确保各项改革举措落到实处，试出成效，多出全国领先的"宁波经验""宁波模式"。

二是攻坚示范。围绕"六争攻坚、三年攀高"行动，持续深化改革、持续破解影响经济社会高质量发展的痛点、难点、堵点问题，强化改革集成，增强改革的系统性、整体性、协同性，构建形成有利于"六争攻坚"的制度体系，成为系统集成改革的典范。

三是"两战"示范。坚决贯彻落实"两手都要抓、两战都要赢"的总体要求，在疫情防控常态化条件下努力加快恢复生产生活秩序，切实维护经济发展和社会稳定大局，在持续推进疫情防控和复工复产工作上继续走在前列、作出示范，争做精准施策、化危为机的模范生。

三、中国特色社会主义制度创新性、实践性、人民性的内涵

（一）创新性：理念创新、制度创新、科技创新

一是解放思想。深入学习贯彻习近平新时代中国特色社会主义思想，站在理论和实践的前沿、站在历史和战略的高度，树立全球视野、立足宁波实际，高举思想解放旗帜、始终保持进取姿态，以思想大解放推动发展大突破。

二是深化改革。认清当前改革已进入攻坚期和深水区，敢啃硬骨头，敢涉险滩，以更大的决心冲破体制机制的束缚，突破利益固化的藩篱。深化"最多跑一次""最多跑一地"改革，集中精力破除一批体制机制障碍，创新政策供给和制度供给，不断增强高质量发展的内生动力。

三是创新驱动。大力实施创新驱动战略，充分发挥科技创新的引领作用，全面推进国家自主创新示范区建设，加快引进高水平大院大所，提升产业技术研究院建设实效。

（二）实践性：立足实际、注重实干、做出实绩

一是立足实际。一切从实际出发，立足于发展基础、历史方位和实践要求，坚持问题导向，着眼于新时代发展形势与环境，注重发挥宁波港口、开放、民营经济、制造业、社会治理等方面的特色优势，科学制定"十四五"规划，实施适合宁波发展实际的决策部署，采取有针对性、操作性强的政策举措。

二是注重实干。大力弘扬"四知"精神，健全"比学赶超"机制，坚决克服形式主义、官僚主义，注重实效、善做善成，强化绩效意识、结果导向，务求工作实效，切实做到"实字为先，干字当头"。

三是做出实绩。坚持干在实处、走在前列、勇立潮头，以"实绩"为导向，深化谋划新一批事关全局的重大产业、重大平台、重大工程、重大项目、重大政策、重大改革举措，唱好"双城记"、当好模范生，用群众看得见、摸得着、感受得到的成果来检验发展成效。

（三）人民性：人民共建、人民共治、人民共享

一是人民共建。尊重人民主体地位，充分发挥人民的积极性、能动性和创造性，团结新老宁波人、海内外"宁波帮"和"帮宁波"人士等一切可以团结的力量，调动一切积极因素，激发新一轮"大众创业、万众创新"热潮。

二是人民共治。坚持党建引领，推进"自治、德治、法治"三治融合，推进

文明城市创建长效化，构建社会治理共同体，高水平推进市域治理现代化。

三是人民共享。以最广大人民根本利益为价值取向，把人民利益作为根本出发点和落脚点，不断完善公共服务体系、社会保障体系、公共应急管理体系等，建立完善城乡居民收入稳步增长机制，在提高人民群众满意度中全面增强人民群众获得感和幸福感。

宁波市社科院（市社科联）　徐方　童明荣　陈建祥　张英　陈珊珊

宁波奋力当好"重要窗口"模范生的发展愿景

宁波奋力当好全面展现中国特色社会主义制度优越性"重要窗口"的模范生，必须对标国际一流标准，以更高站位、更大格局、更宽视野谋划和描绘发展蓝图。具体来说，要努力建设成为综合实力竞争力位居前列的经济强市，区域辐射力带动力较强的开放门户，精致精美城乡融合的现代都市，宜居宜业和谐和美的幸福文化名城。

一、愿景一：综合实力竞争力位居前列的经济强市

具体目标：经济实力强、经济结构优、发展质量高、创新活力好的高端制造、高能服务、高效增值的经济强市，开放经济、民营经济、数字经济、服务经济发达的长三角南翼经济中心。

（一）综合经济实力位居前列的经济强市

地区生产总值、人均 GDP、财政收入等主要经济指标达到同类城市前列，力争主要经济指标在副省级城市、计划单列市和全国同类城市中的排位前移，常住人口超千万，地区生产总值进入全国城市十强行列，人均 GDP 等部分指标达到发达国家前 30 名水平，长三角南翼经济中心地位更加巩固。

（二）体系完备、结构高端的产业大市

战略性新兴产业为引领，先进制造业和现代服务业"双轮驱动"的现代产业体系构建形成，打造形成若干世界级产业集群和一批新兴产业集群，战略性新兴产业增加值占规上工业的 1/3 以上，"单项冠军"企业数量保持全国第一，上市公司数量跻身全国前 5 位，实现现代服务业高端化、优势产业集群化、新兴产业规模化发展，建成制造业高质量发展国家示范区。

（三）创新活力迸射的创新城市

区域创新体系健全完善，创业创新环境不断优化，市场化、法治化、国际化的一流营商环境逐步形成，打造成为营商环境最优市、人才生态最优市、青年友好城。高端人才荟萃，集聚一批高水平科研院所和新型创新平台，关键核心技术能力研发不断增强，创新研究成果数量位居同类城市前列，研发（R&D）支出经费占地区生产总值比重达到发达国家水平，成为重要创新策源地。

二、愿景二：区域辐射力带动力较强的开放门户

具体目标：以国际强港为支撑的综合交通枢纽、全球开放门户和国际化城市，依托优势打造成为区域性战略资源配置中心、国际贸易展览中心、国际航运物流中心、区域性金融服务中心。

（一）链接全球的综合枢纽城市

港口规模和效率稳步提升，货物吞吐量保持世界第一，智慧化、绿色化、一体化不断推进，国际航运枢纽港地位进一步确立，港口集疏运网络、高速公路主骨架、城市快速路网、铁路网、重要干线机场和长三角国际航空物流枢纽基本形成，立体化综合交通运输网络进一步完善，成为国家综合交通枢纽。

（二）具有全球影响力的资源配置中心

宁波都市圈、港口经济圈的服务能力和辐射能力不断提高，全方位、全领域融入长三角一体化发展，大宗商品交易规模和影响力显著提升，总部经济对宁波经济增长贡献度超50%，商流、物流、资金流、信息流大量集聚，国际贸易、国际航运、国际金融等具有中心功能和资源配置功能的业态取得突破发展，宁波对战略资源、优势商品、金融资本和创新资源的配置能力不断增强，成为"一带一路"合作典范、重要开放门户。

（三）开放型经济发达的国际化城市

开放型经济实力不断提升，外贸进出口总额跻身全国前5位，投资贸易便利化不断推进，技术贸易、转口贸易、离岸贸易等新兴业态创新发展，自贸区、"17+1"经贸合作区、前湾新区、南湾新区、临空经济示范区等重大开放平台不断完善，经济、社会、人文等国际化合作交流全面提升，新型国际贸易中心、国际投资合作示范城市、国际消费中心城市、开放龙头地位更加巩固，深层次、高水平的国际化城市发展格局基本形成，城市知名度和国际影响力不断提升。

三、愿景三：精致精美城乡融合的现代都市

具体目标：形成空间布局合理、城乡统筹一体、区域协调发展、基础设施完善的"一核两翼多节点"都市格局，现代化设施、精细化管理、特色化品质进一步提升，成为更具软实力和可持续发展能力、包容性强、高效率的现代都市。

（一）功能完善、特色鲜明的品质都市

"一核两翼多节点"网络型都市新格局基本形成，中心城区、副中心城、卫星城和中心镇建设统筹推进，中心城区极核功能不断增强，城镇化率达到80%以上。城市管理高效精细，城市管理网格化、数字化、法治化、现代化程度不断提升，建成更高水平的智慧城市。建成一批高品位商业街区、标志性建筑，中心城区街景整治、背街小巷改造和内河污染治理成效显现，东方商埠、三江穿城和海湾城市的特色更加凸显，城市形象和品位不断提升。

（二）统筹一体的城乡融合发展示范区

新型城市化和乡村振兴战略统筹推进，城乡差距不断缩小，城乡居民收入比更趋高水平均衡，美丽宁波、美丽城镇、美丽乡村统筹推进，城乡之间空间格局、产业经济、基础设施、公共服务、文化治理融合一体，城乡规划、建设、管理及要素资源配置机制统筹对接，建成国家城乡融合发展示范区。

（三）人与自然和谐共生的美丽宁波

生态理念牢固树立，生态文明制度日益完善，全社会生态文明意识不断提高，绿色成为发展的最动人色彩。主要污染物排放持续减少，污染物治理水平不断提升，大气、水、土壤质量明显改善，生态环境质量达到较高水准，区域绿地生态系统完善，建成国家生态园林城市、国家生态文明建设示范区，率先走向社会主义生态文明新时代。

四、愿景四：宜居宜业和谐和美的幸福文化名城

具体目标：各类民生服务保障机制健全、公共服务品质优良、社会和谐安全稳定，率先建成物质富裕、精神富有，宜居宜业、文明和谐，共建共享、平安有序的幸福家园。

（一）民生共富的最具幸福感城市

居民收入稳定增长，覆盖城乡常住人口的社会保障体系进一步完善，收入

和保障水平保持全国领先。普惠型基本公共服务体系进一步完善，公共基础设施更加完备，"城市病"问题有效缓解。社会更加公平正义，法治政府、阳光政府、服务政府、效率政府建设统筹推进，民主制度更加完善，公民合法权益得到有效维护。

（二）文化繁荣交融的东方文明之都

公共文化服务体系更加完善，文化市场更加繁荣，文化产业更加发达，文化生活更加丰富。社会主义核心价值体系深入人心，全国文明城市创建活动持续深化，多元文化交汇融通，"书香宁波""影视宁波""创意宁波""音乐宁波"基本建成，交融古今的文化元素与城市建设有机结合，城市文明程度和市民文明素质不断提升，城市文化软实力明显提升，建设成为具有独特魅力与韵味的亚太文化交流中心。

（三）和谐平安的市域治理现代化示范城市

党建引领不断强化，基层党建全面过硬，全面从严治党不断深化，成为政治生态山清水秀的清廉城市。基层治理水平全面提升，社会矛盾纠纷多元预防调处化解综合机制不断完善。公共安全管理体制健全完善，食品药品安全、生产安全、交通安全、社会治安等工作进一步落实。重大公共安全应急管理机制更加健全，市民获得感、安全感和幸福感不断增强。

宁波市社科院（市社科联）　童明荣　史斌

深圳全力打造 "两个重要窗口" 的做法

近年来，深圳先行先试，通过注重系统性推进、把握战略性重点、打造标志性成果、推出创新性举措等，形成了具有深圳特色的打造 "两个重要窗口" 实践经验，对宁波当好浙江建设 "重要窗口" 模范生具有一定的启示意义。

一、注重系统性推进

（一）确立发展目标

深圳聚焦 "两个重要窗口" 重要定位，按照习近平总书记重要指示精神转化为具体发展思路和目标要求，不断调整优化发展目标定位（见表 1 ）。

表 1　明确 "两个重要窗口" 重要定位后深圳提出的发展目标

年份	党代会	发展目标
2018	六届十次全会	率先建设社会主义现代化先行区，奋力向竞争力、影响力卓著的创新引领型全球城市迈进。 1. 当好展示我国改革开放成就的重要窗口、国际社会观察我国改革开放的重要窗口。 2. 打造可持续发展的全球创新之都。 3. 打造高质量发展示范区。 4. 形成具有世界级竞争力的现代产业体系。 5. 建设服务全国、面向世界的全球城市。 6. 建设最安全稳定、最公平公正、法治环境最好的城市之一。 7. 努力打造向世界全面彰显中国共产党先进性、纯洁性的 "精彩样板"。
2019	六届十一次全会	建设中国特色社会主义先行示范区，创建社会主义现代化强国的城市范例。
2019	六届十二次全会	《深圳市建设中国特色社会主义先行示范区的行动方案（2019—2025 年）》提出 "三个阶段发展目标"：2025 年，建成现代化国际化创新型城市；2035 年，建成具有全球影响力的创新创业创意之都，成为中国建设社会主义现代化强国的城市范例；本世纪中叶，成为竞争力、创新力、影响力卓著的全球标杆城市。

（二）完善法律法规

近年来，深圳围绕"两个重要窗口"目标，直面当前城市发展短板，找准关键环节和薄弱领域，从严格实施知识产权和技术秘密保护，到促进产业发展、推动科技和改革创新、加快经济发展方式转变等，出台法律法规，强化法治保障（见表2）。

表2　明确"两个重要窗口"重要定位后深圳制定的系列法律法规

修改／通过年份	法律法规
2018	《深圳经济特区知识产权保护条例》
2019	《深圳经济特区创业投资条例》
2019	《深圳经济特区金融发展促进条例》
2019	《深圳市文化产业促进条例》
2019	《深圳经济特区股份合作公司条例》
2019	《深圳经济特区循环经济促进条例》
2019	《深圳经济特区实施〈中华人民共和国反不正当竞争法〉规定》
2019	《深圳经济特区企业技术秘密保护条例》
2019	《深圳经济特区科技创新促进条例》
2019	《深圳经济特区商事登记若干规定》
2019	《深圳经济特区加快经济发展方式转变促进条例》
2019	《深圳经济特区技术转移条例》
2019	《深圳经济特区国家自主创新示范区条例》
2019	《深圳经济特区改革创新促进条例》
2019	《深圳经济特区中小企业发展促进条例》
2020	《深圳经济特区前海蛇口自由贸易试验片区条例（草案）》
2020	《深圳经济特区前海深港现代服务业合作区条例（修订草案）》
2020	《深圳经济特区个人破产条例（草案）》

（三）出台政策文件

深圳围绕"两个重要窗口"的战略重点，制定出台包括营商环境改革、住房改革、科技改革等在内的较为完善的政策体系（见表3）。

表3　明确"两个重要窗口"重要定位后深圳出台的系列政策文件

年份	政策文件
2018	《关于加大营商环境改革力度的若干措施》
2018	《关于促进深圳港加快发展的若干意见》
2018	《关于深化住房制度改革加快建立多主体供给多渠道保障租购并举的住房供应与保障体系的意见》
2018	《关于印发强化中小微企业金融服务若干措施的通知》
2018	《深圳市战略性新兴产业发展专项资金扶持政策》
2018	《关于以更大力度支持民营经济发展若干措施的通知》
2018	《关于加强基础科学研究的实施办法》
2019	《关于构建绿色金融体系的实施意见》
2019	《深圳市支持金融人才发展的实施办法》
2019	《关于实施"鹏城英才计划"的意见》
2019	《深圳市促进创业投资行业发展的若干措施》
2019	《深圳市扶持金融业发展的若干措施》
2019	《深圳市进一步促进就业若干措施》
2019	《关于深入贯彻落实习近平总书记重要讲话精神加快高新技术产业高质量发展更好发挥示范带动作用的决定》
2019	《关于规范住房租赁市场稳定住房租赁价格的意见》
2019	《关于复制推广中国（广东）自由贸易试验区深圳前海蛇口片区第四批改革创新经验的通知》

（四）编制规划方案

深圳贯彻落实党中央和省委重大决策部署，结合深圳发展实际，编制实施一系列发展规划和行动方案，确保"两个重要窗口"重要指示要求落实到位（见表4）。

表4　明确"两个重要窗口"重要定位后深圳设计的系列规划方案

年份	规划方案
2018	《深圳市可持续发展规划（2017—2030年）》
2018	《深圳市国家可持续发展议程创新示范区建设方案（2017—2020年）》
2018	《2018年深圳市国家可持续发展议程创新示范区建设实施方案（任务分工表）》
2018	《深圳市新型智慧城市建设总体方案》

续表

年份	规划方案
2018	《进一步加快发展战略性新兴产业实施方案》
2019	《深圳市进一步推动集成电路产业发展行动计划（2019—2023 年）》
2019	《深圳市新一代人工智能发展行动计划（2019—2023 年）》
2019	《进一步深化中国（广东）自由贸易试验区改革开放任务分工方案》
2019	《深圳国家高新区扩区方案》
2019	《深圳市加强港澳青年创新创业基地建设工作方案》
2019	《支持自由贸易试验区深化改革创新若干措施工作方案》
2019	《深圳市关于打造国家知识产权强市推动经济高质量发展的工作方案（2019—2021 年）》

二、把握战略性重点

（一）建设一流企业营商环境

深圳探索建立国际一流营商环境改革创新实验区，将优化营商环境列为"一号改革工程"，出台《关于加大营商环境改革力度的若干措施》等规定，每年定期发布优化营商环境改革的重点任务清单。通过立法设立"深圳企业家日"，成为全国首个设立企业家日的大城市。在全国率先推出政务服务"秒批"改革，2019—2020 年网上政务服务能力蝉联全国重点城市第一。

（二）汇聚全球创业创新资源

深圳通过"引进来"和"走出去"双向开放的模式集聚全球创业创新要素与顶尖人才，不断提升在全球创新格局中的位势。"引进来"方面，深圳积极引进 41 个国家和地区的 70 多家科技商务机构入驻、协助引进 700 多个企业和项目落户。"走出去"方面，深圳在旧金山、波士顿、西雅图、伦敦等全球创新资源密集地区布局海外创新中心，构建国际科技创新合作生态圈。

（三）推进粤港澳大湾区建设

深圳举全市之力推进粤港澳大湾区建设工作，组建市委推进粤港澳大湾区建设领导小组办公室，发布《粤港澳大湾区建设深圳指引》，通过国际科技创新中心共建、基础设施互联互通、优势产业协同发展、绿色湾区共筑、优质生活圈共建、扩大对外开放等行动，增强核心引擎功能，巩固深港紧密关系，加快推进珠三角核心区深度一体化。

（四）坚持城市综合协调发展

深圳将 2019 年确定为"城市质量提升年"，优化城市品质和现代化功能，提高发展平衡性和协调性，不断拓展城市现代化功能提升、文化创新发展、生态环境治理等重点领域和关键环节，建设全国最干净城市和世界著名花城，构筑全球区域文化中心城市和国际文化创新创意先锋城市。

三、打造标志性成果

（一）搭建一批有全球影响力的重大平台

加快深化前海深港现代服务业合作区建设，持续推进深港科技创新合作区建设，加强制度创新，探索协同开发模式，提升对港澳开放水平，促进人力、物力、资金、信息、技术等要素高效便捷流动。加快推进光明科学城、鹏城实验室、深圳湾实验室等重大创新平台建设，打造具有国际影响力的自主创新重要源头。

（二）打造一批有高端引领性的重大项目

2018 年以来，深圳每季度均新开工一批顺应市场需求、符合多方利益、利于长远发展的重大项目，包括深港青年梦工场、轨道交通、5G 基础设施等建设，坚持以项目载体支撑发展，为全力当好"两个窗口"提供新引擎动力。

（三）建设一批有国际竞争力的重大区块

深圳在规划和自然资源管理上先行先试，高水平编制国土空间规划，高标准规划建设前海国际化城市新中心、深圳湾超级总部基地、光明科学城、西丽湖国际科教城等重点片区建设。深化城市空间统筹利用，深入推进"加快国土空间提质增效、实现高质量可持续发展"专项行动。

四、推出创新性举措

（一）以综合授权改革试点为契机，推进重点领域改革新攻坚

用足用好综合授权改革试点和经济特区立法权，以改革破解瓶颈，以改革激发活力。2018 年以来，深圳着眼系统集成、协同高效、综合试验、先行示范，梳理形成一批综合授权改革清单、行政法规调整清单、重大项目实施清单，实施一批包括科技体制改革和住房制度改革在内的先行先试政策，在更高起点、

更高层次、更高目标上推进改革。

（二）以布局战略性新兴产业为重点，加快建设现代产业新体系

深圳抢抓科技产业变革机遇和新兴产业发展先机，瞄准 5G 移动通信、集成电路、人工智能等细分前沿产业，从技术、人才、资金等方面予以支持，培育发展新动能，形成经济增量以战略性新兴产业为主、工业以先进制造业为主、三产以现代服务业为主的产业结构，建立更具竞争力的现代产业体系。

（三）以用好"双区"利好叠加为驱动，率先部署全面开放新格局

深圳充分发挥粤港澳大湾区和先行示范区的"双区效应"，持续推动前海深港现代服务业合作区、前海蛇口自贸片区"双扩区"，将前海打造成高水平对外开放门户枢纽。主动谋划与周边地区的强强联合、联动发展，通过"东进、西协、南联、北拓、中优"发展战略，提高城市内部平衡性与协调性，加强与周边城市合作，注重优势互补的差异化协调发展。

宁波市社科院（市社科联）　邵一琼

新冠肺炎疫情防控

在重大疫情斗争实践中考察识别干部

防控新型冠状病毒肺炎是 2020 年开年的头等大事，事关人民群众生命安全和身体健康，事关经济社会发展大局。课题组从方法路径、内容标准、结果运用等几个维度，提出了"在重大疫情斗争实践中考察识别干部"的具体建议。

一、拓宽在重大疫情斗争实践中考察识别干部的方法路径

（一）及时深入疫情防控第一线考察识别干部

深入疫情防控第一线考察识别干部，要力戒形式主义、官僚主义。要蹲点在疫情防控第一线，疫情不结束不收兵，防控不成功不回营，全过程跟踪干部的防控表现；综合考察每一名干部的工作能力和作风，全方位掌握其综合素质；要拓宽选人用人视野，不带组织意图、不限人数范围、不设条条框框，客观评价每一名干部，真正把为民干实事的好干部发现出来，把滥竽充数的混日子干部识别出来。

到疫情防控第一线考察识别干部，要推进考察识别机制长效化、常态化。要以这次重大疫情斗争实践中开展的考察识别干部工作作为良好开端，建立一套长效化、常态化考察识别机制，加强重要项目建设、重点工作推进、重大斗争实践中的干部考察识别工作。

（二）坚持多维度、全方位、立体式考察识别干部

既要"听广播"，更要"看直播"。要通过双向约谈、集中性调研恳谈、深入

基层访谈等方式，观察干部对疫情防控工作的思考，看其见识见解；观察干部对疫情防控一线群众的感情，看其品质情怀；观察干部是冲锋陷阵、勇往直前，还是畏缩退后、徘徊观望，看其境界格局；观察干部处理突发事件的过程和结果，看其能力水平。

既要用起"显微镜"，还要端起"望远镜"。要深入疫情防控第一线，用起"显微镜"，实行对人、对事双重贴身考察识别，近距离掌握干部的现实表现。要端起"望远镜"，走进干部的日常工作圈、生活圈、社交圈，广泛听取意见，掌握干部"长时间段"的综合表现，切实提高考察识别工作的社会公信力。

（三）考察识别干部要做到以德为先、注重实绩

在防控新型冠状病毒肺炎的斗争实践中，干部最大的"德"就是思想和行动要统一到习近平总书记重要指示精神上来，坚定不移地贯彻落实党中央关于重大疫情防控的决策部署，将人民群众生命安全和身体健康放在第一位，将打赢疫情防控阻击战作为当前最重大的政治任务。考察识别干部，只有将这个"德"放在首位，才能够将党的政治优势、组织优势、密切联系群众的优势转化为疫情防控的强大政治优势。

要看在效果上是否真正"重实干、重实绩"。要看干部是否坚定站在疫情防控第一线，切实做好疫情监测、排查、预警、防控等工作，构筑群防群治抵御疫情的严密防线；要看干部是否采取了务实、贴心、到位的举措，帮助疫情防控一线专家和医护人员解决实际困难；要看干部是否坚持党建引领，把区域治理、部门治理、行业治理、基层治理、单位治理有机结合起来，切实提高疫情防控的科学性和有效性；要看干部是否做好了群众工作，稳定情绪、增强信心，不信谣、不传谣，当好群众的贴心人和主心骨，紧紧依靠人民群众打赢疫情防控阻击战。

二、健全在重大疫情斗争实践中考察识别干部的内容标准

（一）考察识别干部的政治担当素质

考察识别干部在疫情防控中的政治担当素质，首先要考察识别党员、干部是否在疫情防控第一线履职尽责，增强"四个意识"、坚定"四个自信"、做到"两个维护"。要重点考察干部贯彻落实习近平总书记重要指示和中央关于疫情防控统一部署的现实表现，重点考察干部践行初心使命、将人民群众生命安全和身体健康放在第一位、将打赢疫情防控阻击战作为当前重大政治任务方面的现实表现。

（二）考察识别干部的危机处理能力

新型冠状病毒肺炎疫情危机处理涉及疫情监测、排查、预警、防控等环节，需要专业知识和危机处理能力。既要考察识别各级领导干部对疫情扩散能力和危害性进行准确评估、制定科学防控决策、实施决策以及控制疫情的能力，也要考察识别广大干部在疫情防控中的科学态度与素质表现。

（三）考察识别干部的资源调度能力

疫情迅速扩大凸显了公共卫生危机应对体系与资源储备方面的不足，中央政府迅速统筹调度全国相关资源，为疫情严重地区防控提供了重要支持。然而，在疫情防控的"最后一公里"，还需要广大干部快速高效调度各种人力、物力、技术和信息资源，使之及时进入疫情防控一线，形成疫情防控的强大资源保障力。要通过疫情防控斗争实践，考察识别干部把资源调度起来统筹使用的能力。

（四）考察识别干部的社会管理能力

新型冠状病毒肺炎疫情的暴发使整个社会系统运转非常态化，不仅需要通过具有战时特征的社会管理来协调各种资源投入疫情防控中，而且在疫情严重地区要通过"封城"和居家隔离等办法最大限度减少人员流动与交往，使得一些单位暂时不能完全正常运转，群众生活暂时受到严重影响，甚至会出现生活物资暂时紧张、商户借机哄抬物价、居民出现焦躁情绪等情况。在维持社会正常运转、提供基本公共服务、安抚群众心理情绪等方面的社会管理能力如何，是考察识别干部综合素质的重要内容。

（五）考察识别干部的舆论引导能力

伴随新型冠状病毒肺炎出现的舆论，会影响群众对疫情的正确认知和自我防护，影响社会情绪与稳定。干部要增强舆论引导能力，坚持疫情信息公开透明，不瞒报、不虚报，不回避问题与困难，增强群众对党委、政府的信任，增加党委、政府获取信息的准确性；要善于利用媒体传播疫情防控的政策和建议，做到全民动员、全员参与，人人成为疫情防控的主体；要自觉接受舆论监督，认真解决舆论监督中反映出来的各种问题；要及时消除各种谣言，善于利用媒体增强群众信心和稳定社会情绪。要加强对干部舆论引导能力的考察识别，督促广大干部在疫情防控中认真对待并精准实施舆论引导。

（六）考察识别干部的依法治理能力

防控新型冠状病毒肺炎斗争具有战时动员与应急管理的特点，但也有相关法律法规可以依凭。只有依法治理疫情，才能既动员全社会力量防控疫情，又能使社会运转有序，使疫情防控战最终在法治轨道上取得胜利。因此，要对干部依法防控疫情能力进行考察识别，督促干部依法防控、秉公用权，绝对不能出现失职渎职、挪用救援款物等违纪违法问题；敢于根据疫情防控需要，对相关主体依法进行规制约束；同时，依法保护相关主体的合法权利，不能以疫情防控为借口侵犯公民合法权益。

三、加大重大疫情斗争实践中考察识别干部的结果运用

（一）要根据干部考察识别结果做好干部激励工作

考察识别干部时，要立足干部所在地区及部门的实际情况，不搞一刀切。有的地区疫情相对较重，有的地区疫情相对较轻，有的部门或岗位处于疫情防控第一线，有的部门或岗位在后方负责后勤保障工作，有的部门或岗位要出台政策、统筹协调，有的部门或岗位要组织群众、宣传群众，有的部门或岗位发挥着理论研究和舆论引领作用。在考察识别干部时，一定要因地制宜、具体分析，对表现突出的优秀干部进行表扬表彰，对典型事迹进行总结宣传，激励广大干部以坚忍的意志、顽强的作风、过硬的素质继续紧紧依靠人民群众打赢疫情防控阻击战。

（二）要根据干部考察识别结果做好干部问责工作

"有权就有责，失责要问责。"对不敢担当、作风漂浮、落实不力的，甚至弄虚作假、失职渎职的干部要严肃问责，该免职的要果断免职，该调整的要及时调整，该依法处理的绝不姑息。要积极践行监督执纪问责"四种形态"，严格落实干部管理，确保中央和地方各项疫情防控部署举措落到实处。对表现极差的干部实行"召回制"，进行回炉淬炼。

（三）要根据干部考察识别结果做好干部使用工作

越是在重大关头和关键时刻，对干部素质能力的要求越高，也越容易考察识别干部。这场疫情防控的严峻斗争，既是对广大干部的一次重大考验，又为各级党委考察识别与使用干部提供了重要契机。要及时把严峻斗争中涌现出来的优秀干部考察识别出来，大胆使用，充分发挥榜样示范作用，形成更加鲜明的用人导向。

（四）要根据干部考察识别结果做好干部培养工作

重大斗争实践是培养和磨炼干部的重要舞台。要将在这次疫情防控斗争中考察识别出来的优秀干部的先进事迹进行总结，作为干部培养的鲜活教材；要有针对、有计划、有步骤地进行系统培训，把干部队伍建设方面存在的不足补强、把干部能力方面存在的短板补长；要通过这次疫情防控斗争实践的锤炼，不断提高干部队伍应对重大突发事件的能力，从而进一步推进国家治理能力现代化建设。

宁波大学　赵永红

浙江万里学院　陈金波

宁波市社科院（市社科联）　邢孟军

对解决当前疫情防控若干突出问题的建议

本文针对市内外这次疫情应对初期出现的工作责任压实落实、基层社区防控、捐赠物资接收配发等焦点与难点问题，进行研究分析，提出对策建议。

一、疫情防控要力戒形式主义

（一）存在问题

一是重复填表。部门之间统筹协调有待强化，基层一线同志反映，基层疫情防控工作本来就任务重、人手紧，还要经常向不同部门报送各类表格，很多都是重复内容，而且时间要求都很急。有基层干部反映，"明明是同一件事，却有好几个部门要求报好几个不同的表格，而表格内容大同小异，浪费不少时间"。

二是"干货"较少。从基层社区、农村情况看，疫情防控中还存在"文牍化"倾向，表现在各级各部门发文过多过滥，某街道反映最近几天就收到各级各部门许多文件，各类文件要求变化快、彼此不一致，而且紧急程度的区分度不大，政策实施前留给基层的准备时间不够。

三是执行较松。基层特别是社区持续超负荷工作，部分工作人员有时出现顾首不顾尾、搞形式、走过场的行为，比如对居家隔离对象管控不够严密有力，出现"脱管"现象；对重点区域、非重点区域等不同地区的人员，居家隔离标准不明确，影响了执行效力。在有的农村，受防控力量有限、人情关系牵涉、重视程度不够等因素影响，村民不戴口罩随意串门、小众集聚打牌现象时有发生。

（二）对策建议

一是提升统筹实效。市和区县（市）相关部门要加强统筹协调，强化信息和数据共享，统一实行"一表通"信息上报，能联合发文的尽量联合发文，减轻基层干部负担。在资金、物资、设备、志愿者以及专业技术人员等要素统筹调配中，向基层一线倾斜，切实解决基层防疫工作中的实际困难。

二是提升督查实效。创新优化督查考核方式，减少不必要的信息上报和台账检查，建议由各级疫情防控督导组统一组织，采取暗访、联合督查、群众评分等方式督查检查，杜绝多头督导、重复督导。

三是提升执行实效。建议通过统筹配发体温计、加强培训等方式，提高监测点的工作能力。公安机关要加大对不戴口罩外出、聚集聊天不听劝等行为的打击力度，帮助基层提升工作实效。

四是提升宣传实效。创新宣传方式，统筹使用"大喇叭"等传统宣传方式和短视频等现代传播方式，针对老年人、年轻人、学生、农民、外来务工人员等不同群体采取分类宣传方式。宣传各地好的做法经验和先进典型，还要宣传拒不配合被处理的反面典型，在农村地区重点要做好政策的"翻译"工作，让群众听得懂、听得到。

二、提升社区治理能力迫在眉睫

（一）存在问题

一是力量薄弱。社区的工作人员非常有限，几乎每个人都是连轴转、超负荷工作，社区医护人员力量也比较薄弱，主要依靠街道、社区干部和小区物业人员承担测温、消毒、科普、采买、清洁、巡逻、值守、收发物资、防控垃圾回收等疫情防控工作。社区调动志愿者和支援力量能力较弱，平时缺乏相关联系和演练，没有较为固定的可联系、可利用力量。

二是主体缺位。社区居民委员会总体上尽心尽力，但是组织协调和统筹能力不强，作为居民自治组织的业委会发育不完全，部分物业公司责任感不强。

三是任务繁重。社区工作者除了承担着维持正常运转的基本任务，还担负了沉重的防控工作压力。武汉等重点地区的社区，还要承担发热病人登记、帮助拿药、安排疑似病人隔离、移送重症病人住院等一系列繁重而专业的工作任务。

四是物资缺乏。社区人员反映，当前医疗设施、防护物资严重缺乏。

五是信息不畅。社区对居民的数量、结构、来源等信息了解不够，即使登记过信息也没能及时更新，给防控排查带来很大困难。

（二）对策建议

一是加快社区治理共同体建设。在社区党组织的领导协调下，将居委会的社区管理、业委会的自治管理、物业公司的专业管理相结合，整合社区内外资源，打造一支由社区工作人员、业委会、社会组织、志愿服务队伍、驻社区单位（包括社区医疗机构）和社区居民组成的多元化治理队伍，从而在发生重大公共事件时能及时发动和随时调动。

二是加快建设智慧社区。加快建设智慧社区，打造智慧社区公共信息平台，掌握和动态监测社区内房屋、车辆和居住人员等相关信息，提供多终端支持的居民服务。

三是加大对社区一线的支持保障。提高基层社区工作人员待遇水平，尤其是在重大公共事件中，要完善加班工资和补助制度。加大对社区一线的物资供应保障，按照社区区位、人口、紧急程度等指标统筹分配救援物资。

三、优化捐赠物资接收配发能力需未雨绸缪

（一）存在问题

一是力量不够用。红十字会属群团组织，省级红十字会人员编制多为20多人，市级多为10多人，区县（市）更是只有三五人。仅靠红十字会有限的工作人员，无论如何都不可能忙得过来；同时，红十字会对其他部门、企事业单位、社会组织、市民志愿者等力量的调动能力又远远不够。

二是准备不充分。从这次重点地区情况看，红十字会、慈善总会等部门对重大公共事件的捐赠接收配发预案准备不足，对需要承担的职能和工作量预估不足，对工作方式创新考虑较少，平时缺少必要的协调和演练等。

三是机制不完善。仍沿用传统的运作机制，捐赠物资接收调配需要经历复杂的上报、审批流程，且信息化、智慧化程度较低。

（二）对策建议

一是建立健全预案。坚持未雨绸缪做好预案制定和定期测试演练工作。建议按照重大突发公共卫生事件一级或二级响应等非常时期要求，由红十字会牵头制定捐赠物资接收配发预案，明确非常时期可供调动部门、企事业单位、社会组织的细化职责分工，定期开展预演并不断完善。

二是提高配发效率。非常时期，民政部门要协调交通、卫健等部门，对承

担物流配送任务的慈善组织、企业提供"绿色通道"。加强红十字会、慈善总会等部门的信息化和科技投入，构建高效运营的管控中台，提高物资收发的准确性和效率。

三是发动社会力量。引导红十字会、慈善总会等部门通过招标形式将部分物资存放、接收、配发等服务外包给专业的社会组织、企事业单位，形成社会合力。

四是做好信息公开。加强人员培训，引入新技术，完善信息披露标准和规范，提升信息公开力度和规范性。

宁波市社科院（市社科联）课题组

进一步做好宁波疫情防控舆论引导工作的建议

当前疫情防控形势严峻，做好涉疫舆论引导工作意义重大。我市疫情政务信息发布及时有效，但仍有优化空间。建议适时召开精心策划、展示宁波疫情防控态度和实力的高级别新闻发布会，推动形成线上线下联动、各方协作的舆论引导格局，建立多层级信息常态化发布机制，识别和回应相关不实信息，进一步提升舆论引导的力度和效果。

一、近期宁波疫情防控舆论引导的做法特点

（一）政务信息逐日权威发布

截至 2 月 7 日，宁波市新闻办召开了 11 场新闻发布会，及时发布宁波市新冠肺炎疫情基本情况、防控工作动态和下一步工作计划等信息。发布会的视频和文字，同步在中国宁波网刊载，"宁波发布"微信公众号择要刊登。各区县（市）的政务发布微信公众号也及时发布属地防控的重要通知。

（二）主流媒体聚焦疫情防控

自 2019 年 12 月 31 日起，《宁波日报》、"甬派"App 等主流媒体开始关注疫情防控工作，聚焦市内外相关疫情信息，并及时传递给社会公众。其中，2020 年 1 月 21 日，"甬派"App 专题刊登了针对宁波疫情的报道《宁波 46 家发热门诊医疗机构公布，附名单》，阅读量达 46.5 万人次。此后，疫情发展及其防控成为本地主流媒体持续关注的焦点，相关报道占媒体新闻报道总量的比例超过 70%。

（三）涉疫信息传播注重与市民互动

宁波市新闻发布会和媒体报道注重与市民互动，在提高市民参与度的同时掌握市民的舆论动向。如，2 月 3 日召开第七场新闻发布会之前，就"是否公布确诊病人居所的小区"这一议题广泛征求意见，最后形成了由区县（市）根据实

际情况和需要自行决定的规定。在该场新闻发布会新媒体报道的留言区，市民纷纷赞赏这一做法，为后续相关工作的开展做了有益的铺垫。

二、宁波疫情防控舆论引导中存在的问题

（一）信息报道"爆款"较多，但有助于市民踏实安心的报道较少

2020年1月21日以来，宁波发布阅读量10万人次以上的微信公众号推文有30篇（平均1天2篇）。近4日，几乎所有推文的阅读量都是10万人次以上，其中2月3日市委、市政府发布的《致全市人民的一封信》，仅在"甬派"App就有105.2万人次的阅读量。

但从相关推文的网民留言中，仍可看出很多市民处于焦虑状态。他们担忧的问题主要有：少数年长市民不愿意戴口罩且态度暴戾、口罩等防护物资无处购买、生活物资能否得到持续保障、自驾返甬人员能否顺利下高速和进家门、宁波治愈人数为什么相对较少而且增长缓慢等。一些知名网络大V也表示了对宁波的担忧，认为宁波虽然未被列入"疫情发展形势不容乐观"的10个城市，但是基于目前确诊人数不少、人口流入型城市的属性和城市医疗条件并不出色等因素，疫情防控工作应更有针对性。对于这些焦虑和担忧，目前缺乏足够有力有效的引导和化解。

（二）疫情防控措施具体有力，但舆论配合紧密度有待提升

根据疫情发展状况，宁波的防控工作有条不紊地推进：相继发布并实施了《宁波市新型冠状病毒感染的肺炎疫情防控工作领导小组关于实施疫情防控"十二条"措施的通告》和"规范企业复工7条举措""帮扶中小企业渡过疫情18条政策"等举措，防控工作思路清晰，要求具体明确。从评论区的留言来看，这些政策措施也得到了市民的认可和支持。

但是，在疫情防控措施的优化和升级中，如果前期没有相关信息的铺垫和配合，就会显得比较突兀，基层执行时感觉跟不上变化，市民也容易滋生不理解、不支持的暴戾情绪。如果把"为什么必须这么干"的理由说得更清楚，把市、县两级出台各项举措的背景和意义宣传得更充分，让市民"知其然而知其所以然"，防控措施贯彻执行起来将会更加顺畅。

（三）疫情防控舆论引导及时有效，但救助保障工作的舆论引导有待加强

总体来看，政府的高度重视和政务信息的及时发布，使得直接与疫情防控

相关的信息传播和舆论引导比较到位。但是，关于全市救治能力、救治水平和防控要素保障等方面信息的公开仍较为模糊。在救治能力方面，除了1月29日的新闻发布会上公布的"全市各级医疗机构共设发热门诊46个，预检分诊点238个……全市共有负压病房61间，床位92张；负压救护车8辆；体外人工膜肺机（ECMO）6台"之外，此后似乎没有更加具体的信息公布，这与确诊人数不断攀升、疫情防控举措不断升级的局势不太适应，也给社会公众留下了质疑的空间。在疫情防控保障方面，个人防疫设备如何采购、日常生活物资有无保障和复工时间是否有计划等"隐匿"在微信朋友圈中的舆情，并没能得到正面的回应。2月2日，微信朋友圈转发的一条信息"从明日起，宁波实行预约摇号购买口罩，市民可凭户口本进入甬派App进行登记……"，一度导致"甬派"的"瘫痪"。直到另一条信息"市民网上预约购买事项临时取消，改为线下实体配送，具体方案市里正在研究完善"发布后，情况才有所好转。

（四）疫情防控典型报道感染力强，但对负面事件建设性引导的意识有待提高

属地媒体特别重视全方位、多方面地挖掘和呈现全市疫情防控工作中有普遍意义的事件和典型。很多坚守一线的社区志愿者和医护人员成了市民心目中的守护神。

与此同时，有可能引起负面舆情的新闻事件被有意无意地忽视。如，"天童寺祈福"与我市疫情现状究竟有无关联、有多大关联？在疫情防控的"下半场"，宁波的治疗能力和医疗水平是否真如某些微博大V形容的那样存在隐患？……面对此类问题，需要主动发声，因为建设性的态度、以恰当的方式报道负面事件是消除负面影响的捷径。

三、进一步加强宁波疫情防控舆论引导的对策建议

（一）策划举办高级别新闻发布会，展示疫情防控的态度和实力

随着疫情防控工作进入关键时期，宁波需要精心策划一场高规格、高水平的新闻发布会，进一步表明强化防控工作的坚决态度，彰显抓好防控工作的坚定信心。相关数据显示，宁波究竟有怎样的底气和实力可以高质量地应对疫情，是市民的关注热点，但尚未有一个系统全面的回应。建议参照温州市市长2月2日接受央视《新闻1+1》采访的情形，策划举办一场高规格新闻发布会。高规格既体现为发布人的高级别和专业性，也体现为参与媒体的高级别和代表性；既体现为疫情应对中准备充分，又体现为物资的充足储备和有效补给；既体现为防控举措的务实有效，又体现为应对重大突发事件的未雨绸缪；既体现为发布环节的精心策划（如全程脱稿、条理清晰、信息有效等），又体现为对网络舆情的密切关切和积极回应。

（二）完善取长补短、深度融合的舆论生态，提升全媒体传播力和引导力

依托属地主流媒体和专业影视企业，制作高水准的防控知识宣讲、防控政策解读、防控措施落实的短视频、H5 等新媒体内容。通过加强联系、加强沟通等举措，改变宁波籍大 V 疫情面前"集体失语"的局面，发挥他们在传播宁波防控经验、回应不实信息、落实监督防控举措等方面的积极作用。借鉴中宣部、广电总局紧急协调向湖北、武汉电视台捐赠电视剧版权的做法，在宁波电视台播出基层民众乐于收看的电视节目，为基层民众尤其是中老年人居家隔离创造条件。鼓励建立基于社区或单位的网络游戏、社交虚拟社区，鼓励建立确诊病人、疑似病例和正常人网络社交的各种圈子，为防控信息传播、心理问题疏导助力。以微信、电视、报纸、广播等为载体，进一步做好基层防控工作和防控人员典型事迹的宣传，及时曝光各种不利于疫情防控的行为和防控工作不力行为。组建宁波疫情防控全网大数据研判专家组，衔接好"官方舆论场"与"民间舆论场"，形成防控舆论引导的合力。

（三）建立多层级疫情救治和物资保障信息发布渠道，缓解社会公众焦虑情绪

通过报纸、电视台、新闻客户端和政务新媒体等，广泛发布疫情预防和救治信息，营造"做好个人防护不留死角、如有症状及时报告不存侥幸之心、确诊之后积极配合治疗"的氛围。积极联络党政职能部门，及时报道日常生活用品和疫情防护用品的保障措施、保障力度和保障能力，创新完善口罩等物资的购买配发机制，防止出现哄抢行为。与防控指挥部和公安部门建立信息互通机制，及时报道疫情防控过程中不和谐行为的处置情况，舒缓市民不安情绪。依托社会心理咨询机构，做好确诊病人和疑似病人的心理疏导工作，防止产生疫情次生问题。

（四）强化与市民的沟通互动，加大不实信息的有效识别和正确处置力度

进一步加强与群众沟通互动，广泛征求群众对防控工作的意见建议，并及时向有关部门上报反映。畅通群众对疫情防控不良不力行为的投诉举报渠道，完善举报受理、处理和反馈机制。组建由各级网信部门、舆情监测企业和平台、科研院所等专业人员组成的联合工作小组，收集研判全网大数据有关宁波的疫情防控信息，辨识其中的不实和负面信息并有效应对。加强媒体与相关职能部门的通力合作和快速反应，及时呈现疫情防控工作的真实情况和最新进展，以赢得公众的理解和支持。识别并监控频繁生产、转发不实信息的市域新媒体用户或个人，做好劝服工作。

浙江万里学院　　陈志强　余显仲　李淑瑛

武汉等重点地区在疫情防控中的应对危机
及对宁波的启示

此次疫情防控过程中，武汉等重点地区的政府，面对来势汹汹的疫情，不管是前期的危机预警还是应对处置过程中的统筹协调、资源调度、舆论引导等，均暴露出一些失误或不足，值得深思。为此，建议宁波在近期的疫情防控中采取有针对性和操作性的举措，中远期则要逐步完善体制机制，全面提升重大突发公共事件的应对处理能力。

一、武汉等重点地区在疫情防控中暴露出的若干问题

（一）预警监测能力不足

一是风险预估不精准。2019 年 12 月 8 日，武汉出现首例新冠肺炎病例，但直至 1 月 14 日，才开始在机场、火车站、长途汽车站、客运码头等安装红外线测温仪，而且仍未在全市采取隔离措施。1 月 20—22 日，最高指示发出、防控全面升级后 2 天，武汉才开始号召市民戴口罩，1 月 23 日才发布"封城"指令。甚至湖北省实行一级响应的时间比浙江还晚，疫情发生后还如期举办省市"两会"和"百家宴"。由此可见，该地区对此次疫情的风险评估不够精准，没有及时启动预警机制，反应滞后。

二是演习实效不够好。湖北省卫健委 2019 年 4 月举办了卫生应急技能竞赛暨军运会省市联合卫生应急演练，其模拟背景为 2019 年 10 月 15 日在武汉天河机场发现一名沙特籍乘客疑似为中东呼吸综合征（MERS）病例，尽管当时地方媒体称演习非常成功，但实战中的"凌乱"表现说明，演习成效并不好。

三是应急预案不完备。从这次疫情暴发后武汉的应对来看，应急预案启动不够及时，12 月 8 日，一位武汉市民因发热就诊，随后的 27 例类似症状病人被

诊断为"不明肺炎病症"，疫情已经较为明显，但直至 1 月 20 日中央指示坚决遏制新冠肺炎疫情蔓延势头，武汉市才开始启动紧急预案，错失了疫情的最佳处置时机。

（二）应对处理能力不足

一是指挥统筹能力不够强。直到 1 月 20 日中央作出指示后，武汉才成立新型冠状病毒感染的肺炎疫情防控指挥部。从此次肺炎疫情防控过程来看，武汉等地政府部门统筹组织各级各部门联动开展疫情防控工作的能力有明显欠缺，存在上下级步调不一致、部门和区域之间协同不够等问题，同时，引导社会力量协同参与的机制也不够完善。

二是防控治理能力不够强。武汉是本次疫情的发源地，病例最多、最集中，社区防控是第一道防线，但是直到 2 月 11 日才对社区启动封闭管理，而包括宁波在内的许多城市早已实行封闭管理。同时，武汉的社区干部要承担发热病人登记、帮助拿药、安排疑似病人隔离、移送重症病人住院等一系列繁重而专业的工作任务，工作压力和难度都非常大，但是在发动社区党员、物业、业委会、社会组织、志愿者、居民群众等主体形成合力方面还不够有力。

三是物资调度能力不够强。在疫情防控过程中，由于未建立起统一指挥、协同配合、高效运作的应急处置体系，防疫物资接收调配过程传统、复杂、低效，使得应急物资的调配无法做到合理高效，处置效率较低，导致医院一线的医疗物资、医护资源以及基层部门物资都处于极度紧缺状态。尤其是社会上热传的"莆田系医院如何能获配那么多口罩""定向捐赠为了避税"等质疑之声，更是暴露出武汉市在物资统筹调配过程中的机制缺陷和能力短板。

（三）舆论把控能力不足

一是信息披露不够及时。武汉市在首个病例发现的 24 天后才以规范性文件形式向公众发布第一次通告，时效性甚弱，信息披露严重滞后。同时，信息披露随意性强，比如武汉卫健部门三次发布通告称"调查未发现明显人传人现象"，直到国家级专家组组长钟南山院士对媒体明确表示"存在人传人"后，才未再提及"不排除有限人传人""持续人传人风险较低"，导致市民群众没有及时采取防护措施，疫情快速扩大。

二是应对媒体能力不够。在此次疫情控制中，武汉等地政府和相关职能部门没能正确处理好与媒体及民间舆论之间的关系，应对媒体的能力水平不够。

比如，在某次新闻发布会上相关领导对医用物资供给数量表述不一致而且差距很大，有领导在新闻发布会上对地区疫情数量、收治能力"一问三不知"；再如，部分领导干部面对媒体时所表现出来的遮掩事实，对敏感问题避而不答、答非所问、避重就轻等问题，也体现出了媒体应对方面的短板。

三是舆论引导不够有效。从这次疫情防控过程来看，武汉在舆情应对方面显得较为被动。在面对涉疫事件报道、负面舆情处置引导时，存在时机把握不准、舆论宣传主动权和话语权掌握不牢等问题，没有做到在第一时间主动出击，向社会公众第一时间传递正确信息，避免在社会上造成恐慌情绪。比如，对8名"造谣者"的训诫，体现了舆论引导的"简单粗暴"，危害极大；再如，在一些违背事实的网络舆情的引导方面，辟谣不及时，影响了社会整体舆论环境。

二、对宁波的启示

（一）完善重大突发公共事件的预警监测机制

近期举措建议：一是各级疾控中心加大对各卫生监测点的动态监测力度，通过使用大数据等新技术，及时掌握疫情进展情况，并进行布控。二是加大对疫情监测情况的评估分析，及时跟进疫情防控进展情况开展阶段性研判，为经济社会发展提供参考和依据。

中远期举措建议：一是改革重大突发性事件报告机制，尤其要建立完善疫情防治举报的保护和奖励机制，以及新闻媒体的报道和监督机制。二是加强突发性公共事件的风险分析与评估工作，探索把风险分析与评估工作作为地方党委政府的一项重要职能，提升各级政府应急信息整合分析、研判、响应能力。三是建立完善预案，健全以情景构建为主线的应急预案流程管理，完善以应急演练检验为重点的应急预案优化机制，建立定期公共突发事件应急演习制度，建立规范化的初期快速响应制度。

（二）增强重大突发公共事件的应对处理能力

近期举措建议：一是继续强化社区农村属地防控，制定基层防控工作规范，进一步完善社区防控布局和基层指挥体系，充分发挥基层网格力量，用好机关下沉力量，强化社区与公安等部门联动协作等。二是积极调整防控中心，着重聚焦返甬人员防控、复工企业人员防控等重点人员防控，杜绝疫情风险波动。

中远期举措建议：一是建立完善重大突发公共事件的决策指挥体系，明确各级党委政府主要领导为指挥长，建立主要领导主持的主管部门、相关部门、专业机构、专家学者的会商机制，健全防治结合、联防联控、群防群治工作机制，完善纪检监督与组织部门对相关职能部门的联合督察、问责及奖惩机制，强化公共事件应对治理的法治保障。二是提升突发公共事件防控治理能力水平，全面加强领导干部的专业化能力，提高各级干部的应急指挥能力，把提升应急应对能力纳入城市规划编制，为应急设施建设预留足够空间，强化应急物资储备等。以疫情防控为例，要完善医疗卫生硬件设施、人才软件等能力水平，加快推进医共体建设，切实完善诊疗救治机制和家庭医生制度，形成相互联动与优势互补的公共卫生服务体系、医疗保险和救助制度。三是提升物资调度保障水平，对短期可能出现的物资供应短缺，建立集中生产调度机制，健全市域物资储备体系和应急物资采购供应体系，积极发展目前相对不足的公益慈善等社会救助机构，深化改革，加强管理，同时针对防疫中暴露出来的应急物资供给侧的结构、质量和总量问题，采取相关政策措施逐步补足短板。

（三）提升重大突发公共事件的舆论把控水平

近期举措建议：一是加大信息公开力度和精准度，继续发布病例详细信息，强化公开物资储备、防控举措实效等信息，策划举办高规格、高水平的新闻发布会，表明进一步强化防控工作的坚决态度。二是加强舆论引导，组建全市全网大数据舆论研判专家组，大力宣传习近平总书记和党中央的重要决策部署，大力宣传我市各级党组织和广大干部群众众志成城、团结战疫的感人事迹；要及时准确回应社会关切，及时曝光各种不利于防控的行为，强化与市民的沟通互动，完善举报受理、处理和反馈机制。

中远期举措建议：一是提早布局，打好舆情工作"提前量"，做好潜在舆情风险"体检"，建立潜在重大突发舆情风险清单，重建健康的媒体生态格局，进一步加强新闻发布舆论风险评估、发布审批和内容审核，以制度化建设构建多层次、专业化的新闻发布平台。二是立足科学，精准提高舆情研判力，进一步加强"甬派""鄞响"等各级移动新媒体平台建设，建立舆情信息共享机制，及时掌握线下社会舆情，网上 PC 端、移动端，尤其是微博、微信、QQ 等自媒体平台上的敏感信息，特别是具有社会动员性的信息，精确研判非理性诉求、社会反向情绪，对苗头性、倾向性、煽动性、动员性、谣言性的信息进行分类研判，因类施策。三是夯实基础，疏导结合。提高舆情处置力，进一步加强信息公开，增强回应的针对性与说服力；加强议程设置，根据微博、微信、客户端等各自的特性和受众的特点，制定差异化报道重大突发公共事件的模式。

宁波市委党校　孙琼欢

宁波市社科院（市社科联）　谢国光

"返城潮"背景下强化差异化精准社区防控的建议

随着企业陆续复工复产，宁波预计还有 200 多万外地人员陆续返甬，疫情防控面临"返城潮"大考。要按照疫情防控与复工复产"两手抓"的要求，对社区和返城人员实施差异化精准管控，在守住底线的前提下积极保障复工复产：一是不断完善差异化防控体系；二是切实推进信息与数据资源整合；三是持续加强物资保障供应；四是有效利用管控新技术手段。

一、"返城潮"对社区疫情防控的挑战

（一）出入管控难

一是管控效率低。目前，宁波社区基本都实施封闭式管理，严格执行家庭成员外出禁令，使用逐一登记测体温方式放行，多数红外线测温器在室外使用效果不佳、测温不够精准，使得出入管控速度慢、效率低。特别是随着大量外地人员返甬回社区，管控难度不断增大，有的小区出现排长队进出现象，引起部分居民不满。

二是交叉风险大。目前，在各小区临时出入卡口存在人员集聚问题，大量返甬回社区人员集中在出入口被安排登记测体温，许多物业人员、网格员、社工、城管、党员志愿者、机关干部奋战在社区疫情防控一线，更有一些卡口管理人员佩戴口罩不规范或边抽烟边检查，容易引发交叉感染。

（二）信息把控难

一是摸排难度大。当前排查工作采用的方法主要是逐户走访和群众上报，包括返甬人员主动上报、租住房屋房东上报、周边群众上报等方式，这些方式存在工作效率低、容易瞒报漏报等问题。尽管已经试行一码通，但基层干部、卡口管理人员对其功能和用法了解还不够，群众特别是中老年人使用的积极性

还不够。

二是覆盖不全面。有的社区特别是人员结构来源较为复杂的城中村、公租房、老旧小区等，对辖区内外来人员数据情况掌握不全面，人员排查基本靠公安、卫健、大数据等部门下发的外来人员名单对照核查，但是普遍反映存在数据不准确、不完整、不及时等问题，浪费大量人力物力。

（三）物资保障难

一是生活物资供应难。受交通管制、快递员不足等因素影响，许多物流公司不能正常派送件，快递速度变慢。随着返城潮到来，对外卖、物流的需求将急剧增加，但目前多数社区进行严格管理，而智能快递柜多处于其内部，快递人员无法使用，放到入口处又没有很好的防雨、防盗等安全措施。同时，许多市民反映，"叮咚买菜"等平台暂停配送，造成居民买菜不方便。

二是防控物资供应难。社区一线防控物资非常紧张，很多社工、物业人员重复使用口罩或者使用普通保暖口罩，上面派发的口罩数量极其有限，基本只能对老年人、隔离人员等特殊人群有限供应，随着"返城潮"到来，社区一线防护物资紧缺现象更加严峻。

（四）隔离管理难

一是居家隔离难。目前对居家隔离人员采取的家门口贴封条的做法，许多外来人员反应比较大，情绪比较激动，与社区之间矛盾加剧。同时，由于人手紧缺、执法人员不足等，社区很难做到 24 小时不间断管理。

二是登记管理难。根据最新规定，外地人返回社区必须按照不同地区风险等级采取不同管理措施，很多外地人员不愿配合小区管理或隔离工作，特别是城中村、公租房、老旧小区等特殊地方，居住人员普遍有"过客心理"，对居住地归属感不强，社区管理体系不全，导致隔离管理难度更大。

二、强化差异化精准社区防控的建议

（一）不断完善差异化防控体系

一是严格实施分区分级管控。在省里发布的县域疫情风险"五色"地图基础上，及时动态调整区域疫情风险等级，针对高、较高、中、较低、低 5 个等级区域的外来人员，严格实施不同的管控措施。结合疫情防控和复工复产需要，依托健康码实现与不同等级区域差异化防控措施的精准对接，方便群众出行和就业。

二是对市内社区实行差异化管控。将我市各社区（村）分类进行动态管理，市卫健部门根据各社区（村）的区位、性质、疫情变化情况等，及时动态调整社区（村）分类，及时指导相关社区（村）落实落细相关要求。如对于无确诊病例、外来回归人员数量少、情况明的小区，"点对点"前往务工地的人员可以正常出入并上岗，由用人单位实施监督性医学观察；对于外来人员数量大、结构复杂的城中村、公租房、老旧小区等特殊地方，要进一步加大机关干部等防控力量下沉倾斜力度，从严限制人员流动，严格落实外来人员居家观察要求。

（二）切实推进信息与数据资源整合

一是整合相关部门大数据。聚焦"找对人、找到人、找全人"，做好上级派单数据、流行病学调查发现对象、交通"五大卡口"数据、医院发热病人数据、基层新反映情况及时录入工作，推动公安、卫健、大数据、交通、电力等部门数据整合，提升派发给社区信息数据的匹配度、精准性、有效性，减少基层工作负担，提升返程人员排查实效。

二是拓宽信息采集途径。借鉴广州等地经验，采取卡口宣传、"不填信息停门禁"、AI外呼、人工外呼等方式，加快推广"甬行码＋甬行证"。中远期要加快建设智慧社区，打造智慧社区公共信息平台，掌握和动态监测社区内房屋、车辆和居住人员等相关信息。

（三）持续加强物资保障供应

一是在生活物资方面保障供应。针对大量返城人员的生活物资需求，有序安排快递、外卖及货源配送等企业复工，在物流企业全面推广"甬行码"服务，保障日用品、粮食蔬菜等必需品供应畅通。大力开展农产品直供社区活动，向社区居民特别是返城人员，推广"甬农鲜"云超市等线上平台。对返城人员特别是返城后的居家隔离者，注重关心其生活起居和身心健康，在做好代为购买生活必需品、处理生活垃圾等生活服务的同时，借助心理服务热线提供心理健康咨询渠道，力争做到"隔离病毒不隔人心"。

二是在医疗物资方面保障供应。根据社区区位、人口、疫情等级等指标统筹分配救援物资及资金，对城中村、公租房、老旧小区等特殊地方给予倾斜，对负责出入口登记、管控居家隔离、处理特殊垃圾的一线物业人员优先配发口罩等医用物资。针对返城群众家中无口罩的问题，根据返城人员"一码通"红、黄、绿三色码，对红色、黄色返城人员优先发放口罩等防控医用物资，积极采取"村居委会预约登记 + 指定药店购买"的方法，以小区楼道为单位进行统一采购，有序分发，优先发放给返城居家隔离人员、行动不便人员。

（四）有效利用管控新技术手段

一是创新采取隔离防控新方式。学习借鉴先进地区做法，针对隔离者的不同情况和社区的基础条件，创新采用安装报警无线监控（若有人开门，监控手机立即收到报警），通过微信视频或共享实时位置（判断隔离者是否在家），"添福"（在大门骑缝用糨糊张贴"福"字，开门即破损、易于发现；"添福"寓意好，隔离者相对易接受），安排治安联防队员不定时巡查、要求物业管理方参与监管并发动周边住户监督等办法，结合视频监控等方式，将居家隔离要求落实到位。

二是创新实行社区管理新方式。借鉴南京等地经验，在每天人员进出较多的小区安装新型人脸识别门禁，加强眼眉重点区域识别，将小区居民个人数据录入，当居民再次进出小区时不需要摘下口罩就能自动识别身份和测量体温，快速完成检测。对有条件、基础设施良好的社区，建议安装"腾讯海纳"等社区防控软件，采用"社区电子出入证 + 人脸识别门禁 + 无接触自动体温测量"一站式社区通行方案，通过线上远程办理、线下无接触核验，判断人员通行权限。在城中村、公租房、老旧小区等特殊地方，针对社区管理多头、居民参与度低等现实情况，探索将楼组作为疫情防控基本治理单元，社工或党员分片包干负责，实现精细化治理。

宁波市社科院（市社科联） 邵一琼

破解"甬行码"试行中遇到问题的建议

推出"甬行码"是我市疫情防控工作的重要创新，本文对"甬行码"试行情况进行了深入调研，并针对存在的问题提出了具体对策建议。

一、关于推行广度

（一）存在问题

一是使用人群覆盖面不广。通过对周边市民的调查，以及在一线防控中的观察，试运行两天来普及情况不甚理想，许多机关干部、年轻人都没有使用"甬行码"，农村群众和中老年人使用率更低。

二是宣传力度不够。尽管各地采取了许多推广举措，如鄞州抽调专门干部压实任务推广、慈溪"点线面"全力推行等，但是调查中许多群众反映并没有收到相关宣传推广信息。

（二）对策建议

一是加大宣传推广力度。推广鄞州、慈溪等地公安做法，由各级疫情防控工作领导小组牵头，加强对公安、卫健、教育、经信等部门以及乡镇（街道）、企业等力量的统筹，安排专门工作队伍，线上线下并进。

二是借鉴广州等地经验，综合采取卡口宣传、"不填信息停门禁"、人工外呼、AI外呼、媒体宣传等方式，加快推行"甬行码"和"甬行证"。

二、关于操作便利度

（一）存在问题

一是版本不够统一。有群众反映，目前"甬行码"在微信页面端和支付宝上名称不统一，有市民产生疑惑，分不清"宁波健康码"和"甬行码"；同时，填写的要求不一，例如支付宝无须填写居住地址，微信页面端则需要填写住址。

二是细节不够明确。有市民反映，填写住址时不知道是填身份证上的地址还是家庭目前住址，或是疫情发生时自己的居住地点。

三是填写不够便利。不小心填错信息后，支付宝用户端有一次重填的机会，微信页面上不能直接更改，要到宁波公安"阿拉警察"App上申诉才能重新填写。

四是使用不够方便。市民普遍反映支付宝端操作界面相对友好，但是微信上领取的通行码每次使用都需要重新操作，"阿拉警察"App上的"甬行码"每次使用都需要重新登录。

五是逻辑不够严密。如"宁波发布"2月15日发布的申请指南上，红码包括居家隔离医学观察人员、从疫情重点地区返甬人员，黄码包括有跨省旅居经历人员，来自省内外较高风险的区县（市），于是有群众疑惑，外省返甬未超过14天的人员，申领的究竟是红码还是黄码。

（二）对策建议

根据试行中群众反映的问题，加快统一在不同客户端的填写版本、使用方式，明确地址要求等填写细节，系统设置填写地址时可以打开定位，提升填写便利性，特别是重新填写的便利性，完善问题设置等。

三、关于使用执行情况

（一）存在问题

一是市民对适用范围不够明确。调研中，相当一部分市民对"甬行码"使用存在疑惑，市民不确定在哪些区域、哪些范围、哪些场合可以使用，也不确定是每天使用一次还是可以使用多次。

二是卡口管理人员对使用范围不明确。在对数个社区卡口管理人员的调查中发现，他们对"甬行码"使用范围、使用次数等都不明确，特别是在农村地区，有的更是根本没听说过，直接不认。使用指南中明确说明"绿码持有者体温显示正常的，市内通行不受限制，各区县（市）确定的疫情防控部分重点区域按照当地规定操作"，但许多地方对重点区域的规定存在不一致。

三是执行效力无法保障。许多卡口管理人员表示，在社区管理中已经发现一定数量的发热、咳嗽瞒报漏报的案例。由于"甬行码"是自行填报，加上卡口测温计不准确、患者存在口服退烧药行为等，很可能漏掉可疑对象。

（二）对策建议

广泛利用各种渠道，加大对市民的宣传力度，进一步明确"甬行码""甬行证"的使用范围。使用"一村一警""一社一警"等方式，加强对卡口管理人员的培训，明确执行细则。按照"全市一盘棋"的原则，统一对疫情重点区域的界定，不得擅自层层加码。加强诚信宣传，选取不诚信的典型案例进行曝光和查处，加大威慑力度。

四、关于系统稳定性

（一）存在问题

一是扫码不成功。在一线防控中，不少群众如实填写信息，但是显示的扫码结果是一团黄色正方形，甚至出现2月扫码却显示"更新于2020年3月13日"等信息。

二是结果有冲突。有卡口管理人员反映，有群众从南昌坐高铁返回宁波，南昌属于中风险地区，但是扫出来却是红码。

三是存在系统不兼容问题。群众反映，用OPPO手机扫码时会出现"甬行码"显示不全的问题。

（二）对策建议

继续改进和完善系统，提升系统的兼容性、稳定性和准确性。

宁波市社科院（市社科联）　童明荣　谢瑜宇

"We 志愿" 平台在疫情防控阻击战中的作用评估及相关建议

宁波志愿者官方平台"We 志愿"招募了大量志愿者参与疫情防控，有效缓解了卡点人员和基层工作人员的压力，发挥了重要作用。面对重大应急事件，"We 志愿"平台也暴露出志愿者有效激活量不够多、部分志愿岗位人员招募不够用、平台宣传统筹不够强、网站及 App 用户体验不够优化等问题，建议进一步完善提升。

一、"We 志愿"平台在疫情防控阻击战中成效明显

（一）招募志愿人员激增

截至 2020 年 2 月中旬，"We 志愿"平台共发布疫情防控岗位近 1200 个，疫情防控活动 600 多项，参加志愿服务的总人次达 14 万，其中，岗位类录用近 10 万人次、活动类录用近 4 万人次，是平台建成以来规模最大的一次招募活动。

（二）提供岗位形式多样

平台提供的志愿服务内容涵盖卡点值守、门岗执勤、体温检测、排查登记、场所消杀、信息宣传、隔离人员上门服务、"甬行码"申领、心理危机干预等岗位，其中不少岗位是在防控一线，有的需要一定的专业技术水平。

（三）信息透明获取方便

在"We 志愿"官网和 App 上，志愿岗位和志愿活动的搜索引擎准确有效，志愿者可根据区域、类型和状态自行筛选匹配。平台信息公开透明，包括每项疫情防控岗位（活动）的起始时间、工作地点、服务时长、具体内容、报名要求、组织者与联系人等信息，还包括交通补贴、餐补、保险和岗前培训等信息。

（四）服务岗位匹配精准

相对于机关、国企"整编制"地包干到乡镇（街道）提供志愿服务，"We 志

愿"平台"化整为零"，由志愿者依据个人情况报名志愿岗位（活动），并根据岗位条件做好必要准备，属于"自带干粮"群体，更加灵活机动，更加体现供需精准匹配。

（五）志愿保障完备到位

岗位提供者会在招募要求里说明需要有经验的志愿者或将提供必要的培训，并对防疫工具配备情况进行说明。此外，在《宁波市注册志愿者志愿服务人身意外伤害综合保险制度》的基础上，自2020年2月5日起，宁波市志愿者新冠肺炎的专项保险生效，即在"We志愿"平台注册的志愿者，参加防疫岗位（活动），全都享有50万元保额的保险。

二、"We志愿"平台在疫情防控阻击战中暴露的不足

（一）平台志愿者有效激活量不够多

平台注册的志愿者有214万人之多，除去市直机关近3000名、国企860多名志愿者增援下沉一线，以及未返校大中专学生志愿者、登记在册但未形成志愿服务习惯的人员外，按照已经参与疫情防控的14万人次志愿服务，假定1人提供2～5次志愿服务，估计投入疫情防控的注册志愿者达3万～6万人，平台中大量的储备志愿者存量还有待激活。

（二）部分志愿岗位人员招募不够用

据统计，平台发布的疫情防控岗位需求总计是72万人次，与实际已录用近11万人次相比，只有不到15%的录用率。从类型看，交通卡点、中晚班执勤等"吃紧"岗位的报名数，相对于招募数，缺口就更大。从区域看，象山、慈溪、余姚、奉化等地，志愿服务需求大，但是由于路程远、保障不足等原因，人员招募更困难。这也导致在应急事件中，平台难以大量承接政府急需的志愿岗位、招募急需的志愿者。

（三）平台统筹协调功能不够强

"一个平台、一个归口"的志愿活动的总统筹力未完全形成。比如，疫情发生以来，"宁波志愿者"微信公众号发布的招募信息多为区县（市）自己的链接与二维码，未统一归口到"We志愿"平台上来，只有"文明镇海"公众号推送了《宁波志愿者网站操作攻略》。这实际上错失了通过应对疫情开展志愿活动，为平台引流，提升平台知名度，提升平台统筹力的机遇。此外，疫情期间平台宣

传推介力度不够，比如，"宁波志愿者"公众号以及其他的政务微信公众号均未对"We 志愿"平台做专门推送。

（四）网站与 App 用户体验不够优化

从用户体验的角度来看，网站首页没有设置专门的针对疫情防控的入口以供发布和应征，仍要通过搜索关键词进入。作为推广重点的"We 志愿"App，虽然在不断更新修复漏洞，在 App Store 的评分只有 1.6 分（满分 5 分），历史负面评论有：无法注册、无法登录、经常闪退、修改不了个人资料、绑定不成功、签到签退不成功等。这说明 App 稳定性和用户体验感不足。再如，网站的"地图"模块实现了岗位、活动、服务站和指导中心的实时标注，但是 App 仅有指导中心的地理位置，无法利用手机定位便捷寻找岗位和活动。

三、更好发挥"We 志愿"平台作用的几点建议

（一）提升平台功能服务水平

一是在平台网站与 App 增加特别的分类或专栏。可在网站首页或浮动飘窗凸显，方便志愿者和志愿者组织迅速找到"抗疫入口"。

二是突出应急培训内容。及时更新网站和 App 内容，在首页凸显"志愿服务培训视频"、《新型冠状病毒肺炎防控志愿者培训手册》等内容。

三是优化手机 App。及时修复常见漏洞，抓紧技术开发，实现志愿服务岗位和活动的地图查找等功能，不断优化用户服务体验，使报名志愿服务像点外卖、网购商品、移动支付一样便捷。

（二）增强平台统筹协调作用

一是按照"一个平台、一个归口"原则，加强各方力量统筹。各级各部门、企事业单位本身作为志愿者组织，可在平台发布爱心献血、垃圾分类、党员社区服务、扶贫帮困等年度公益活动项目信息，并努力做到所有志愿服务项目信息由平台统一发布或定向发布，所有岗位或活动由平台领取，为平台引流，提高使用率，提升知名度。

二是发挥党员在志愿服务方面的带头作用。立足全市 50 万党员群体，"单位＋社区"两条线推进，实施"注册＋认领"两步走。党员进社区后马上注册，熟悉志愿服务认领流程，活动的开展应由社区在"We 志愿"平台发布，号召社区党员在平台认领，平台还可发布年度服务报告。

三是切实将志愿者活动纳入相关评比考核之中。比如，可纳入文明机关创建和单位考核中，对志愿服务次数、服务时间提出一定要求，同时还可与党组织建设等挂钩。

（三）加大平台宣传推介力度

比如，可在网站首页最醒目、固定位置或以飘窗的形式，挂出 App 的下载二维码；"宁波志愿者"公众号在所有推文的末尾都附上网站链接和 App 下载二维码；充分利用政务"双微"矩阵互动，准备好类似《宁波志愿者网站操作攻略》的推文，协助推广推介；在"甬派"App 等高流量入口，设置引流小程序；等等。

（四）完善志愿服务制度保障

建议根据 2019 年全国人大常委会法工委委托宁波市法学会所做的《宁波市志愿服务条例》立法后评估，结合此次抗击疫情的志愿服务情况和"We 志愿"平台运行情况再次进行调研，充实评估报告内容，从制度完善的角度对《宁波市志愿服务条例》的修订提出意见建议。此外，建议对志愿者服务激励机制做进一步研究，不断增强"We 志愿"平台对社会志愿者的吸引力和凝聚力。

宁波市社科院（市社科联） 吴伟强 谢磊

充分发挥社区阻击作用　筑牢疫情防控严密防线
——基于鄞州区和众、和顺社区防疫工作的总结与思考

习近平总书记明确指出，社区是疫情联防联控、群防群控的关键防线，要把社区这道防线守严守牢。鄞州区首南街道和众、和顺两个社区坚决贯彻上级决策部署，坚持党建引领、凝心聚力、因地制宜、创新破难，取得良好防控成效。总结提炼有效做法，对于进一步提升社区疫情防控水平和推动市域治理现代化具有积极意义。

一、鄞州区和顺、和众社区一线疫情防控治理的主要做法

（一）一核引领，以党建凝聚社区抗疫"无穷大"力量

和众、和顺两个社区位于城郊接合部，参与疫情防控的力量比较薄弱。7000户以上的大型社区中，党员仅占0.2%，社工不到10人。如何调动各方力量构建疫情群防群控体系，成为社区的"头等大事"。

一是充分发挥社区党组织战斗堡垒作用。两个社区始终坚持以党建引领为核心，统筹社区各方面力量编制"安全防护网"。如和众社区建立了以社区党支部为核心的"1+N"议事决策联盟，带动物业、共建理事会等多元主体共同参与疫情治理，群防群治，群策群力，在抗疫第一时间吹响"集结号"。

二是充分发挥党支部负责人"领头雁"作用。社区党支部负责人始终坚持靠前指挥、坚守一线，带动原村集体组织成员、退伍老兵和其他志愿者投身抗疫大潮中。和顺社区主任毛骏杰在防疫初期多次带领工作人员去看望武汉返甬大学生，发放疫情告知书、询问身体状况、送上社区温暖。沙科丰是和众社区副主任，也是一名多年党龄的老党员和"橄榄绿"老兵频道的队长，他从大年初六开始，就同社区工作人员一起，手持小喇叭、发放告知书、宣传

59

防疫知识。

三是充分发挥党员干部先锋模范作用。社区党员全员出动、各司其职，不仅在任务最为繁重的门岗检查点值守，也在小区居民楼按照微格化管理分片包干，真正做到了"一个支部就是一座堡垒，一名党员就是一面旗帜"。和众社区93岁的抗美援朝老兵石来泉多次到社区主动要求"上前线"，并表示他还有一个儿子跟孙子也跟他住在一起，祖孙三代可以一起来做志愿者，保卫家园。

（二）两线作战，实现社区抗疫"无死角"覆盖

针对两个社区拆迁人员习惯聚集聊天、人员复杂且流动性大等特点，除了做好必要的线下摸底排查、登门送服务等之外，还积极开辟了网上"第二战场"，编织线上线下双重工作网，实现防疫抗疫的"无死角"覆盖。

一方面，推行"一灭三管"的线上管控机制。"一灭"，就是及时动态梳理防疫抗疫过程中存在的各类问题和风险点，制定负面清单，制作社区疫情问题分布图和"红绿灯"，如事关社区抗疫的重大紧急问题亮红灯，涉及多部门跨领域处理的复杂问题亮黄灯，居民实时反映的须尽快解决的简单问题亮绿灯，解决一个问题灭一盏灯，实施"灭灯"行动。"三管"，就是管牢进出社区的卡口，管住居家观察人员和隔离人员等重点人群，管好疫情期间小区居民的日常生活需求。两个社区都严格做到对进出小区人员执行"三查"，定时定员免费给居家观察人员、隔离人员上门赠送新鲜蔬菜瓜果。

另一方面，创新"一点三网"的线上抗疫模式。"一点"就是"点单"，居民可随时通过社区防疫抗疫微信群"点单"，社区抗疫指挥中心接到"订单"后，协调社区干部、物业、志愿者及时"接单"，跑腿送药、送菜上门，满足社区居民日常需求。"三网"即利用网络平台和信息技术，推行"网调、网宣、网服"，提升防疫工作的科学化水平。网调，即网上调解，面对居民思想不通、政策不懂、协调不畅等问题，通过短信、视频、微信等方式搭建网上调解平台。网宣，即网上宣传，通过社区微信群等平台不间断进行疫情通报、政策解释、企业复工信息发布等，如和顺社区面对大量返甬复工人员，迅速建立了"五湖四海在和顺"微信群。网服，即网上服务，针对居家观察人员逐一建立微信服务群，将医生、社工、志愿者纳入其中，一群人服务一个人，同时通过搭建"买菜群"等网络服务平台，引入商户入群满足居民基本生活需求。

（三）三箭齐发，推动抗疫平台"无缝式"运作

面对社区基础薄弱、精细化管理程度较低的现状，社区逐步搭建了防控微网格平台、社企互动平台和理事会共建平台，三个平台各有侧重、互相支撑，筑牢了群防群控共建共治的工作基础。

一是搭建防控微网格平台。考虑到疫情防控的特殊性，现有网格划分交叉多、服务不及时，社区因地制宜打造由一名党员负责一幢楼的"微网格"，积极探索"楼委会"，瞄准"零死角、零盲区、零疏漏"，确保每个单元、每个楼层、每个家庭、每个隔离者都有对应责任人，确保信息连贯、服务及时，同时减少交叉。

二是搭建社企互动平台。根据辖区企业人才房多、外来人口多、复工复产人员多的特点，社区与奥克斯、一舟、杉杉等企业宿管人员建立了社企服务平台，实行流动人员一户一档，及时全面掌握复工复产企业租住员工动态，加强信息共享，协调落实复工复产措施，针对需要进行核酸检测、隔离观察的复工人员，与企业无缝对接，严防出现空窗。

三是搭建理事会共建平台。由于辖区多为保障房，无法成立业主委员会，为推进居民自治自管，社区牵头创新形式，建立了理事会共建平台，理事会成员不仅有居民代表、社区工作人员、物业公司、用房单位代表，还邀请民政、公安、卫健、住建等政府部门人员随时参与。社区和住户将面临的突出问题提交"共建理事会"集体商谈，协同解决防疫抗疫中涉及多部门、多领域的复杂问题，发挥了社区助手、居民娘家、多方纽带的重要作用，为疫情防控提供了有力帮助。

（四）四方联动，打响社区治理"无终点"战役

社区干部、物业人员、志愿者、社区居民等四方力量在社区防疫抗疫过程中相互协作、协同作战，形成了疫情治理的"四方联动"模式。

一是社工成为"贴心管家"。两个社区虽然只有17名社工，与居民人数的比例是悬殊的1∶882，但所有社工几乎全天候执勤，守门岗、查信息、找线索、保隔离，任劳任怨，坚持不下"火线"。和顺社区一名女社工，顾不上还未断奶的孩子而坚守岗位。

二是物业成为"坚实护盾"。作为对抗疫情的第一道防线，物业每天定时对社区公共区域进行消毒，对进出园区人员进行体温实时检测。在这次抗疫过程

中，业主与物业关系更加融洽，两个社区的业主们纷纷主动为守岗的物业做菜送饭。

三是志愿者成为"闪亮红星"。在这次抗疫过程中，以市、区两级机关干部及大学生、社会组织等为主体的志愿者群体坚持与社区干部并肩作战，不分你我。

四是社区居民成为"自觉主体"。在党员、社工、志愿者的忘我精神激发下，社区居民也积极参与到疫情防控工作中来。和顺社区 30 多位居民志愿者主动采用轮班制的方式在检查点执勤，和众社区"橄榄绿"老兵频道成员自发为居民配送公益蔬菜。

二、启示与建议

社区是城市治理的最小单元，社区建设是疫情防控和基层治理的基础和关键。

（一）积极构建社区治理共同体

坚持党建引领，充分发挥社区党组织的领导作用，将居委会、物业和共建理事会紧密结合起来，有效整合社区内外资源，进一步激发各类社区民间力量在参与解决共同突发事件中的活力，打造一支由社区工作人员、物业管理人员、社区社会组织、志愿服务队伍、驻社区单位（包括社区医疗机构）和社区居民组成的多元化治理队伍，在日常运行中充分发挥作用，在出现重大公共事件时能及时发动和随时调动。

（二）加快打造智慧社区

针对这次防控中暴露出的信息不畅、人员排查工作量大、监测检测手段落后等难题，学习借鉴其他城市社区的经验做法，引入智慧社区中人工智能、大数据分析等技术，打造智慧社区综合服务信息平台，精准掌控社区相关信息数据，在重大公共突发事件中实现迅速调度各方力量、高效排查重点人员、在线监控重点场所、随时共享资源信息等功能，进一步提高社区在应对公共突发事件中的效率和质量。

（三）强化对基层社区的支持保障

进一步加大对社区一线物资的供应保障力度，按照社区区位、人口结构、紧急程度等指标统筹分配救援物资。加大社区建设资金投入力度，建立资金稳步增长机制。稳步提高基层社区工作人员待遇水平，创新社工的成长路径，加大社区人才培训力度，拓展职业发展空间，完善考核奖惩制，尤其是在重大突发事件中，完善加班工资和补助制度，对疫情防控一线中的先进典型给予表彰和激励。

宁波市社科院（市社科联） 谢国光

鄞州区社科院 孙静 吴志远

当前宁波涉疫网络舆情出现的新动态、新情况及引导对策

随着宁波疫情防控和复工复产进入新的阶段，以及输入性风险持续加大，舆论引导任务仍显得紧迫和繁重。本文深入分析了宁波涉疫网络舆情最近出现的一些新动态、新情况，并建议涉疫舆论引导工作快速反应，尽快实现内容、方式、渠道、视角等方面的转变，进一步提升涉疫舆论引导的精准性和有效性。

一、近期涉疫网络舆情存在的新动态和新情况

（一）网络舆论的新动态

涉疫舆论场出现了一些新的动态，主要体现为以下四种"杂音"交织。

第一种杂音属于"刺猬"型。表现为主观感性的反对声音，对当前疫情防控措施都看不惯，认为是小题大做，一味否定，发声带着强烈的情绪化色彩，容易向他人传导负面情绪。比如，有网民在本地某论坛上发言称"疫情防控已是过去式，不要小题大做"，此言论还得到相当一部分网民的附和。

第二种杂音属于"偷换概念"型。表现为选择性传递一些真实信息，又在信息中偷换概念，按自身的喜好对某一情况进行大肆指责和评论，避重就轻，甚至包装真实信息，以"客观"姿态来影响舆论风向。比如，前一段时间社会上出现的关于海曙区集士港镇的一些舆论，其实反映的是部分情况，并没有把整体信息呈现出来，结果引发了部分公众的恐慌。

第三种杂音属于"高级黑"型。表现为简单粗暴地进行歌功颂德，过分渲染、赞美和拔高先进典型，这种过度执行甚至践踏他人正当权益的言行，往往与上级政策部署是相违背的，容易使人反感，在舆论场上造成"次生波"。比如，有些网民大肆宣扬湖北孝感打麻将被打事件、江西丰城没戴口罩跑步被强制隔离事件等，其实质是打着防疫旗号，行为所欲为之实的"高级黑"。

第四种杂音属于"百事通"型。表现为经常罗列涉疫相关信息、事件和数据，显示对此事了如指掌，按照自身预设的立场和观点，对某些情况进行评论和诱导，容易对不明事实真相的人"带节奏"，引发某种舆论风向。比如前段时间有传言称，奉化区某企业刚开工就被全体隔离了，并附上图片以及地点等具体信息，在微信和QQ等社交平台上广泛传播，引发了公众的猜测、恐慌和不安。

（二）舆论引导工作的新情况

第一，舆论热度退烧，失去"警惕心"。从近期涉疫报道的阅读数、评论数等指标可发现，公众对全面复工新形势下的疫情防控信息关注度有所下降，呈现出一定程度的"厌战"情绪、侥幸心理，警惕心态有所放松。以主流官媒"甬派"为例，涉疫信息报道阅读量大部分在5万人次以下。当然，也有阅读量极高的，比如截至3月13日，新浪微博话题#甬抗肺炎#和#阻击新型冠状病毒#的阅读量已分别达到3.9亿人次和1.8亿人次。这一情况和前一阶段疫情暴发高峰时期的舆论场形成较为明显反差，即由焦虑转变为松懈。这主要是因为：宁波已经连续20天无新增病例，企业复工复产率领先，总体形势较为平稳。这些因素造成了涉疫舆论关注度呈现出"退烧"趋势。

第二，宣传方式固化，产生"疲劳感"。由于前一阶段抗疫效果良好，疫情形势逐步好转，现阶段涉疫信息报道仍然沿用原有方式，信息报道和传播方式方法创新不足，容易使公众对涉疫报道产生"审美疲劳"，一定程度上也导致了不少市民思想上"松懈"，行动上"松劲"，出现诸如拒戴口罩甚至无视管控措施等行为。虽然在疫情高发时期，绝大多数公众都会无条件支持和执行相关防控措施，但在当前疫情形势有所好转的情况下，如何更好地回应"形势好转了，为什么还要继续加强防控""都已经全面复工了，疫情已经过去了"等舆情，还缺少形象生动的宣传，这就容易使广大市民对相关复工复产政策措施理解不深，甚至产生误解。"甬派"在这方面已经做了一些尝试和改进，如近期推出的栏目《甬派宁波防疫复工作战图，带你速览战情》就是一个很好的尝试，但方式上还有待创新，比如文字较多、图片较少，不够形象直观，同时也缺乏全媒体的联动。

第三，舆情研判不够，滋生"小波动"。及时、有效、动态化的舆情研判机制，对于平息突发事件在舆论场的发酵具有极其重要的意义。主流媒体在分析舆情、研判走势、及时提出应对策略方面还有待加强。比如，近期一名美籍华人返回宁波后被评估为疑似病例，官方信息于3月6日给予回应，但该名美籍华人返甬后，从3月3日出现发热症状到3月6日的两天时间内，各类社交媒体以及微信、QQ等手机客户端均出现了许多猜测性言论。其中，腾讯网还专门报道了此事，从本地东方论坛评论区的留言来看，许多市民表现出了不安。虽然宁波已建立了发热病人全周期管理机制，但相关媒体对舆论走势的研判和应对还有待加强，特别是对于公众关切的突发事件还缺乏动态式、铺垫性的跟踪报道，缺乏快速、有效的信息供给，容易在社会上引发流言和恐慌情绪。

二、创新加强新形势下涉疫舆论引导的对策建议

（一）转变引导内容，强化正面宣传

一方面，针对全面复工复产以及国外输入病例风险不断加大的新情况、新形势，中国宁波网、"甬派"等主流媒体以及各类资讯客户端媒体、政务新媒体、机构自媒体和社交媒体要继续加大正面宣传力度，向社会和公众及时传达党委和政府关于疫情防控与复工复产"两手硬""两战赢"的信心和策略，切实巩固来之不易的向好舆情态势，为"两战都要赢"提供强大舆论支持。另一方面，新形势下，各级各类媒体还应进一步加强对复工复产、防止境外输入等过程中涌现出的新典型、新案例的专题报道。既可聚焦基层政府官员、企业党组织负责人等一线抗疫人员，也可聚焦从境外回国后主动要求隔离的公众人物；既可通过官方媒体围绕典型人物、典型事件推出有温度和接地气的系列宣传报道，也可在新浪微博、论坛、贴吧等网络社区设置选题，传递社会正能量，为企业复工复产、夺取抗疫最后胜利营造良好的舆论氛围。

（二）转变引导方式，精准分类应对

一方面，精准区分不同杂音，合理选择有效应对策略。如对"百事通"型声音，可以采用补充信息的策略，提供复工复产疫情防控的发展趋势或即将采取的措施的宣传，或新的事实和数据，维护主流舆论的权威性和话语主导权；对"偷换概念"型声音，则要迅速回应，主动发声，表明立场，确保信息的客观性和真实性，直击核心问题，避免误导。另一方面，精准区分不同需求，合理选择有效方式。对于企业从业人员，要大力宣传党委和政府关于复工复产的系列政策与帮扶举措，推送复工复产中可资借鉴的好经验、好做法；对于社会公众，

要及时披露境外输入病例情况及处置措施，适时通报关于就医、就业、复学等涉及公众切身利益的民生信息，尽力消除因信息不对称或信息混乱等导致的情绪波动、精神焦虑乃至恐慌等社会心理问题。

（三）转变引导策略，动态研判走势

一方面，要加强涉疫舆情跟踪研判。综合运用大数据、人工智能、云计算等数字信息技术，加强涉疫舆情全程实时监测，对涉疫舆情发展走向、传播动态进行科学评估，打造舆情风险智能化预警平台，制定负面舆情预警清单，为有效应对和导控网络"杂音"提供有力依据。重点对一些民众关切的热点问题、热门发酵的涉疫舆情事件进行全面分析，找到公众对于疫情的核心关注需求，从而正确引导涉疫舆情。另一方面，要联动处置舆情热点。根据舆情动态评估结果进行权威信息介入、新闻发布会、全媒体信息发布、联动处置、信息澄清、协同导控等联动运作，协同处置舆情热点。

（四）转变引导视角，聚焦重点对象

一方面，高度关注外来人口舆情动态。针对全面复工复产的形势下大量外来务工人员返甬参加复工，宣传、公安等部门应充分利用大数据技术，加强联动协作，重点对外来人口聚集地区的网站、论坛、贴吧等的涉疫发帖进行严格把控，一旦发现苗头，立即启动预警方案，确保不发生群体性舆情事件。另一方面，高度关注涉外人员舆情动态。开通"在甬外籍人员疫情防控应急服务热线"，通过微博、微信、新闻客户端等平台及时发布多语种防疫知识，为外籍人士提供不间断的疫情信息咨询和解答，积极回应外籍市民关切，提升在甬外籍人士的防控意识。同时，重点关注鄞州、海曙、慈溪等拥有较多来自境外高风险地区人员的区域，强化涉外舆情收集分析，严防一切可能引发负面舆情和错误的数据、例证、视频、图片及表述，避免出现涉外舆情甚至"次生波"现象。

宁波工程学院 肖荣春

提升我市基层社区疫情防控和治理水平的建议

疫情防控进入新阶段后，面对思想认识有所放松、"精准"防控有所偏差、矛盾重点有所转变等新的问题，以及社区责权不匹配、应对重大突发事件能力不足、治理能力不强等体制性问题，应加快探索加强社区治理的对策，提升社区治理能力，完善社区治理体系，为打赢"两战"和推进市域治理现代化奠定基础。

一、当前我市社区疫情防控出现的新情况和新问题

（一）思想认识有所放松

一方面，社区居民普遍存在思想放松现象。随着疫情形势趋稳、复工复产有序推进、经济社会活跃度持续上升，居民因节后长期宅家而被压抑的情绪正在寻找宣泄的渠道，给社区门岗防控工作带来较大压力。居民外出不戴口罩、从外地返回不配合登记、进入社区不愿意出示健康码等现象时有发生。另一方面，社区防疫人员在执行管控措施时的刚性态度也存在"打折"现象。随着形势的好转，由社区负责人、社工、物业、志愿者等组成的管控人员队伍，在具体执行防疫措施时有所松懈，如查看健康码"走形式"或随机抽查等。

（二）"精准"防控有所偏差

一方面，有些社区对防控措施的执行力度有差别，存在选择性执行的问题，在执行时段方面也存在一定随意性。比如：对于进入社区查验健康码，有些社区依然严格按照要求落实，有些社区则已经视之为"走形式"了；载有多位乘客的车辆进入社区时，有些社区管控人员只是象征性地看下司机的健康码，对于乘客则不再查看；某些老旧社区的卫生消毒、日常防护等工作近乎停滞。另一方面，有些市民对严格防控与加快复工复产存在两极化理解，有的把严格防控简单理解为"严防死守"，有的把复工复产简单理解为可以完全"放松"。进出门岗

时若告知去企业复工，便可被直接放行。

（三）矛盾重点有所转变

一是防控对象的转变。原来防控重点是来自国内高风险疫区的返甬人群或密切接触者，现在已逐渐转变为境外返甬人员，特别是来自意大利、美国、西班牙、伊朗、韩国等重点疫区的人员。

二是防控难点的转变。由于语言不通、政策理解不同、基础信息不全以及漏报瞒报等问题凸显，对境外返甬人员的防控已成为当前防控工作新的难点问题。

三是矛盾双方的转变。疫情初期，社区居民与防控工作人员之间紧密协作、一致对外，随着疫情形势的好转，主要矛盾已逐渐转变为社区居民与防控工作人员之间的矛盾、社区居民内部的矛盾。比如新形势下，从严的管控要求与居民日渐增加的服务诉求之间的矛盾凸显，加之对管控尺度的理解不同，社区居民与防控工作人员之间极易产生矛盾；在社区居民之间，上下班高峰期社区门口排队查码容易堵车，而进出车辆互不让行，这成为矛盾的导火索之一。

二、疫情暴露出社区治理中的体制性问题

（一）社区权责不匹配

疫情让社区责权瞬间"放大"成为全能主体的要求，与社区本身权限和承受能力之间不匹配的问题较为突出，存在"小马拉大车"现象。

一是职权不匹配。疫情防控中，部门、乡镇（街道）、社区、物业公司等多主体之间的职责和任务不够明确。如社区临街商铺的日常管理应由市场监管局和综合执法局负责，但疫情期间社区又承担起了管理任务，缺少执法权的社区在执行过程中困难重重。

二是财力保障不匹配。疫情暴发后，社区成为抗疫的一线和主战场，但其本身物资储备和调度能力远达不到要求。如基层防疫所需的口罩、手套等基本物资紧缺，"有需要找社区"的观念使得社区承受了很多压力。

三是人手资源不匹配。面对抗疫中承担的大量任务，许多社区现有的社工人数明显偏少。按照我市目前 1∶300～1∶250 的社工配比标准来看，很多社区较难达到。如鄞州区首南街道和顺、和众两个社区加起来将近 1.5 万人的规模，但社工人数仅有 17 人，配置比例为 1∶882，远低于通常标准。

（二）应对突发事件能力不足

一方面，应急演练形式化。有些社区的应急预案演练以宣传性、演示性为主，是做给上级看的，不是按照实际需要组织的演练，是"演"而不是"练"。有些社区的应急演练过程与预案不符，演练人员不严肃，服装不整齐，有些指挥者比较盲目，条理不清楚，演练人员对处理事故的步骤不清楚，程序较乱。有些社区应急演练时的装备设施投入不足，没有满足事故状态下的应急需要。另一方面，临时预案理想化。从本次疫情防控初期来看，许多社区现有的突发公共卫生事件应急预案存在过于宏观、操作流程性不强等问题，没有更多考虑交通网络、人群流动、资源分布等诸多需要应对的复杂因素。这一情况导致疫情防控初期基层一线工作普遍预警不足、准备不够、落实不力。有些社区短期内多次修改隔离方案和处置流程，导致一线人员无所适从、居民群众难以适应。

（三）社区治理能力不强

一是社区工作人员素质能力有待提升。有些社区管理人员结构老化，缺少针对性强、前沿性强的能力培训提升。同时，社区平时在应付各种检查、办事留痕方面耗费了大量精力，导致下沉少、走访少，部分社区在居民心中的定位"边缘化""陌生化"。平时没有积累群众资源，非常时期就难以发动群众。

二是社区信息化水平有待提高。在疫情防控中，很多社区缺少现代信息技术的支撑，还依赖传统的喊喇叭、贴传单方式，社区干部在摸排居民信息过程中，基本还是靠传统的人员上门登记方式，加上少数居民的不配合甚至隐瞒信息，不仅容易导致数据的不精准，而且耗费大量人力和精力。

三是社区治理体系有待完善。社区的组织协调和统筹能力不够强，没有发挥好社区自组织、民间组织、志愿组织等的功能。比如，居委会大包大揽，业委会缺乏独立性，物业责任感不强，有些楼道长也形同虚设；志愿者由于缺少"战"前动员和培训，再加上缺乏协同，承担的任务往往过于简单。

三、提升社区治理水平的对策建议

（一）巩固社区抗疫防线

当前，疫情防控阻击战以防范境外输入性风险为重点。一方面，要确保境外来甬人员的信息完整，多部门协同打破信息和条块壁垒，让瞒报等现象无处可藏。要升级社区疫情防控应对能力，针对外籍人士、华侨、留学生等不同群体的文化、性格、语言、饮食等特点，完善应急预案，提前培训演练，细化隔离措施，切实提高分层分类应对能力。另一方面，及时招募懂外语、有热情的志愿者组建"硬核"队伍，严格执行规定但又能提供良好的沟通服务，既缓解外籍人士的压抑情绪，又能传递好"宁波温度"。

（二）完善社区治理体系

一方面，进一步厘清社区各主体参与治理事务的职责，强化基层党组织的引领力，切实发挥社区居委会、物业公司、业委会、民间组织、志愿者队伍、辖区企业等各类主体作用，将党政、社会、市场、基层组织、群众等力量有机结合，让不同参与主体的功能和价值得到彰显与叠合，协同建设社区治理共同体。另一方面，构建完善的治理平台体系，有效引导社会力量参与基层治理，出台支持社会力量参与基层治理的相关政策措施，引导物业公司、业委会、行业协会、群团组织等多元主体与城乡社区之间形成密切协作关系。

（三）提升社区治理能力

一方面，实施"万名社工能力提升工程"，制订万名社工人员综合能力提升培训计划，分层分类、科学规划、逐步实施，切实提高我市社工各类人员的日常工作能力和危机应对水平，稳步提高基层社区工作人员待遇水平，拓展其未来发展空间，建立针对重大公共事件的加班工资、高风险岗位补助、先进典型表彰激励等长效机制。另一方面，加快推进智慧社区建设，重视社区信息化基础设施建设，对社会治理部门相关人员加强数字化应用培训，推进"智慧社工"队伍建设，加快打造未来智慧社区，提升社区应对危机的"技防"硬实力和"人防"战斗力，形成社区信息化"人防 + 技防"双轮驱动模式。

（四）加强社区文化建设

一方面，进一步加强学习型社区建设，发挥社区各类实践教育资源优势，创新教育内容与形式，切实提高社区居民的法治意识、健康素养、公共意识。另一方面，深入挖掘社区所在区域的文化历史，善于利用新媒体说好邻里故事，创建"品牌社区"，扩大社区文化的传播力和影响力，提高居民对社区的认同感和归属感，打造新时期有温情、有内涵的社区。

浙大宁波理工学院　贾小鹏

助推复工复产

关于化危为机推动我市经济高质量发展的对策建议

本文对疫情对我市经的济影响进行了预测评估，并提出要化危为机，抢市场、抢人才、抢产业、抢项目，积极培育发展新动能，保持经济长期高质量发展。

一、疫情对我市经济影响评估分析

（一）疫情对第二产业的影响

疫情对第二产业的影响可以从停工、复工、产能恢复等三个方面量化分析。参照 2019 年第一季度全市第二产业增加值为 1217.6 亿元，则平均每天增加值为 13 亿元。

一是停工影响。全市除疫情防控参与企业，所有企业停工时间从 2020 年 2 月 1 日至 9 日，完全停工时间 9 天，预计损失增加值约 120 亿元。

二是复工影响。当前规上工业企业复工率约 80%，仍有约 20% 的企业处于停工状态，预计 3 天后能基本全部复工，总复工期约 12 天，平均复工用时 6 天，预计损失增加值 60 亿元。

三是产能恢复影响。根据对北仑、鄞州等地的调查，2 月 18 日，规上工业企业产能利用率在 25% ～ 50% 和 50% ～ 75% 两个区间的企业占比分别在 37% 和 24% 左右，损失约 70 亿元；随着用工、物流、配套产业等要素逐步恢复，估计 10 天后多数企业产能可以恢复到 75%，这 10 天的损失约 40 亿元；估计 20 天后能完全恢复产能，这 10 天的损失约 20 亿元。建筑业恢复期可能更长，产能恢复影响总计约 130 亿元。结合以上三项，预计全市第二产业增加值影响约 310 亿元；考虑到可能通过周末加班挽回部分产能损失，预计第一季度第二产业增加值影响约 270 亿元。

（二）疫情对第三产业的影响

目前，全市服务业几乎完全停摆，整个产业链将承受巨大亏损，部分餐饮业及旅游业遭受的消费冲击尤其大。以文旅业为例，疫情期间全市共取消旅游团队 10249 个，涉及团队游客 23.17 万人次。目前，少部分星级饭店和花级酒店逐步复工，大部分文旅行业属于复工负面清单，预计在相当长一段时间内，难以迎来客流反弹。根据 SARS 期间餐饮旅游业的恢复程度来看，一般在疫情结束后的第一个月客流恢复至 50%，第二个月恢复至 60% ~ 70%，三至四个月后恢复至 100% 的水平。预计全市服务业恢复经营状态需要三个月时间左右。2019 年第一季度，第三产业实现增加值 1193.7 亿元，初步预测第一季度全市服务业营业收入下降 20% ~ 30%，损失约 280 亿元，其中营利性服务业下降 20%，批发业下降 20%，零售业下降 50%，住宿与餐饮业下降 60%。

（三）疫情对 GDP 的影响

疫情暴发后，国内外机构都下调了中国经济第一季度增速的预期，总体认为，疫情对后续经济增长的影响取决于疫情的控制情况，如果疫情在 4 月底之前能得到完全控制，第二季度全国 GDP 将会明显提升，第二季度经济增长将进入正轨。从宁波来看，根据对第二、三产业直接损失分析，第一季度全市 GDP 很可能将出现一定幅度负增长，如能通过扩大有效投资、扩大消费需求等方式加大对冲力度，则疫情对全年经济发展总体影响有限。

二、化危为机推动我市经济高质量发展的对策建议

（一）尽快复工复产"抢市场"

一是依靠重点园区带动。提高产业集聚区内的疫情防控管理水平，协助企业建立疫情防控期间内部管理制度，为企业协调口罩、红外测温仪、消毒水等物资，为集聚区内企业提供统一的疫情防控服务，创建一批"安全示范园区"。

二是依靠龙头企业带动。鼓励龙头企业通过以大带小的方式，在防疫保障上适当帮扶配套企业，以企业互助形式实现产业链复工。支持小微企业通过互联网等信息技术开展网上办公、远程办公和居家办公。

三是提前规划安排生产要素供给问题。迅速摸清复工产业所需生产要素，及时组织相关企业备足生产原材料，避免复工后产生爆发式的供需矛盾。

四是鼓励支持宁波复工复产企业"走出去"。利用全国产业链恢复空档期，抢先开拓国内外市场。

（二）优化服务环境"抢人才"

一是加快外来务工人员回甬步伐。围绕外地人员回甬"来得了""来得安全""来得快"，构建安全便捷的返甬通道，加强与安徽、河南、四川、贵州等劳务输出大省人社部门的沟通，加大包机包车力度，加大宁波防疫政策和复工政策的正向宣传，进一步推广"健康码＋甬行码"，抓紧逐步恢复原有班列、航线，吸引更多劳务人员来甬。

二是创新招揽形式。完善线上招聘信息系统，针对已复工企业的用工难问题，推广应用网上招聘、与用工来源地直接对接等招工好做法，积极引导企业和员工在线上实现对接、精准匹配，为重点用工企业提供一对一的服务。

三是谋划制定人才发展新政策。强化宁波开放包容的城市形象，特殊时期人才政策实行程序简化、优惠加码、服务提效，对重点人才工程放宽时限，优化人才发展环境，对疫情防控一线的专家人才特别是医疗卫生工作者，给予职称评聘优先申报、优先参评、优先聘任的待遇，加大对受疫情影响的各地有流动意愿的高端人才的引进力度。

（三）提前谋划布局"抢产业"

一是大力推广新技术、新产品。市科技局、市经信局联合发布两批《疫情防控新技术、新产品推介名单》，建议采取政府购买服务等方式，引导市内疫情防控新技术、新产品的推介企业积极参与疫情防控工作。

二是大力培育新产业、新业态。重点围绕生命健康、智造升级、5G应用、大数据等产业，以及"互联网＋教育""互联网＋医疗"等线上服务产生的巨大需求，把握疫情后的产业风口，发展新兴业态并促进形成优势产业。

三是加强重大产业项目招商引资。把握部分地区产业外迁机遇，引进一批绿色石化、汽车制造、集成电路、新材料、高端装备、生物医药等产业项目，吸引各类产业和企业到宁波落户。

（四）扩大有效投资"抢项目"

一是推动新项目尽快开工达产。在确保落实防疫措施的前提下，推动重点项目有序复工、复工项目连续施工、新开工项目尽早开工，在确保防疫安全的前提下，积极组织和保障重点项目复工，力争本周省重点项目全部复工。

二是积极推动重大项目提前落地。把握国家年度宏观政策导向，充分利用中央积极财政政策，用好150亿元补短板稳投资专项资金，加快推动通苏嘉甬铁路、沿海铁路、宁波铁路西站等重大交通通道和枢纽项目的建设，推进城区旧小区改造、城中村改造、未来社区建设等重大基础设施、公共卫生、智慧城市项目提前落地。

三是积极谋划储备新项目。编制实施2020年度市重点建设项目计划，加强要素统筹和招商引资，全力推动市重点项目全年计划任务完成，为扩大有效投资提供强有力支撑。

宁波大学科学技术学院　胡跃

宁波市海洋研究院　汪小京

有效应对疫情对我市"17+1"合作影响的对策建议

"17+1"是我市深化扩大对外开放、打造"一带一路"战略枢纽城市的重要载体。课题组对中国—中东欧国家合作秘书处、中国社会科学院、上海大学全球问题研究院以及相关行业协会、市内外企业等进行了调研访谈，认为突如其来的新冠肺炎疫情对我市"17+1"合作重大活动、重点项目、重点企业经贸活动、中小企业发展甚至产业链外迁等都将带来较大影响，必须及时进行精准研判，做好应对预案。

一、疫情对我市"17+1"合作可能造成的影响

（一）影响重大活动的举办

据中国—中东欧国家合作秘书处有关人员介绍，中方正在积极协调中东欧相关国家有关2月下旬以及3月在中东欧国家召开的一些重要会议的议程，受疫情影响，很有可能取消或者推迟。另外，原定4月在北京召开的第九次中国—中东欧国家领导人会晤，也有可能因此受到影响，如果疫情在这几个月内无法得到根本性的解决，6月在宁波举办的中国—中东欧国家博览会很可能也会受到影响，能不能按时举办、举办时有多少中东欧客商来甬参会，都很难把握。这对致力于邀请国家领导出席，对标东盟博览会、中阿博览会，打造国家级博览会品牌的中东欧博览会来说，实现目标的难度将加大。

（二）影响重点合作项目的推进

根据目前情况，政府及相关行业机构的线下招商、招展工作很可能会出现延期。正在谋划建设的"17+1"经贸合作示范区2.0版工作将会受到一定程度的影响。课题组还采访了多年在塞尔维亚、罗马尼亚、匈牙利等中东欧国家经商的华商会会长和宁波市中东欧国家经贸合作与文化交流促进会秘书处有关成员，了解到疫情对我市和中东欧国家的重点合作项目以及"双国双园""姊妹园"项

目也会产生一定的影响。此外，个别"17+1"合作国家对于在我市工作的该国人员的安全存在一些顾虑，一些中东欧国家人员不愿到宁波工作和访问交流，影响了合作项目推进实施。

（三）影响重点企业经贸活动

在对我市有关重点企业调研访谈中了解到，由于企业复工复产面临人员到岗难、安全防疫难度提升、生产原材料紧缺、物流通道不畅等问题，部分企业复工复产存在困难，许多订单无法按时完成，而且就算订单完成了，国外客户也可能由于担心疫情而拒绝企业生产的产品。在此情况下，毁约赔偿是其次，最严重的是会导致大量中东欧采购商流失，使得此前的商务成本沦为"沉没成本"。

（四）影响中小企业和产业链

课题组分别联络采访了中国社会科学院欧洲研究所中东欧研究室主任刘作奎研究员和上海大学全球问题研究院江时学教授，专家最担忧的还是参与中东欧国家合作的中小企业状况，认为受影响最大的应该是中小企业。我市与中东欧有深度合作的企业很多都是中小企业，由于其本身风险管理和抗压能力较弱，外部融资能力有限，部分中小民营企业将会持续面临生存危机，容易出现资金链断裂和债务违约，风险叠加情形下，甚至可能引发整个产业链外迁的连锁反应。外交部中国—中东欧国家合作事务特别代表霍玉珍曾表示，中小企业是推动中国特别是宁波与中东欧国家经贸合作的不可或缺的重要力量，疫情会使我市众多与中东欧合作国家的中小企业遭受很大的打击。

二、对策建议

（一）精准研判，做好预案

由市商务局牵头，组织相关部门、智库、行业协会、企业等，对此次疫情给我市"17+1"合作造成的影响进行系统调研，及早分析、精准研判。加快制定应急预案，针对重大活动、重点项目、重要安排，一对一、点对点地提出应急对策，尽可能减少损失。

（二）多方联动，加大扶持

建立中东欧企业服务联络员队伍，全身心服务企业抗击疫情，倾力调研一线企业，切实解决困难，鼓舞企业士气。借鉴上海自贸试验区临港新片区在防控疫情中所采取的政策措施，加强各级各部门联动协调，在落实现有政策基础上，全力协同商务、海关等部门及金融机构，在特殊时期对相关企业提供特殊的政策，帮助企业渡过难关。补贴重点中东欧商贸企业、商户和楼宇承租户租金，加大金融机构对相关中东欧企业的扶持力度，设立流动资金困难企业专项帮扶资金，精准有效地减轻企业负担。精细有序地开展企业复工复产，充分运用"数字 17+1 经贸促进中心"，搭建企业线上招聘平台和线上培训平台，选择知名人力资源服务机构搭建中东欧企业线上招聘服务平台，帮助企业解决员工不足问题。

（三）打造平台，完善服务

加快打造集门户网站、数据中心、项目发布撮合、企业综合服务等于一体的"17+1"经贸合作线上综合服务平台。对标中国—东盟信息港，在平台中引入"政府 + 外贸企业 + 生产企业 + 金融机构 + 海关"等机构，完善平台功能，采用"政府 + 企业"双运营主体管理模式，帮助和促进相关企业在网上开展工作，同时为中长期"17+1"合作提供更好的线上经贸合作平台和服务保障。

（四）化危为机，拓展合作

进一步加快与中东欧国家的国际医疗合作，支持宁波医疗机构与中东欧国家医疗机构在人才和技术上的合作，争取引进中东欧国家若干医疗机构，引导宁波与中东欧企业加强多学科联合科研攻关，推动中医药及相关技术产品"走出去"，提升宁波公共卫生服务水平。争取化危为机，积极向上级争取宁波与中东欧国家开展经贸合作的各项政策，加快启动中东欧国家贸易便利化示范区建设，争取更大范围、更多品种的中东欧商品进入宁波市场，加快开通义新欧宁波专列，有效组织中欧班列货源，保障国际物流通道畅通。

浙江万里学院　殷军杰

宁波海洋研究院　高聪

加快疫情后宁波文旅行业复苏的对策建议

受疫情影响，当前宁波文旅行业出现阶段性、断崖式波动，但中长期增长趋势不会实质改变。加快疫情后宁波文旅行业复苏，可从四个方面着手：一是立足救市，加强文旅企业应急帮扶；二是抓大放小，推进文旅企业结构重组；三是抢抓重要节点，释放文旅市场活力；四是放眼长期，促进文旅行业整体提质升级。

文旅行业作为人群聚集性产业，对疫情的敏感性极高，因此影响也是首当其冲。但文旅行业敏感而不脆弱，具有产业弹性大、回暖复苏快的特点，对文化产业其他行业也具有较好的引领带动作用。当前，在有序做好疫情防控的同时，也要积极加快推动疫情后宁波文旅行业复苏。

一、当前疫情对宁波文旅行业的影响

（一）总体判断：短期冲击明显，中长期增长趋势不会实质改变

从短期来看，疫情对宁波文旅行业的影响很大，对中小微企业的冲击尤其明显。预计第一季度宁波文旅行业发展承压较大，各项统计数据急速下滑，同时，疫情所导致的部分消费或投资受损无法得到补偿，可能会给全年发展带来一定的负面影响。但从中长期来看，随着疫情逐渐得到控制，宏观政策及时响应，宁波文旅行业增长的中长期趋势不会发生实质改变。

（二）行业分析：渠道端受损严重，资源端承压较大，轻资产行业受损较轻

疫情冲击下，全市旅游景区、民宿、星级饭店、旅行社均受到影响，相关的其他文旅行业也受到不同程度的冲击。从受损程度来说，旅行社、票务代理等渠道端行业受损严重，旅游景区、主题公园、星级饭店和民宿等资源端行业承压较大，会展策划、旅游品牌营销等轻资产服务类企业受损相对较轻。

（三）区域分析：南三县（区）、杭州湾受影响更为显著，其他区域相对较轻

从区域层面看，疫情对区域的影响存在差异，总体上南三县（区）以山水旅游资源丰厚而著称，是宁波旅游的主体地带，因而这次受损也是首当其冲。在预计的旅游景区第一季度营收损失方面，象山（40.42%）、奉化（17.70%）、宁海（7.67%）三个区域就占到全市的65.79%，其中以象山为最。在预计的民宿第一季度营收损失方面，宁海（34.84%）、象山（29.03%）分列前两位，合计损失占全市的63.87%。杭州湾因方特主题乐园本身体量较大，所以这次影响也比较严重。其次为鄞州、江北、东钱湖等区域，海曙、北仑、镇海、慈溪、余姚等区域受损相对较轻。

二、未来一段时期宁波文旅行业动向预判

（一）发展态势预判：疫情对全年影响预计相对可控，第二季度有望回暖，第三、四季度或将迎来爆发期

虽然文旅行业局部性、阶段性受损严重，但疫情引起的市场洗牌和行业风险不会影响文旅行业发展的基本面。根据疫情发展时间轨迹和行业发展规律，预计4月会进入恢复正常秩序的转折期，5月市场逐渐回暖，在第三季度的暑期和第四季度的"十一"黄金周，文旅行业极有可能迎来疫情压抑之后的集中爆发。

（二）发展格局预判：行业组织将受到洗牌式调整，风险与机遇并存

一是行业规模将进一步调整。部分同质化的企业和项目或被并购或关停，以市文旅投资集团为代表的航母级文旅企业，将充分把握疫情带来的行业调整机会，在优化资源配置、盘活闲置资产等方面取得实质性突破。

二是行业创新能力将得到提升。疫情提供了行业磨炼内功的机会，越来越多的企业会从创造客户价值和社会价值的角度去思考问题，从而触发更多有市场价值的增长点出现。

（三）政策激发预判：文旅行业优惠性政策体系进一步完善，行业发展将迎来新一轮的政策红利期

疫情过后，国家、省、市以及区县（市）等多个层面会加强出台一系列行业促进性政策以及专项政策。这一轮政策体系不仅对文旅行业应对当下困境具有重要作用，也将对文旅产业的长远发展产生积极影响。在政策机制和市场机制双重作用下，疫情风险将在绝大部分细分行业充分释放，发展前景可期。

三、加快宁波文旅行业复苏的对策建议

当前的政策指向，既要着眼于当下应急，又要着眼于长远发展；既要对文旅企业进行外在的输血援助，也要努力推动文旅企业实现内在的结构调整。

（一）立足救市，加强文旅企业应急帮扶

一是做"加油"，强化财政金融支持。在落实各项金融支持政策以及宁波文旅金融服务中心"五大暖企支持行动"的基础上，还可以通过市本级和区县（市）文化产业专项资金设立宁波文旅企业纾困资金、推进文旅金融产品创新、加强重点项目补助等多种方式，加强对文旅企业的资金帮扶。

二是促"减负"，降低文旅企业运营成本。减免、延期缴纳相关税费；降低企业水电气等要素成本，经相关主管部门认定后，可缓缴一定时期的费用；加大社保支持，阶段性降低企业医疗保险缴费比例，缓缴社会保险费；减免中小文旅企业房租，对承租国有（含集体）资产类经营用房的旅游企业可直接减免租金，对承租其他经营用房的，政府鼓励业主（房东）减免租金，市、区县（市）财政给予一定的资金补助。

三是优"服务"，加强文旅企业复工指导。做好优惠帮扶政策解读和宣传，明确咨询电话，落实专人负责，实实在在帮助企业用好各类扶持政策；严格运营后的防控管理，分类指导文旅企业制定有关工作方案和应急预案；优化文化旅游行政审批服务，精简申报材料，缩短审批时限，推进网上办理。

（二）抓大放小，推进文旅企业结构重组

一是提升文旅企业集中化程度。在疫情冲击下，文旅企业面临新一轮洗牌。要顺其自然，淘汰一批小、散、弱的文旅小微企业；要鼓励和支持飞扬、康辉、中青旅等一批规模较大的优质文旅企业抢抓机遇，通过合并、兼并、重组等方式加快扩张和壮大，提升企业的规模化、集团化水平；新成立的宁波文旅投资集团在做好相关投资促进工作的同时，也应积极加强对区县（市）与开发园区文化、旅游和体育相关资源的整合统筹，提升集团影响力和引领力。

二是推进文旅企业差异化发展。逐步调整宁波文旅企业经营体系，形成大型文旅企业集团化、中型文旅企业专业化、小型文旅企业代理化的差异化发展

模式。大型的文旅集团，主要负责旅游产品开发、市场开拓和旅游接待，销售业务则由大量中小旅行社代理；中型文旅企业实现专业化经营，针对细分旅游市场，形成特色产品或特色服务；小型文旅企业通过内部改造或增设方式，在全国范围内实现网络化布局，成为大型文旅集团面向旅游者的窗口，便于消费者购买各类旅游服务。

（三）抢抓重要节点，释放文旅市场活力

一是最大限度利用好疫后快速反弹期。延展"五一"小长假和"5·19中国旅游日"活动。将往年"5·19中国旅游日"各类惠民措施升级并延长时限。政府、景区企业尤其要在景区和旅游目的地营销推广以及门票补贴、减免上下功夫，以此为龙头，带动旅行社、酒店、民宿、交通等业态回升。加大长三角、省内及周边地区短线游的比重。短线游和微度假游将是疫后最早、最快、最易复苏的旅游市场，可大力开发散客游、自助游产品，增加自驾车旅游业务。迎合疫后市民消费心理，将"生态""健康"等关键词作为旅游月的主题，力推南三县（区）山水游、海岛游和城市周边休闲游。

二是提前谋划应对下半年可能出现的井喷式爆发期。紧紧抓住暑期、"十一"黄金周等重要节点，实现行业的全面复苏。文旅企业仍需将加大旅游产品的宣传促销、刺激市场需求作为工作重点，提前预告一系列旅游活动计划，锁定特定客源，促使潜在市场需求转换为现实市场需求。有步骤地恢复和培育长线旅游和出入境旅游，拉动文旅消费回归常态。政府文旅部门要精心办好第七届"宁波文化艺术节"，提振夜间文旅消费，投放更大规模文旅消费券，覆盖更多文旅商户和优质文旅产品。

（四）放眼长期，促进文旅行业整体提质升级

一是建立行业健康运行的市场秩序。着力整顿和规范行业的市场秩序。近期，可学习北京、广州等地，采取设立"疫情期间市民涉旅行社退团退费纠纷法律咨询服务专线"，文广旅游局和法院加快出台关于妥善处理疫情防控期间旅游投诉、诉讼的相关办法，约束和规范各类旅游经营单位的行为。从长远看，需优化全行业的制度环境，完善市场法规和行业管理制度，健全行业自律组织，用制度化的程序规范企业非制度化的行为。

二是建立完备的行业风险管理体系。健全文旅企业保险制度，旅游保险行业应加大旅游险种开发力度，探索重大危机事件险种，延长旅游保险服务链，鼓励企业投保；建立文旅企业危机管理储备金制度；引导文旅企业成立危机管理机构、建立危机预警和快速反应机制。

三是加快行业新业态、新技术的培育和运用。加快"文旅＋科技"的融合，加速 5G、人工智能、物联网等技术在文旅行业的运用，促进宁波文旅产业向数字化、智能化和社交化方向转型。大力引进和培育科技驱动型文旅企业和项目；提高现有文旅企业的智能化运营、智慧化管理和线上营销能力；加大数字化文旅产品和服务的开发力度，打造"云看展"、"云讲座"、线上娱乐、"云景区"、"云旅游"等项目，不断丰富文旅市场供给。

宁波市社科院（市社科联） 陈建祥 张英 陈珊珊 李广雷

关于高度重视并及时防范化解
疫情引发的社会问题和风险的建议

新冠肺炎疫情是我国改革开放以来对经济社会影响和冲击最大的一次突发性事件。本文在"两战"期间关注和分析了疫情在价值理念、心理创伤、社会信任、矛盾纠纷、劳动争议、商业纠纷、教育秩序、医疗秩序等方面不容忽视的影响，针对宁波外来人口集聚、中小企业集中的特点，建议对可能引发的社会问题和风险及早研判分析、及时防范化解。

一、价值理念淡漠问题

（一）主要表现

这次疫情也是一场生命教育、信念教育、科学教育、道德教育，有利于让市民树立和塑造正确的世界观、人生观、价值观。但也有少部分人存在价值理念淡漠问题，如我市有的干部政治站位不高、责任意识不强、担当精神不够等，市纪检部门已公布多起党员干部在疫情防控中的典型问题；少数医护、社工等特定职业人群产生职业价值困惑；少数企业家、群众感觉人生无常、生命短暂而产生消极情绪等。

（二）建议举措

建议由宣传、组织部门牵头，在近期以及疫情结束后等不同阶段，采取不同形式大力宣传我市疫情防控中出现的先进典型，特别是广大医护人员和基层工作者的先进事迹，进一步落实关爱举措，体现职业认同和生命尊严。通过组织"复工第一课""开学第一课"等，在讲疫情形势、讲个人防护等基础上，融入爱国主义、政治引领、科学普及、法治教育、心理疏导等内容，提振企业家精神，提升发展信心，增强"四个自信"。

二、心理创伤泛化问题

（一）主要表现

调查表明，重大疫情引发我市市民较为普遍、不同程度的负面情绪。

医护、公安、社工等一线工作人员：由于连续超负荷工作，情绪高度紧张，造成身心过度疲劳，在全国已出现多例心理疾病，必须引起高度重视。

患者：部分患者在隔离过程中产生较大的恐慌情绪，有的患者治愈出院后，仍然存在抑郁、担心后遗症等心理问题。

青少年群体：封城防疫、居家隔离、停课停学容易给未经世事的青少年群体带来恐惧焦虑、网络依赖、冷漠厌学等问题。

（二）建议举措

建议由市、区县（市）两级组织部门和工会等牵头，落实关心关爱一线防控工作人员的相关政策举措，尤其是在疫情结束后组织体检和有针对性的心理调适。依托村（社区）党员干部和志愿者，对独居、孤寡、空巢等特殊困难老年人进行主动关怀，配送相关生活物资、口罩等医疗物资，确保基本生活不受影响。对被隔离人员、被治疗的患者及其家庭，要给予更多人文关怀，加强后续跟踪回访，及时关心帮扶。对青少年，由教育、团委等部门牵头，组织进行防疫主题的书画、诗歌、征文等活动，为青少年及时提供心理减压、安抚等服务。

三、社会信任危机问题

（一）主要表现

一是少数市民对政府的信任度下降。有的地区疫情防控措施不够精准有力、信息公开不够及时准确，加之有的基层工作人员劝阻态度、方式不够文明，导致部分市民对政府的信任度下降。

二是与外来人口产生隔阂。疫情和较长时间的社会"停摆"造成特定人群过度恐慌、群体心理距离加大、同事亲友之间心理隔阂等不良社会心态。有民众盲目排"外"、"谈鄂色变"，有的小区、酒店拒绝湖北等地区人员入住。我市有400多万外来人口，在回归正常生活后，如何消除群体之间心理隔阂，是亟待解决的社会难题。

（二）建议举措

一是加强政府诚信建设。加快推进法治政府、效能政府、清廉政府、服务型政府建设，加快推动政府数字化转型，完善我市各级政府决策机制、舆论引导机制和重大突发性事件应对处理机制。网上信访平台、"12345"热线等平台要及时回应民众问题和诉求，引导民众保持理性平和心态。

二是消除群体隔阂。加强宣传教育和工作引导，对返甬来甬外地人员，特别是重点疫情地区人员加强人文关怀，纠正过度、极端管控行为，保证其居住、出行、工作等权利，同时疏导市民不良情绪，做好心理安抚，及时修复邻里关系，消除本地人与外地人之间的心理隔阂。

四、人际纠纷调处问题

（一）主要表现

一是防控设施建造和拆除引发矛盾。在防控工作中了解到，因疫情防控需要，一些基层政府或组织临时征用和搭建一批隔离、安置、路障卡口等设施场所，随着疫情逐步平稳，这些场所也将逐步拆除，其中占用宾馆厂房恢复、废弃物品和医疗垃圾处置、占用土地复原等容易引发社会矛盾。

二是防控人员和居民之间产生矛盾。由于个别地方防控措施层层加码、有的市民不理解不配合防控措施等，一些村（社区）的防控人员和居民产生了不少冲突。

（二）建议举措

一是谋划做好临时征用场所的补偿和恢复工作，及时拆除临时障碍物，对于临时征用酒店、闲置厂房等要做好废弃物品、医疗垃圾的处置和消毒，给予一定经济补偿或税费减免政策。

二是及时纠正极端管控措施，加大对基层的宣传教育，及时纠正简单化、极端化管控措施，方便群众正常出行。疫情结束后，加强村（社区）居民矛盾纠纷调处，及时化解卡口管理人员和居民的矛盾，防止"民转刑"案件的发生。

五、劳动争议增多问题

（一）主要表现

我市有100多万市场主体，企业普遍经历停产停工，生产经营停滞，市场销售受限，甚至威胁到许多企业的生存，势必会形成裁员、降薪以及企业倒闭遣散员工风险，由此将引起劳动合同、工资报酬、休息休假、社保缴纳等劳资纠纷和失业问题。同时，大量灵活就业人员、未签订正式劳动合同人员的社保可能面临断缴问题，如处理不当，疫后将在就业和社保方面形成民生隐患。

（二）建议举措

一是实施有效援企稳岗政策举措。落实好《关于打赢疫情防控阻击战帮扶中小企业共渡难关的十八条意见》，坚持就业优先导向，实施网上招聘等方式，做好高校毕业生、零就业家庭等重点群体就业工作。强化城镇困难群众基本生活保障，做好基本民生商品保供稳价工作。及时将受疫情影响的就业困难人员纳入就业援助范围，确保失业保险待遇按时足额发放。

二是开辟涉疫劳动纠纷"绿色通道"，依托移动微法院等平台，妥善回应因疫情影响群众参与诉讼的各类问题，促进劳动关系和谐稳定。

六、商业纠纷复杂问题

（一）主要表现

此次疫情极大影响了正常的商业交易活动，给相关商事合同履行带来连锁冲击，在调查中发现，买卖、施工合同逾期以及承包经营、租赁纠纷等尤为突出。疫情虽不可预见，依法适用不可抗力，但并非必然导致合同免责解除，在具体实践中仍产生诸多争议，尤其是在导致合同一方权益产生重大损失时。如海曙区人民法院就已在2月15日审理两起因新冠肺炎疫情引发的租赁合同纠纷，分别涉及网约车、网约房等。

（二）建议举措

一是加强行业规范管理。行业监管部门要加强市场监管，稳定市场秩序，引导企业依法执行相关政策要求。行业协会要发挥引导功能，发布指导规范，加强行业自律，引导企业和商户诚信互信、理解宽容，倡导合同主体互谅互让，共同分担风险损害，探寻合理解决途径。综合考虑区位影响、行业特点和行业政策、合同履行的方式，提供纠纷解决范例供企业参考。

二是强化创新纠纷调处。司法部门要加强对可预见纠纷案件的研究、审判工作，充分考虑疫情与合同不能履行的因果关系，充分发挥多元协商的纠纷解决机制功能。

七、教育秩序打乱问题

（一）主要表现

受疫情影响，大、中、小学的学生都无法按期正常上学，而在线教学活动受制于网络技术条件、教师新技术掌握水平、学生自控力等，教学质量难以得到保障。尤其是小升初、中高考等备考受到的直接影响更大，艺考、体考节奏被打乱，延期开学后也必然出现补课补学、赶进度等情况。此外，出现个别利用网上教育进行诈骗的情况，如宁波某地骗子冒充老师潜入 QQ 群、微信群，以"疫情延期开学""网上授课收学费、材料费"为由实施诈骗，个别家长受骗。教育影响千家万户，教育秩序打乱极易引起社会问题和风险。

（二）建议举措

一是及时回应教育诉求。教育部门应通过热线电话、微信公众号、信箱等，认真受理教职员工、学生和群众的诉求，及时发布教育培训、升学考试等各类信息，回应学生及家长关切问题。

二是扎实做好复课前各项排查。要求各类学校、培训机构在复课前对本单位的教师、学生、后勤工作人员、服务人员等逐人建立健康台账，做到全面摸排、精准掌握、不留死角，严防类似监狱、养老院等特殊场所的交叉感染。

三是建立错时复课预案，认真研判风险、制定预案，科学指导高校、中小学、幼儿园等不同种类学校做好"一校一策"方案，积极开展预案的演练组织。

八、医疗秩序冲击问题

（一）主要表现

疫情期间我市医疗机构部分门诊停摆，同时部分群众因恐慌感染而推迟或回避慢性病（常规病）就医，可能引起延误治疗等风险问题。另外，当前针对新冠肺炎病人的医治，副作用明显，对患者肺部造成很大损伤，即便康复以后也可能会面临后遗症，需要做好应对准备。

（二）建议举措

一是保障医疗工作逐步恢复正常有序。在继续做好新冠肺炎患者重点治疗的同时，尽快恢复医院其他科室正常门诊，保障各社区卫生服务中心正常接诊。对潜在有供应风险的医用物料做好相关预案，尽可能满足医疗需求。

　　二是优化医疗服务管理。依托宁波"云医院"平台，按互联网诊疗规范负责对各基层医疗机构在线开具的处方进行审核，由已入驻的药品经营企业提供药品调剂、物流配送等服务，药品经营企业委托第三方及时对病患进行药物配送。由民政部门牵头，制定针对新冠肺炎并发后遗症人员的社会救助细则预案，特别要对困难家庭及时进行援助。

宁波市社科院（市社科联）　史斌　孙肖波　王仕龙　邵一琼

关于尽快补齐来甬外籍人士防疫短板
严防境外疫情输入我市的对策建议

近来，我市疫情趋于平稳，但是全球新冠肺炎疫情快速蔓延，尤其是韩国、日本、意大利、伊朗等国新增病例呈快速增长态势，疫情全球扩散风险进一步加大。我市作为外贸港口大市、开放口岸城市，2019年宁波空港进出境人员数量突破160万。市社科院（市社科联）工作人员在机场防控一线工作时发现，目前在来甬外籍人士防控管理方面还存在流程不够严密、语言沟通不畅、信息数据不全等问题，必须尽快解决，防止境外疫情输入。

一、新冠肺炎疫情全球性风险不断加大

（一）新冠肺炎疫情在境外尤其是周边国家有蔓延之势

截至当地时间2月27日上午9时，韩国较前一天下午4时新增334例新冠肺炎确诊病例，累计确诊病例达1595例；截至2月27日8时，日本新冠肺炎感染者总计894例；截至2月27日9时，意大利累计确诊470例；截至2月26日，伊朗确诊139例，死亡19人，死亡率极高。同时，美国、德国、西班牙、巴林、巴基斯坦、法国、加拿大、格鲁吉亚、希腊、马其顿等国陆续出现感染病例，并呈现出快速扩散势头。2月25日，中国境内新增确诊病例411例，同一天，中国境外新增确诊病例427例，中国境外新增新冠肺炎病例首次超过中国境内，标志着疫情发生了重大转变。

（二）多国实施疫情防控举措大相径庭

目前，已有多个国家采取不同的疫情防控举措。印度严格遵守世界卫生组织对新冠肺炎疫情的应对指导，并进行高水平的检测预防。韩国已将新冠肺炎疫情预警提升至最高的"严重"级别，并将对大邱和庆尚北道地区采取最大限度

的封锁措施，同时，全国幼儿园、小学、初中和高中开学推迟一周。意大利对该地区 11 个市镇施行了隔离封锁，学校、工作场所等公私场合也已关闭，多场赛事和公共活动被取消或推迟；国内公司和学校纷纷宣布取消或推迟招聘、开学式等大型活动。但总体来看，境外国家人员管控难度大，国家组织动员和执行力相对较弱，疫情全球扩散风险进一步加大。

（三）新冠肺炎疫情有从境外向境内输入的现象

据媒体报道，一些韩国人涌入中国，以躲避韩国正在蔓延的疫情，当前主要流入城市是山东省的青岛、烟台、威海，辽宁省的沈阳、大连，吉林省的延吉等城市。这些城市同韩国的经贸、人员往来比较密切，其中一些城市也在第一时间出台了相关管理办法和规定，严控疫情输入。2 月 26 日，宁夏回族自治区中卫市通过《人民日报》新媒体平台等主流媒体发布了一则确诊境外输入型新冠肺炎病例。

二、当前来甬外籍人士疫情防控存在的短板

在机场口岸等地一线防控中了解到，当前我市对外籍人士疫情防控还存在一些短板：一是涉外防疫缺乏系统性、总体性防控措施和实施细则；二是各重要卡口对于外籍人士的管理没有标准流程和处理方法；三是缺乏技术手段，难以掌握与控制来甬外籍人士行动轨迹和防控风险；四是没有针对集中隔离、定点医疗的相关预案；五是涉外防疫宣传力度不够，外籍人士对我市防控措施不了解。

三、刻不容缓加强来甬外籍人士疫情防控的对策建议

在前期抗击疫情的斗争中，我市相关部门针对在甬外籍人士的疫情防控有很多有益尝试，外国专家局对全市外国专家进行了全面摸排，公安机关针对在甬外籍人士开发了外文版"甬行码"以及中英文对照视频介绍。但是，鉴于目前疫情发展的新变化，进一步加强在甬外籍人士疫情防控的顶层设计和系统管理，对打赢疫情防控的人民战争、总体战、阻击战具有非常重要的意义。

（一）出台来甬外籍人士疫情防控的规定、办法，把防境外疫情输入作为当前疫情防控的紧迫任务

组织公安、海关、外办、检验检疫、机场等相关部门，快速调研，密切关注境外疫情的发展态势，研究部署防境外疫情输入工作方案。按照长期在甬工作生活、过境、商务旅游赴甬等门类进行分类管理。根据实时数据对境外国家

实行风险等级提示管理，设置相应的风险等级。充分借鉴已经出台办法的几个城市的管控做法，建立信息摸排、入境管理、健康检测、应急隔离处置、治疗护理等涵盖外籍人士防疫全流程的办法，确保涉外防疫有章可循、有据可依。

（二）制定机场、车站等关键卡口的来甬外籍人士管理流程，把来甬外籍人士纳入整体防控体系

课题组发现，由于语言不通等原因，目前在各卡口仍然有外籍人士仅凭一纸护照畅行无阻的情况。要抓紧制定机场、车站等关键卡口的外籍人士管理流程，确保每个卡口至少有 1～2 名精通英语的工作人员在场，在机场入境大厅还要配备韩语、日语等语种工作人员。除了指导外籍人士填报个人健康卡，还要建立标准化的询问流程，如从哪里入境、来甬目的、过去一个月的行动轨迹等，对入境人员的信息要应知尽知。立即建立口岸联防联控机制，全面做好入境人员信息通报、身份登记、健康检测工作。

（三）加强信息共享，用大数据手段掌握来甬外籍人士的行动轨迹

加强公安、机场、航空公司、铁路、涉外酒店等相关机构的信息共享，要像国内旅客一样，通过护照可以尽量掌握外籍人士入境情况、在华活动轨迹。对于取道烟台、威海、青岛等敏感城市赴甬的日韩旅客，要重点排查。加强社区工作、酒店管理工作，对已经在甬的外籍人士，逐一登记造册，确保外籍人士全部纳入疫情防控体系。

（四）提前布局在甬外籍人士感染定点医院、集中隔离场地，做好各种涉外预案

指定一家医疗条件完备、硬件设施较好的医院作为在甬外籍人士感染定点医院，作为宁波外籍版的"小汤山"。指定 1～2 家位于东钱湖、九龙湖等风景较好地段且小环境相对封闭的酒店，作为集中隔离场所、集中居住酒店。对于在各卡口发现的有发热、干咳等症状的来甬外籍人士，立即采取相应措施送到指定医院；对来自疫情高发区的旅客，安排专门车辆、"点对点"接送至指定酒店；对商务旅游等短期居住的，一律安排在指定宾馆居住。研究出台相关治疗、隔离费用的负担方法。

（五）做好在甬外籍人士防疫宣传引导，维护宁波良好国际形象

高度重视涉外防疫工作的敏感性，既要采取最严格的防控手段，又要给予最温暖的人性关怀。通过机场、车站卡口的显示屏和广告牌发布外文版相关通告，人性化解释我市的防疫政策。建议市外办开通多国语言的外籍人士咨询热线，受理电话咨询。通过高校、外企、旅行社等外籍人士集中单位的微信公众号、微博等平台，用英文宣传我市的防疫政策及相关知识。如有必要，可以依托省市外办，建立领事机构信息通报机制。关心关爱隔离外籍人士，实行单人单间或者家庭集中居住，加强定点酒店的专业化管理服务，确保隔离人员舒心满意，并可以方便畅通地与外界联系。要及时发布外贸提示、国际性展会、国际交流合作的风险提示，能推迟的尽量推迟举办。在严防境外疫情输入的同时，一定要高度重视提升我市的国际形象，把疫情防控战争作为宣传宁波、提升宁波国际形象的契机。

宁波市社科院（市社科联）　王铭徽　邢孟军

加快推进我市家政服务业复工的若干建议

随着我市进入疫情防控和复工复产"两手都要硬、两战都要赢"的新阶段，各行各业复工复产有序加快，在关注事关全市经济发展全局的支柱产业的同时，也要关注事关千家万户的生活服务业。课题组在调研的基础上，针对当前家政服务业复工中存在的问题，提出了若干建议。

家政服务业作为民生服务业和新兴产业，对促就业、惠民生、稳经济具有重要作用。据业内估算，我市家政从业人员超过20万，营业收入已超过百亿元。从调研来看，截至2月29日，我市家政服务业复工率为61%，但是实际员工到位率还很低，基本属于"虚拟复工"，企业业务量也严重不足。据企业反映，春节后是家政服务业的旺季，服务需求增长率一般会超过上年旺季的30%，但是受疫情影响，现在行业基本处于停摆，家政人员多为外地人员，本就返工难，而小区不让家政人员进、客户不敢找家政人员、家政人员不敢找工作等现象又普遍存在。为此，应高度关注家政服务业的复工问题，要着力稳住企业、留住家政服务人员。

一、家政服务业受疫情影响巨大

从调研来看，我市家政服务业呈现企业复工艰难、家政就业人员锐减、家政服务需求走低的现状，整个行业面临较大困境。

（一）家政企业复工艰难

调研显示，家政企业规模小，复工成本较难承受，相当数量的家政企业处于"虚拟复工"状态，营业额很少甚至为零。企业在家政业务基本停滞、无现金收入的状况下，面临三大复工支出：（1）房租、水电、薪资社保等固定费用支出。（2）家政人员返工隔离成本（家政企业提供的员工宿舍一般都是合居、群居的形式，返工家政人员一般需隔离 14 天，企业无隔离场所，即使隔离也需要企业保障基本生活）。（3）口罩、消毒水、体温计等防疫物资支出（实际上防疫物资极短缺），以及防疫相关技能培训支出。

（二）家政就业人员锐减

从调研来看，我市约 95% 的家政人员为市外人员，由于家政服务人员都有节前返乡过年的习惯，目前家政人员回流困难，返岗率在 20% 左右，业内预计按照目前形势持续下去，即便疫情结束，家政服务人员回流情况也不容乐观。返岗率低有三方面原因：（1）家政人员返工难。企业反映，有些服务人员对返工持观望态度，各地的管控措施也造成部分人员滞留原籍。（2）家政人员离岗增多。由于订单少，企业优先以合同制人员替代临聘人员上岗，并采取减薪和绩效浮动方式减少人员薪资支出，这造成部分人员因无工作或减薪离岗，且存在雇佣纠纷风险。（3）家政企业招工停滞。调研显示，我市家政服务企业招工需求基本为零，往年节后火热的家政公司抢人场景不复存在，企业已要求非必需的家政人员延迟返岗或不用返岗，不少员工制家政企业（"员工制"是家政企业特有的用工方式，企业代收雇主服务消费费用，代发到家政员手中，一般无中间费用）采取裁员自保举措。

（三）家政服务需求走低

需求持续走低有三方面原因：（1）居家防疫造成家务市场化需求锐减。不出门、不聚集、不聚餐等贯彻到位，居家不外出、居家办公等造成有家政服务需求的工作由家庭成员完成了。（2）雇主出于防疫考虑减少家政消费。家政大多需要入户服务，雇主顾虑病毒人传人风险，减少消费。业内市场调查显示，超过 90% 的家庭在疫情防控期间没有家政服务消费计划，钟点工、居家保姆和育儿嫂等业务基本停摆，只有连续经营的月嫂、护工尚有少许存量。（3）疫情管控导致部分服务无法完成。比如，居家养老服务站点根据疫情防控要求基本停止服务，部分小区管控存在"一刀切"现象或家政企业缺乏相应辅导，导致家政服务人员进不了门，提供不了服务。

二、加快推动家政服务业有效复工的几点建议

家政服务业涉及民生，加快推动行业企业有效复工，对疫后尽快恢复社会正常生活秩序、满足民众生活需求、解决就业难题有着积极意义。

（一）加强对家政等居民生活服务业复工的指导

建议由商务部门牵头加快制定《家政服务疫情防控工作指南》，尽可能统筹考虑涉及居民生活的家政服务、美容美发等服务业大类，规范明确服务人员和客户健康信息查验要求。比如，服务人员必须持本人身份证明（身份证或暂住证）、健康证明（健康码或"甬行码"）、隔离证明（对于外地返甬的服务人员）以及务工证明（含企业复工证明），开展上岗服务。再如，管控人员要予以放行，对于无法出示或缺失证明人员，客户有权拒绝服务。

（二）做好家政服务业的短期政策扶持

尽快研究出台针对家政服务、美容美发等居民生活服务业的专项扶持政策，着力帮助企业解决防疫物资不足、隔离场所缺乏等问题，帮助企业落实贷款偿还延期、提供免（低）息贷款、用房租金和税收减免等政策；对于员工制龙头家政企业，要采取"点对点"方式帮助复工；稳定家政行业劳动关系，建议明确对企业员工制人员按不低于市最低月工资标准发放，同时落实国家社保减免政策，鼓励企业给予临时人员基本生活保障，有效化雇佣双方矛盾；参照企业返工人员政策，对返甬复工的家政服务人员在交通、住宿等方面予以补助，吸引家政人员回流；支持家政企业依托相关职业院校和培训学校的网络教学资源开展网络培训，参照企业培训政策给予相应补贴。

（三）积极引导行业危中寻机，发展新业态、新模式

鼓励引导家政行业引入更多的新科技，以专业设备、专用工具、智能产品提供服务，减少人与人的接触；加快培育发展"互联网＋家政"等新业态，推行线上培训、线上订单、线上面试、线上招聘；推行家政服务人员共享共用机制。

（四）以服务防疫一线人员拉动家政需求

建议通过工会、妇联等群团组织，以政府采购形式，为医疗卫生、公安交警、街道社区等抗疫一线人员以及援鄂医疗队家庭提供家政服务，在落实对防疫一线人员关心管理的同时推动行业复苏，减轻防疫一线人员后顾之忧。

宁波卫生职业技术学院　朱晓卓

关于危中觅机"抢人才"打造疫后人才向往集聚地的建议

本文对疫情背景下人才资源配置形势进行了调研分析，并提出要抢抓机遇，以更好的政策、服务、环境等吸引和成就人才，补足当前宁波人才开发中存在的结构、效能、平台等短板。

一、强化当前宁波"抢人才"的机遇意识和紧迫意识

（一）疫情给人才资源配置带来新变数

一是高校毕业生就业目的地选择有变化。第三方人力资源机构调查显示，高校毕业生更青睐疫情防控中表现和反响优等的城市，今年全国普通高校毕业生有 874 万，宁波凭借这次疫情防控成效显著的城市品牌可以获得加分。

二是高端人才流动加快。疫情导致海内外许多企业发展面临困境甚至不得不裁员、破产，大量高端人才面临分流，一些新产业、新业态的紧缺人才更加抢手。

三是疫情重点地区人才迁出意愿增强。根据对华中科技大学、武汉大学毕业生近年去向的统计，约 25% 留在湖北，30% 去广东就业，去北京、上海工作的各约 8%，还有相当一部分人才有外迁意向，我市可积极争取这部分人才。

（二）我市人才发展还存在一些短板

在人才结构方面，在我市全职工作的两院院士只有 5 人，深圳、杭州、南京分别有 41 人、39 人、85 人。在创新投入方面，2018 年我市研发投入占 GDP 的比重为 2.8%，深圳、杭州、南京分别为 4.2%、3.4%、3.1%。在人才发展平台方面，我市不仅缺乏高能级大院大所，创新型企业数量也较少。2018 年，我市共有高新技术企业 1739 家，深圳、杭州、南京分别为 14415 家、3919 家、3126 家。

（三）疫情背景下各地"抢人才"竞争激烈

随着我国疫情防控取得阶段性成效，许多地区都明确提出了针对性政策举措，开启"抢人才"大战。如，上海推出人才引进办理实施特殊便利化举措，开通人才引进绿色通道；杭州市出台了"战疫引才、杭向未来"八大举措，开展"云招聘"、推出"人才卡"、举办"双创大赛""云促会"等；苏州在疫情背景下，扩大引才奖励范围、加强安居落户保障、大力招引技能人才、精准推出线上服务、加快人才申报评审、加大金融贷款支持等；绍兴在疫情期间发布专门人才招引计划，加大医疗卫生人才引进扶持力度，加大对湖北高校和湖北籍毕业生的引进力度等。

二、抢抓机遇优化人才生态"抢人才"

（一）优化人才素质结构，更加突出紧缺急需

一是大力引进产业领军人才。着力围绕"246"万千亿级产业集群和疫情催发的生命健康、工业互联网、智能制造、线上服务等新业态新模式，大力引进行业领军人才；"3315系列计划"等重点人才工程向医疗卫生、新产业新业态领域倾斜，力争实现"引进一名人才、聚拢一个团队、带动一个产业"。

二是大力引进国际化高层次人才。加强疫情背景下海外引才新形势变化分析研判，制作发布新的全球引才宣传片，在境内外加强对我市疫情防控做法成效宣传，化解"疫区"负面影响，提升国际形象，制定海外人才永久居留便利服务清单，谋划打造若干外国高端人才创新集聚区，突出"高精尖缺"，探索以"云引进""云服务"等方式大力引进国际化人才。

三是大力引进青年人才。落实大学生住房补贴政策，开展海内外高校毕业生"云招聘""云面试""云创赛"，提高宁波高校毕业生留甬比例，加大对湖北高校和湖北籍毕业生的引进力度，及早谋划疫后湖北等地高校大学生专场招聘会，加快打造青年友好城。

（二）提升人才平台能级，更加突出以业聚才

一是加快打造高能级产业平台。加快"一廊双城"、前湾新区、"千人计划"产业园等重大产业平台建设步伐，谋划建设国际生物城、工业互联网产业园等新产业集聚区，适应新产业特点推行资本招商、平台招商等招商模式。

二是加快打造高水平功能平台。加快甬江实验室、浙江创新中心等重大科

创平台建设，实行新一轮产业技术研究院精准引进，着力建设一批医疗卫生、疫情防控以及新产业新业态等领域的新型研发机构。

三是加快打造高竞争力企业平台。加快培育打造一批百亿级、千亿级龙头型企业集团和"隐形冠军"企业、"单打冠军"企业，实施"凤凰行动"宁波计划升级版，支持企业建设高水平重点实验室、企业研究院、企业研究中心等，积极争取外地有外迁意向的优质企业迁到宁波。

（三）激发人才效能活力，更加突出以才兴业

一要促进人才优化集聚配置。全面放宽落户限制，开展宁波都市区户籍自由迁移试点，吸引各地人才向宁波集聚，谋划出台激发企业引才主体作用专项政策，强化疫情防控期间市场化引才作用，鼓励科技人才离岗创业，促进科技人才向创业一线、企业流动，使人才和产业紧密联系。

二要推行市场化人才评价机制。制定人才市场化评价指导意见，切实形成重品德、能力、业绩的评价导向。特别要优先引进和选拔在疫情防控工作中表现突出的优秀人才，对于在疫情防控一线表现突出的医务工作者，在职务职称评定时给予倾斜。

三要提高人才产出效益。落实科技成果转化激励政策，举办人才成果"云享会"，加强科研院所、产业技术研究院科研成果供给与企业技术研发需求之间的匹配对接，特别要加强疫情防控、新产业新业态新模式科研需求和供给对接，优先支持成果转化，让科研成果尽快成为战"疫"力量和经济复苏能量。

（四）强化人才服务保障，更加突出精准实效

一是打响政策品牌。打响宁波疫情防控和复工复产"优等生"、青年友好城等城市品牌，打响宁波人才新政 25 条、"3315 系列计划"、"宁波人才科技周"、"宁波人才日"等人才工作品牌，对标先进、查漏补缺、适度加码，打造更高含金量的人才政策体系，在疫情后组织开展全国重点城市政策巡回路演，加强人才政策的宣传解读，狠抓人才政策兑现落实。

二是精准双创服务。深化"最多跑一次"改革，提升人才服务联盟效能，加大推行"云招聘""云面试""云服务"力度，编制更新宁波人才政策申报办理指南，引导各类天使投资引导基金、创业投资引导基金、产业投资基金加大对人才创业创新支持。

三是优化生活环境。进一步完善我市交通、信息、商务等基础设施，高水平推进市域治理现代化，深化人才关爱工程，分类分层解决人才普遍关切的"孩子、房子、本子、身子、票子"等"关键小事"，研究出台针对各地援鄂医疗队、防疫一线人员、医疗卫生领域等人才的生活保障办法，积极在国内外营造尊重人才、求贤若渴的城市氛围。

宁波城市职业技术学院　方黛春

关于以"政府有为"促"市场有效"推动我市经济回归高质量发展轨道的建议

本文根据疫情防控形势的调整变化，提出要尽快转危为机，推动经济回归高质量发展。在此过程中，政府要"积极有为"，同时也要突出"市场有效"，政企携手确保疫情防控和经济社会发展"两战都赢"。

一、在强投资方面，注重充分调动民间投资积极性

（一）激发民营企业投资意愿

通过政府制定系统的经济振兴规划和指导意见，加大政府投资，企业家协会、行业协会宣传培训等方式，传递积极信号，引导我市民营企业家弘扬优秀企业家精神，提振投资信心，激发投资积极性，形成"政府投资带动、民间投资跟进"的格局。

（二）拓展民间资本投资领域

建立民间资本推介项目长效机制，近期要加快梳理项目储备，尽快形成今年我市"项目争速"项目库，选择一些投资回报机制明确、商业模式新颖、发展潜力大的重点领域项目向民间资本集中推介，如城乡基础设施、公共卫生设施、新型数字基础设施、教育培训、文化旅游、体育健身、健康养老等，鼓励线上项目推介、网上对接、委托招商、"基金＋产业"招商等方式，并采用贴息、参股等方式吸引社会资本参与项目建设。

（三）优化民间资本投资环境

着力拓宽融资渠道，深入开展"万员助万企"专项行动，不断优化营商环境，加强城市品牌宣传和推介，吸引市外民间资本。引导我市金融机构运用专项贷款、应急贷款、再贷款、无还本续贷等方式，开展"百行助万企"行动，加

大对民间投资尤其是中小企业的信贷支持力度。调整全年土地出让计划，适度增加第一、二季度的土地供应，保障民间资本投资发展用地。

二、在育产业方面，注重充分引导社会资本投资新产业新业态

（一）强化新产业规划引领

编制疫情催发新产业新业态发展规划，建立高成长型新兴企业培育服务名单，着力推进新产业在我市现有开发区、产业集聚区集中布局，规划建设工业互联网、生命健康等新产业平台，打造若干特色鲜明的产业基地。

（二）充分发挥政府投资基金引导作用

用好宁波市天使投资引导基金、宁波市创业投资引导基金、产业投资基金等各级政府投资基金，及时调整优化基金年度投放节奏和策略，重点聚焦创业创新、新产业新业态发展，加大对我市有一定基础的新兴产业如工业互联网、生命健康、线上服务等的扶持，充分发挥财政资金对新产业引导、培育的"四两拨千斤"作用，打造宁波新产业生态。

（三）加大新产业发展的政策支持力度

研究出台支持新产业新业态发展的政策举措，统筹用好"科技创新2025""中国制造2025"等专项资金，调整专项、优化投向，突出对新产业新业态发展的重点支持。编制我市创新产品推荐目录，推行"装备首台套、产品首批次"及新产品产业化支持政策。

三、在促消费方面，注重充分激发全社会消费潜力

（一）提振社会消费信心

政府在"过紧日子"的同时，适度扩大防疫物资采购、教育消费、健康消费、技能培训等公共消费，带动引领社会消费。强化宁波消费领域企业和个人信用体系建设，加大消费者权益保护力度，完善社会保障体系，提高居民消费预期。

（二）创新消费市场供给

以疫情应对为契机，以补贴、适度调整限购范围等方式鼓励和扩大汽车、购房等传统大宗消费。着力从文化旅游体育消费、健康养老家政消费、教育培训托幼消费三个方面推进服务消费提质扩容，引导我市企业扩大绿色食品、药

品、卫生用品、健身器材等的生产销售。加快释放新兴消费潜力，积极丰富 5G 技术应用场景，推动增加 5G 手机、电子商务、电子政务、网络教育、网络娱乐等方面消费。

（三）优化消费环境

围绕宁波"国际消费城市"建设，以疫情防控为契机，加快完善传统市场和新型市场监管体制、城乡消费基础设施和消费支撑体系，加快建设一批 15 分钟商贸便民服务圈、24 小时连锁便利店等商业设施。顺应后疫情时代消费模式新要求，完善城市消费布局和消费载体，推行人工智能商场、网上购物、跨境电商、消费金融、租赁市场、体验式消费、共享经济等新型消费模式。加快"信用宁波"建设，健全消费领域信用体系，依法打击消费领域失信企业，完善消费者维权环境。

四、在抓创新方面，注重充分发挥企业主体作用

（一）加快构建企业为主体、市场为导向的科技创新体系

通过实施"监测分析、通报排名、激励约束"以及研发后补助、研发准备金、研发风险分担等举措，引导全社会特别是广大企业加大研发投入，支持企业建立重点实验室、工程技术中心等创新平台。支持我市龙头企业组建创新联合体，承担重大科技专项、研发计划，完善配套政策落实机制。

（二）充分发挥企业人才开发主体作用

实施企业引才奖励，对我市企业引进高层次人才，按照缴纳个人所得税水平给予科技贡献奖励优惠或薪酬补贴，减免企业通过中介机构引才的费用。支持企业育才，加大对企业人才培训活动、企业人才晋升的奖补力度，加快推行企业技能人才自主评价机制。继续实施包机、包车、包专列等举措，更要发挥企业主体作用，调动员工返工返岗积极性。

（三）完善市场化的科技成果转化和人才服务体系

依托科技大市场、科技中介服务机构、技术经纪人等，深化实施重大科技成果转化"双百"工程，加强我市科研院所、产业技术研究院与企业需求对接，建设技术成果库和需求库，打造线上与线下相结合、专业化与综合性相结合的院企双向对接平台。加快建设宁波国家级人力资源服务产业园，绘制我市"246"万千亿级产业集群、新产业新业态领军人才地图，建立宁波领军人才数据库和

需求清单，积极发挥人力资源服务机构在引才引智、帮助外地务工人员来甬复工等方面的主渠道作用。

宁波财经学院　伍婵提　赵迎军

疫情后宁波企业面临的新挑战及提振建议

当前，世界经济周期见顶回落，叠加国内经济进入"增速换挡"期，宁波企业正面临着"逆全球化"的冲击与"双端挤压"的挑战。尤其是新冠肺炎疫情发生后，企业经营风险进一步加剧。我们建议：短期内迅速瞄准新基建市场需求，加速修复企业自我造血能力，尽快走出疫情影响；放眼未来，以高端化、国际化赋能企业长远发展，为企业转型提供要素支撑，优化企业发展营商环境。

一、当前宁波企业面临的新挑战

（一）国内外宏观环境趋紧

一是世界经济下行削弱市场总体需求。随着中美贸易摩擦持续升级，世界经济周期趋于见顶回落。2019 年，联合国初步估计全球经济增长率降至 2.3%，为 10 年来最低水平。进入 2020 年，世界银行、世界经合组织继续下调全球经济发展预期，下调幅度在 0.1% ～ 0.5%。叠加国内经济进入"增速换挡"期，宁波企业正面临着"逆全球化"的冲击与发展中国家和发达国家"双端挤压"、内外需求疲软的挑战。

二是新冠肺炎疫情进一步冲击宁波企业。今年新冠肺炎疫情发生后，宁波企业深受冲击，经营压力传导至下半年。一项针对 245 家企业的调查显示，有 168 家估计损失率 10% 以上，预计第一季度营业收入下降的有 224 家，上半年下降的有 210 家，经营压力传导至下半年。

（二）企业创新和管理能力不足

一是缺乏战略性思维。从新冠肺炎疫情中的表现来看，缺乏前瞻性战略布局的企业、缺乏核心技术支撑的企业，其抗风险能力明显较弱，难以应对疫情引发的供应链中断和需求暴涨。不少宁波企业家及高管团队缺乏对企业长远发展战略的前瞻谋划，包括对新兴产业的认知与选择，对目标市场的科学分析与判断，对转型路线图的精细化制定与优化，对核心技术的研发与投入。

二是内部管理落后于发展需求。宁波多数民营企业从乡镇企业成长而来，普遍采用家族式管理模式。虽然表面上已建立起现代企业制度，但在实际经营管理中仍然是"亲缘关系"大于"竞争关系"，"人的意志"高于"制度约束"。在传承交替的关键节点，缺乏稳定的制度令企业面临更多不确定性。

（三）要素禀赋矛盾推高企业成本

从调研结果来看，宁波企业面临的要素禀赋矛盾有所缓解，但问题仍然突出。

一是人才得不到有效满足。企业内部人才结构缺乏多样性，除中高级技术人员外，中高级管理人员以及基础技术人员的紧缺同样制约着企业发展，行业因素、政策因素、城市环境因素和企业自身因素，共同导致人才供给与需求的不匹配、不平衡。

二是"融资难、融资贵"矛盾依然存在。2019年，人民币贷款基础利率（LPR）改革的推出进一步从传导机制上助推降低贷款实际利率。但中小企业相较于其他所有制企业和大型企业，依旧处于弱势。不少企业担心，目前企业融资成本的降低是建立在刚性收缩银行盈利空间的基础上，不具备可持续性，银行最终还是会将成本重新转回实体企业。

三是创新投入不足。许多企业表示，科技投入要考虑投入产出比，也有意向和科研院所合作，但研究院所科研成果普遍偏理论化和"实验室化"，与企业实际需求存在比较大的差距。尤其是中小企业，难以承受前期的持续投入。

二、疫情后提振宁波企业发展的几点建议

（一）精准应对短期疫情冲击

一是迅速瞄准新基建市场需求。3月4日，中共中央政治局常务委员会会议强调，要加快推进国家规划已明确的重大工程和新型基础设施建设。新基建市场重点包括5G、特高压、城际高速铁路和城际轨道交通、新能源汽车充电桩、大数据中心、人工智能、工业互联网等七大领域，涉及通信、电力、交通、数字等社会民生重点行业。以新冠肺炎疫情为契机，宁波应列出负面清单，积极放开相关产业进入壁垒，鼓励各类企业参与新基建产业链。抓紧谋划实施一批

"非接触产业"，布局兴建 1 万个 5G 基站和 1000 家工业互联网平台，带动 200 多亿元直接投资和消费服务。试点推进 1 万家企业数字化、智能化改造，真正实现"互联网＋制造""智能＋制造""智能＋服务"发展模式。重点扶持研发生产下一代移动通信终端、人工智能识别终端、可穿戴设备、智能家居、消费级无人机、智能服务机器人、无人驾驶汽车等消费产品。

二是加速修复企业自我造血能力。（1）提升供应链的成熟度。鼓励企业尽快开展内部"体检"，重点开展业务场景模拟分析、物流需求及排产计划调整、供应商协同计划调整、整体库存盘查、资产结构性调整等工作。鼓励企业提高供应链本土化水平，开展本土上游产品多源采购，尤其是汽车、智能家电和新材料等产业。鼓励行业协会发挥主导、协调作用，建立本土配套供应链供需平台，提高上下游企业对接效率。（2）常态化部署风险应急能力。加快企业数字化建设，进一步加强数字技术、数字设备在企业全生命周期的应用。鼓励企业制定关键风险点备份方案，积极推进运力和渠道的调配及扩容计划。鼓励龙头企业在风险管理上主动性介入，尽快恢复全产业链秩序。鼓励强化企业利用保险工具应对疫情，为企业提供渡过疫情所需的正常运营资金。（3）构建多元的生态资源网络。鼓励企业从友商的视角，全面梳理本行业及相邻行业的竞争对手、合作伙伴、客户目前的各类资源状况，识别潜在共享及互补的资源类别。鼓励有能力的企业积极统筹国际国内资源，建立多元化、多渠道的资源网络，分散布局生产基地，在境外保有一定的供应链自给能力。

（二）以高端化、国际化赋能企业长远发展

一是利用高端专业服务赋能企业发展。围绕宁波产业发展重点方向，大力支持国家高端智库和省级重点智库建设，为宁波企业提供全局性、前瞻性和长期性战略决策服务以及信息、资本和技术合作服务。大力发展高端人力资源、财务、法律、市场调查咨询、投资与资产管理、工程咨询、知识产权保护等专业服务，积极招引全球知名专业服务机构来甬设立区域型总部机构。

二是利用跨国总部激发本土企业活力。依托中国—中东欧"17+1"合作平台，以打造中意产业园、中日合作示范园区等为重点，加大对世界 500 强公司的投资促进力度，推动一批科技含量高、产业层次高、带动能力强的大项目落户。积极发挥跨国公司国际化优势，把全球先进经营理念、科学技术、社会资本和国际化人才引入宁波。根据新冠肺炎疫情后产业变化及招商形势判断，建议把日本、韩国、新加坡、德国、意大利、奥地利、捷克等地企业作为宁波企业引资引智和合作的重点对象。

三是鼓励企业"换道超车"。疫后是宁波企业提升产业链水平的关键时期，也是"换道超车"的新契机。而要适应5G、人工智能、云计算、大数据、工业互联网、区块链、虚拟现实/增强现实、量子计算等产业变革所带来的发展趋势，就要从"单一产业"思维向"现代产业体系"思维转换，由"结构"标准向"效率"标准转变，由"技术"升级向"系统"升级转变，围绕产业链部署创新链，围绕创新链完善资金链和人才链，加快形成实体经济、科技创新、现代金融、人力资源协同发展的现代产业体系。

（三）强化企业转型要素支撑

一是推进人才工作市场化。探索建立与政府购买服务制度相适应的人才服务外包体系，鼓励人才中介、猎头公司参与到人才的引进、培养环节，以"不求为我所有，但求为我所用"的理念开展柔性引才。调整人才培养机制，建立起以目标和成果为导向的评估标准。

二是推进技术交易市场化。抓紧建设覆盖全市以及长三角地区的技术交易大市场，抓紧培育一批专业化高水平的技术中介，用好多元化资本投资，加快科技成果的落地转化。

三是推进资本供给市场化。鼓励企业利用多层次资本市场进行发行上市、并购重组、再融资等活动，利用股票、债券、基金等多种工具优化融资结构，积极培育宁波本土金融和类金融企业。尽快完善政府引导基金的进入与退出机制，提高资金利用效率。

（四）优化企业发展营商环境

一是完善政策服务体系，优化政务环境。精准制定、准确评估政策效果，完善第三方评估制度，监督企业政策落实情况，围绕降本减负、金融服务、营商环境、创新资源配置、法治环境等方面开展评估工作，提升政策投放精准度和有效性。提供一站式政策申报兑现服务，建立政策申报兑现网上平台。

二是推进信用体系建设，完善法治环境。大力培育发展信用服务业，利用大数据、区块链技术精准实现"信用画像"，为金融信贷、招标投标、商务合作等提供信用服务，通过政府采购等方式引入第三方信用服务机构。强化政府诚信建设，加快建立拖欠账款问题约束惩戒机制，提高政府部门拖欠失信成本。

　　三是推动政企关系透明化，优化政商环境。建立常态化、便利化的政企沟通机制，灵活运用 App、微信公众号等平台，充分保障各类企业平等表达诉求的权利。构建营商环境舆情收集机制，利用智库机构开展独立的调查评估，利用媒体组织营造政商互信的舆论氛围。

宁波市传媒研究基地　陈旭钦　管如镜　胡拓

弘扬"四知"精神

弘扬新时代"四知"精神 凝聚高质量发展动力
——新时代宁波"四知"精神座谈会专家观点综述

2020 年 1 月，宁波市社科院（市社科联）、浙江万里学院共同主办了新时代宁波"四知"精神座谈会，与会专家从不同角度对"四知"精神进行了诠释探讨。下一步，我们将继续组织院内外专家深化研究，提升宁波"四知"精神的品牌度和影响力。

一、内涵特质："四知"精神就是新时代宁波精神，并与宁波企业家精神高度吻合

（一）把"四知精神"作为新时代宁波精神

宁波市社科院（市社科联）文化研究所副所长张英对"四知"精神内涵进行了探析，她认为：

"知行合一"是宁波人的立身之本。知行合一就是要宣扬人的主体自觉，强调自主进取，是宁波这座城市在改革开放大潮中脱颖而出的重要原因；"知行合一"就是要注重实干，讲求实效。

"知难而进"是宁波人的历史性格。"知难而进"就是要开拓创新、百折不挠。宁波有着鲜明的海洋文化特色，海洋的潮汐变幻、狂风巨浪锻造了知难而进、百折不挠的坚韧。

"知书达礼"是宁波人的文化基因。知书达礼就是要维系诗书传家、崇文重教的传统。宁波人恪守"耕读传家、诗书继世"的优良传统，无论是从唐至清的进士数，还是中华人民共和国成立后的两院院士数量，宁波都位居全国前列。

"知恩图报"是宁波人的精神特质。知恩图报就是要有爱国报乡、兼济天下的胸襟。宁波的先贤大儒、工商巨子、政界领袖、社会贤达，总会把自己的前途和国家、家乡的命运紧密联系在一起，他们的家国情怀浓郁，赤子丹心有史可鉴。

（二）以"四知"精神提振宁波企业家精神

宁波市政府发展研究中心人才资源研究所副所长王明荣认为，"四知精神"能够进一步提振宁波企业家精神，激发企业家创业创新、不畏艰险、诚信合作、服务社会。

"知行合一"提振创新专注的企业家精神。近代史上，宁波商人创造了100多个"中国第一"和"中国之最"，当前培养了39个制造业"单项冠军"，位居全国第一，靠的就是创新精神和工匠精神。

"知难而进"提振执着敬业的企业家精神。千言万语、千山万水、千方百计、千辛万苦的"四千"精神是宁波企业家不惧风雨、不畏险阻的生动体现。倡导"知难而进"就是要激励宁波企业家在勇于闯关、攻坚克难中再创辉煌。

"知书达礼"提振诚实守信的企业家精神。"宁波帮"最为世人称道的品质，就是商行天下、义行天下、诚实守信。倡导"知书达礼"，有利于让更多宁波企业在市场经济发展大潮中行稳致远、发展壮大。

"知恩图报"提振服务社会的企业家精神。"宁波帮"和宁波企业家写下了许多报效国家、反哺家乡、造福人民的感人故事。当前提倡"知恩图报"，就是要弘扬宁波企业家回报社会、服务社会的优良传统，实现企业与社会共进步。

二、历史渊源："四知"精神与宁波传统文化一脉相承，贯穿宁波改革开放伟大实践

（一）"四知"精神与宁波优秀传统文化一脉相承

宁波市文化艺术研究院副书记黄文杰认为，"四知"精神是对宁波优秀传统文化精神标识的概括提炼。

"知行合一"是宁波传统文化的哲学概括。"知行合一"是阳明心学的核心命题，阳明心学之所以在这一区域完成，从文化发展脉络来看，也是历史对宁波的必然选择。

"知难而进"是宁波传统文化的动力源泉。海洋贸易背后是船翻人亡的风险，"海上丝绸之路"是"知难而进"精神创造的。宁波人的灵魂深藏在"敢为天下先"的文化心态之中，并成为宁波人勇往直前的内在驱动力。

"知书达礼"是宁波传统文化的文明表征。宁波"书藏古今"，素有"文教之邦"美称，"知书达礼"是宁波崇尚文教、崇尚文明的根本所在，也是宁波开放包容、博采众长的底蕴修养。

"知恩图报"是宁波传统文化的圣贤气象。阳明心学主张"天地万物一体之仁"，史浩、楼钥、范钦等以"仁以行道"的入世精神与"乐道爱民"的思想情怀投身实践，当代"宁波帮"人士"树高不忘根"，宁波是全国著名的爱心城市，其根本在于这一源远流长的文化传统。

（二）"四知"精神贯彻宁波改革开放实践

宁波工程学院马克思主义学院副院长王志新回顾了宁波发展道路，他认为：

"知行合一、干在实处"是宁波经济社会持续发展的根本原因。宁波人民在经世致用、知行合一的浙东文化传统熏陶下，做事专注认真、务实低调，一直有着"实业兴市、产业立城"的传统。

"知难而进、开拓创新"是宁波改革发展的力量之源。宁波人向海而生，骨子里就有一种敢于弄潮、敢创大业的精气神。广大宁波人自强不息、吃苦耐劳、不甘人后、开拓进取，勇于闯天下，敢当"弄潮儿"，创造了宁波城市做大做强的奇迹。

"知书达礼、重视教育"为宁波发展提供强大人才支撑。宁波历来崇文重教，对"礼""义""信"等传统伦理有执着追求。宁波大力实施科教兴市"一号工程"的战略决策，把教育摆在优先发展的战略地位，为宁波发展持续提供强大人才支撑。

"知恩图报、造福桑梓"是宁波城市发展的内生动力。"宁波帮"素具爱国报乡、热心公益的赤子情怀，宁波大学就是众多"宁波帮"人士共同关心和支持家乡建设的一座历史丰碑。

三、时代价值："四知"精神引领经济高质量发展，推动市域治理现代化

（一）以"四知"精神引领宁波经济高质量发展

浙江万里学院商学院院长孟祥霞提出，要以"四知"精神引领宁波经济高质量发展。

"知行合一"提高经济高质量发展的执行力。当今复杂的环境形势下，宁波经济高质量发展更加需要全市上下发挥知行合一、身体力行的执行力，把思路化为行动，把规划变为现实，求实务实发展经济。

"知难而进"激发经济高质量发展的内在驱动力。当前面临的外部环境复杂严峻，保持经济持续高质量发展的压力和难度也持续增加，只有发挥知难而进、"爱拼才会赢"的劲头，才能从夯实基础中要韧性、从锐意创新中找后劲、从扩大开放中拓空间。

"知书达礼"增强经济高质量发展的凝聚力。经济高质量发展就是要从"要素驱动"转向"创新驱动"，它离不开人才这个基础。必须大力弘扬"知书达礼"精神，推动教育、文化事业高质量发展，集聚大批高素质创业创新人才。

"知恩图报"提升经济高质量发展的向心力。新时代要以"知恩图报"精神感召天下甬商，把企业发展融入国家发展、城市发展的大局中，把宁波作为投资创业、研发创新的重要基地，积极回归创业创新，一起谱写高质量发展的宁波篇章。

（二）以"四知"精神推动市域治理现代化

宁波市委党校党委委员、教育长孙琼欢提出要以"四知"精神推动市域治理现代化。

"知行合一"落实市域治理现代化规划蓝图。把市委《关于高水平推进市域治理现代化的决定》的顶层设计转化为实践蓝图，必须健全与治理能力相衔接的组织领导体系，构建区域统筹发展、民生发展、生态治理等系统科学的制度体系，完善党委领导、政府主导的治理工作机制。

"知难而进"破解当前宁波市域治理面临的难题。在社会矛盾多发期、社会风险活跃期，涉法涉诉、环境污染等矛盾纠纷短时间难以轻易化解，公共服务不够优质均衡，民生领域短板较多，必须发扬斗争精神，增强斗争本领，敢于直面问题。

"知书达礼"提升市民文明素养。能否推动宁波市域治理现代化走在全国、全省的前列，完成《关于高水平推进市域治理现代化的决定》中提出的"两个百年"目标，最终还是取决于市民的综合素质。要大力弘扬"知书达礼"精神，提升市民文明素养。

"知恩图报"推动"自治、德治、法治"三治融合。在推动市域治理现代化中发扬"知恩图报"精神，就是要感恩党、感恩国家、感恩社会。要构建"不忘初心、牢记使命"的长效机制，把加强党的领导贯穿到市域治理各领域、各环节。

四、传播弘扬：创新传播形式和载体，提升传播的认同度和影响力

（一）创新完善"四知"精神传播的形式和载体

宁波日报社高级编辑李磊明就创新"四知"精神传播的形式和载体提出了建议。

要推动传播形式多样化。进一步开展理论阐释和解读，广泛发动社科理论界、相关高校和研究部门的专家学者，围绕"四知"精神的理论渊源、时代价值、基本内涵、鲜明特征、现实目标以及实践要求等多方面开展诠释与研究。

要推动传播载体实体化。充分发挥传统媒体、网络媒体、移动媒体等宣传媒介的不同优势，开展群众喜闻乐见的活动，弘扬"四知"精神。把移动短视频作为重要的传播形态，开展"四知"短视频大赛，实现融媒体矩阵传播。

（二）提升"四知"精神传播的社会认同度和影响力

宁波大学人文与传媒学院教授宁海林提出，要着力提升"四知"精神传播的社会认同度、影响力，注重上下联动，共建共享，让"四知四行"扎根在宁波市民心里，内化为宁波市民的自觉行为，并对外域产生相应的影响。

与城市品牌传播相结合。"港通天下，书藏古今"作为宁波的城市名片，主要是对宁波城市所做的描述，"四知"精神体现了宁波传统文明、当代活力以及包容创新的城市形象。

对受众对象分类分层宣传。将"四知"精神纳入学校文化、企业文化、社区文化、家庭文化建设，突出对青年人的传播，打造青春阳光、活力四射的"四知"传播体系。

宁波市社科院（市社科联）课题组

"四知"精神在宁波疫情防控总体战中的实践和建议

本文总结了宁波在疫情防控和复工复产中深化"四知"精神的做法和成效，并提出要进一步提高"四知"精神的认同度、品牌度和影响力，提振全市人民打赢"两战"的士气和信心。

一、知行合一，行必务实抓好抓细各项工作举措

（一）坚决贯彻落实上级决策部署

知行合一，就是要确保政令畅通、有令必行。多次召开市委常委会、市新冠肺炎疫情防控工作领导小组会议等，及时深入学习贯彻习近平总书记关于疫情防控工作的一系列重要讲话和重要指示精神，认真落实党中央、国务院和省委、省政府决策部署，坚决服从统一指挥、统一协调、统一调度，并结合我市实际，第一时间制定实施指向清晰、责任明确、措施有力的贯彻意见，坚决推动上级决策部署落到实处。

（二）坚决立足实际精准研判施策

知行合一，就是要做到因地制宜、精准施策。根据疫情防控形势变化和工作需要，先后成立综合协调、疫情管控、医疗救治、物资保障、宣传舆论、防控专家、三复工作、关心关爱、交通保障、用工保障、境外疫情防控等专班小组，掌握疫情发展最新动态，对"两战"形势精准研判，准确识变、科学应变、主动求变，因时因势调整工作着力点和应对举措。

（三）坚决反对形式主义、官僚主义

知行合一，就是要反对形式主义、官僚主义。专门研究出台相关规定，明确疫情相关文件、表格要求，坚决防止"文山会海""表格防疫"。各级领导、机关干部率先垂范，身体力行，冲在前头，深入一线，做到既挂帅又出征。对不

敢担当、作风漂浮、推诿扯皮的坚决问责，市、县两级纪检部门通报了多起典型案例。

二、知难而进，行不懈怠突破"两战"挑战难题

（一）知难而进抓疫情防控

针对防疫物资急缺难题，一方面，广泛调动各方力量，从海内外筹集应急物资，并开辟绿色通道；另一方面，积极鼓励企业转产。面对基层防控力量不足难题，率先做出部署，数万名市、县两级机关工作人员下沉到社区、农村，有序参与疫情防控志愿服务。充分利用大数据等先进技术，启用"宁波全域一码通"系统，进行轨迹分析、模型预判，为精准防控提供技术支撑。

（二）知难而进抓复工复产

针对企业复工复产用工难问题，创新推出了"十省百城计划"、万名职校生提前实习上岗、包车接送、共享员工、异地培训、"云招聘"等手段。针对企业疫情期间融资难、融资成本高等问题，简化企业复工复产确认程序，及时出台一系列政策，并建立惠企政策统一发布平台，实现政策集成投送，为企业减负。

（三）知难而进抓新机遇

针对传统产业发展困难、新兴产业竞争激烈的新形势，率先谋划，危中求机，出台《关于抢抓机遇加快重点领域新兴产业发展的指导意见》，明确5个重点领域新兴产业，推出稳投资千亿信贷专项。

三、知书达礼，行而优雅提高文明道德素养

（一）提高舆论引导水平

全市各媒体加大权威信息发布力度，准确发布疫情防控信息，加强政策措施宣传解读，加大疫情防护知识宣传，做到精准传播、科学引导，及时回应社会关切和舆论关注，大力宣传先进事迹和感人故事，大力弘扬疫情防控正能量，增强凝聚力，为全市打赢疫情防控阻击战提供有力的舆论支持。

（二）提高居民健康素养

全方位宣传普及新冠肺炎卫生防疫知识。第一时间组织专家编制《告全体市民书》、新冠肺炎防控核心信息，及时通过多途径对外发布，制作应急健康教育视频并在云平台滚动播放。

（三）提高科学应对能力

全面推行"一图一码一指数"，结合流行病学调查，利用数字模型、大数据等技术手段，准确把握疫情发展的规律性特征，科学分析外来人员返甬来甬带来的风险。将红外线测温、消毒灭菌等技术广泛应用于人流密集区域，试剂检测、员工流动监测、智慧防疫、远程在线办公等技术有效提升了企业复工复产的效率。

四、知恩图报，行路思源展现城市责任担当

（一）关心关爱一线"战士"

及时推出进一步关心关爱疫情防控一线基层党员干部和医务工作者的"暖心十条"，加强对防控一线"战士"的关爱、识别、奖励、培养、宣传等。增设关心关爱专班，工会、共青团、妇联等群团组织会同相关单位党委（党组），建立"一对一"志愿服务帮扶机制，组建"爱心车队"。启动实施市、县两级疫情防控一线干部表现专项考察调研，采取"火线入党""火线提拔"等举措，激励各级领导班子和领导干部把担当干劲展现在疫情防控主战场。

（二）大力支持重点区域

积极响应党中央号令，举全市之力累计派出 6 批次、307 名白衣天使驰援武汉，积极安排组织救治资源和防护资源等驰援湖北。广大甬商、宁波市民也第一时间行动起来，向重点区域伸出援助之手。

（三）充分体现家国情怀

仅市慈善总会、红十字会接受的捐赠资金就已近 2 亿元，还有大量的口罩、消毒液、防护服等珍贵防疫物资。美国、澳大利亚、日本等地的海外宁波人、"宁波帮"的爱心捐赠也纷至沓来，份份爱心折射出他们心系家乡、报效乡梓的情怀。宁波启迪科技园、云裳谷时尚科技园等主动减免各小微企业房租，减轻企业负担，博威集团、日月重工等企业承诺对因本次疫情无法按时到岗的员工保留职位、停工不停薪，让员工安心在家自我隔离，体现出知恩图报、达则兼济天下的侠义之气。

下一步，要继续大力弘扬新时代"四知"精神，提振全市人民的精神动力，毫不放松抓紧抓实抓细各项防控工作，统筹推进我市疫情防控和经济社会发展。一是要进一步深化"四知"精神研究阐释。组织市内外专家就"四知"精神的文

化渊源、内涵特征、精神特质等开展深化研究和诠释解读，开展系列专题研究，结合我市经济社会发展和疫情防控实战提炼时代价值、实践意义。二是要进一步强化"四知"精神在疫情防控战中的实战运用。在疫情防控的工作部署、总结宣传、舆论引导、社区管控、关心关爱的工作中，注重与"四知"精神的有机结合，充分发挥"四知"精神的强大动力。三是要进一步提高"四知"精神的社会认同度。注重上下联动，共建共享，将"四知"精神阐释传播与宁波城市品牌形象塑造、城市精神提炼宣传、疫情防控"两战"等相结合，让"四知"精神扎根在宁波市民心里，内化为宁波市民的自觉行为，增强市民的价值认同、文化认同和情感认同。四是进一步加大"四知"精神的宣传力度。综合运用传统媒体、新媒体等多种媒体，短视频、公共艺术作品等多种载体，研讨会、微型党课等多种形式，加大宣传力度，提升宁波"四知"精神的品牌度和影响力。

宁波大学　李政

关于 "四知" 精神提升为宁波城市精神表述语的建议

"四知"精神是对宁波优秀传统文化精神的传承概括，也是对宁波时代文化精神的凝练提升，为宁波市民与国内外友人广泛认同。在新时代，将"四知"精神转化提升为宁波城市精神，对宁波提升城市软实力，促进高质量发展，建设成为新时代全面展示中国特色社会主义制度优越性的重要窗口，有着重大意义。

城市精神是城市文化的核心，集中体现城市文化历史性与现代性的闪光点，对城市发展和竞争力提升具有强大的灵魂支柱作用、鲜明的旗帜导向作用与不竭的动力源泉作用。浙江省委副书记、宁波市委书记郑栅洁在 2018 年世界"宁波帮·帮宁波"发展大会上提出"知行合一""知难而进""知书达礼"和"知恩图报"来描绘宁波人群像。"四知"精神以简约、丰富、明确、独特、动态、积极的表达形式，阐述了宁波城市文化灵魂与现代发展的先进理念，树立了崇高目标，强化了现实责任，与市民心理认同统一，符合城市精神描述的载体形式与逻辑线索。将"四知"精神转化为宁波城市精神时代表述语，对外能够树立形象，对内能够凝聚人心，有力促进全市上下团结一致、共谋发展。

一、宁波城市精神表述语提炼的历史过程

20 世纪 90 年代起，在城市化推进过程中，全国兴起了城市精神大讨论，标志着我国城市建设从最初强调改善基础设施和追求粗放型的城市化，向关注城市精神内涵发展的转变。

宁波精神的提炼与概括，受到宁波历届领导和普通市民的广泛关注。1994年，宁波市第八届党代会将宁波精神概括为"立志创业、务实高效、文明守法、团结奋进"。1995 年，在创建港城文明的活动中，宁波将港城精神概括为"想大局、算大账、迈大步、创大业"。2000 年，宁波全市文化工作会议又提出宁波精神要具有"开拓、开放、开明"的内涵。2005 年 3 月，经过反复提炼后把宁波精

神定位为"诚信、务实、开放、创新"八个字。宁波城市精神的提炼，折射了各个时期宁波人的艰辛努力，为提升宁波城市品位、丰富城市人文内涵、促进城市高质量发展提供了强大精神动力。

二、新时代城市精神表述语的新需求

当下，宁波处在转型提质的新时期、大有可为的战略机遇期、不进则退的关键期。中央和省委对宁波发展高度重视、寄予厚望，宁波奋进新时代，加快推进"六争攻坚"，建设成为新时代全面展示中国特色社会主义制度优越性的重要窗口，需要镕铸新的城市精神，提振城市精气神。

（一）新时代城市精神表述语要凸显城市文化特色

宁波有七千年的文化史，区域海洋文化与大陆文化相互交汇，形成独特文化风貌，为中华文化的发展作出重大贡献。宁波城市精神"诚信、务实、开放、创新"八个字与其他城市有雷同之处，"出镜率"颇高。城市精神表述语要力避"千城一面"，凸显宁波文化优势与丰富个性，彰显独一无二的城市形象。

（二）新时代城市精神表述语要突出时代发展精神

城市精神只有紧跟时代，才能承前启后、引领未来。宁波经济体量过一万亿元，在全国城市排名 12 位，站在建党百年新起点上，宁波城市精神表述语要体现时代律动，展现时代气象，强化使命意识和担当精神，发挥城市精神的导向、凝聚和激励作用。

（三）新时代城市精神表述语要体现城市文化引领力

当代城市竞争呈现出"以文化论输赢，以文明比高低，以精神定成败"的新格局。宁波在宋元时代就已经是推动东亚文化圈形成的核心城市，在当代谈城市精神，更重要的是将城市精神运用到提升城市文化品质、城市竞争力的实践中。

三、"四知"精神体现宁波城市精神

（一）"知行合一"体现宁波城市精神的哲学概括

阳明心学是以儒学为核心的大陆文化与宁波地域以工商文明为基础的海洋文化融合交汇的结果。"知行合一"是阳明心学的核心命题，从哲学高度激励人的自作主宰、勇于担当、成为圣贤的主体精神，也是近千年来宁波为中国价值体系发展、社会进步提供的强大精神动力。"知行合一"精神历久弥新，在当代，则激励着宁波人实干实为，成就中国梦。

（二）"知难而进"体现宁波城市发展的动力源泉

宁波因海而兴，因海而强，从河姆渡人远播史前文明，到千年经营"海上丝绸之路"与中国大运河的两条国际大通道，从"宁波帮"创造近百个"第一"，到改革开放后宁波企业家创造民营经济发展壮大的奇迹，漫长的海洋奋斗史中充满着"知难而进"的精神。当代宁波要推动城市走在高质量发展的前列，面临巨大挑战，需要有不畏难、敢破难的境界和担当。

（三）"知书达礼"体现宁波城市精神的文明表征

宁波"书藏古今"，是中国著名的"进士之乡""大儒之乡""院士之乡"，以姚江学派、浙东史学派为代表的浙东学术是中国学术的典范与精髓。当代宁波要引导所有宁波人养成"知书达礼"的气质和风度，积极提升科教、文化等城市软实力，最终发挥宁波文化的特殊优势，提升文化输出力。

（四）"知恩图报"体现宁波城市精神的圣贤气象

南宋史氏月湖兴学、董黯汲水奉母、"宁波帮"大爱慈善等城市故事，其内核就是报父母、报国家、报天地之恩。宁波区域发展起来的影响中国及至世界的观音、弥勒等民间信仰，无不弘扬宽容慈悲、救助苦难的利他报养路径，成就至善人生。城市唯有提倡"知恩图报"，才能形成地域文化的向心力、凝聚力、感召力。

四、"四知"精神作为城市精神表述语的优点分析

（一）彰显文脉，面向未来

"四知"精神是宁波历史性、时代性与前瞻性的统一，是民族精神和国家精神的体现，是以民族文化为血脉、以国家精神为骨骼、以城市自身性格和气质为特色而产生和发展起来的。"四知"精神能够促进宁波城市的自我文化认同，并从世界、中国的历史与时代格局中确定自己的坐标，增强代代相传、生生不息的文化自觉与文化自信。

（二）知行一体，强化担当

"四知"精神体现了理想信念与价值追求的综合，指向的是精神家园与人生终极诉求，是社会主义核心价值观的生动诠释和具体体现。"四知"精神强调主

体性、能动性、创造性，强调在素质和能力上与世界著名城市"试比高""分秋色"的责任感、荣誉感、自豪感和使命感。它对内起到正向激励、凝聚团结的作用，对外有着形象标识、辐射传导的功能。

（三）显隐结合，富有神韵

"四知"精神体现了稳定性与动态性的统一，内含"诚信、务实、开放、创新"等城市精神，但更具形象感、故事感。字字含意韵，句句传真情，易于调动人的思维和想象力，能够打开丰富的创意空间，体现了时代表述语的文化魅力。以"知"统领的四字成语，简洁明快，凝聚中华传统文化之精髓，易于记诵和宣传。

五、塑造"四知"城市精神思路建议

（一）实施"文明工程"，推进宁波城市精神研究

放眼世界城市学、文化学研究前沿，立足宁波文化与中华文化、东亚文化及至全球文化的对话格局，整合相关研究力量，建立浙东文化发展研究中心、浙学文献馆、宁波名人馆，开展"东方文明"研究、"宁波学"研究，推进以阳明心学为重心的浙东学术的当代化、国际化研究，深入开展"四知"精神研究，为城市发展提供理论支撑。

（二）实施"展示工程"，推进"四知"精神形象体系建设

完善重要交通节点、城市商圈街区景观设计，与宁波城市形象宣传相结合，在宁波火车南站等城市客厅建立王阳明、黄宗羲等具有国际影响力的地域文化名人塑象。高水平、高标准规划建设好城市文化地标，彰显国际港口名城、古代丝绸之路"活化石"、"圣地宁波"和"四知"精神形象特色。

（三）实施"素养工程"，强化"四知"精神全民渗透

城市精神最终要化为宁波这座城市所有人与城市同命运、共呼吸的精神力量。将培育和践行"四知"精神的过程与培育和践行社会主义核心价值观的过程相统一，使城市精神深化为全市干部群众自我教育的过程。促进宁波文化普及，推动"四知"精神进校园、进课堂、进社区、进机关，涵养宁波人特有的知书达礼、知难而进、海纳百川、慕仰圣贤的精神气质。

（四）实施"融通工程"，推进"四知"精神广泛认同

利用好宁波作为文化资源大市的优势，以"四知"精神为核心，讲好宁波故事，推介宁波形象，以城市形象宣传片等形式，输出宁波文化价值。运用新技术、新手段，运用短视频、"宁波小知"吉祥物等形式，构建文化 IP 的价值增值体系。实施城市文化外交战略，主动承接国家重大文化战略任务，举办国际活动，深入打造"东亚文化之都"，推进中东欧文化中心建设，提升"四知"精神和宁波文化的集聚与辐射能力。

宁波市文化旅游研究院　黄文杰

关于加大宁波"四知"精神宣传诠释力度的建议

"四知"精神是宁波精神更具时代感、更具地域性的表述，是新时代的宁波精神。市委明确提出，要精心组织对宁波"四知"精神的宣传阐释，增强市民对城市文化的认同感、自豪感、归属感。建议尽快策划举办宁波"四知"精神主题宣传系列活动，真正让"四知"精神成为宁波市民广泛认同的精神价值与共同追求，成为引领城市发展的文化灵魂和强大动力。

一、聚焦精准化传播内容

（一）聚焦"是什么"

着力围绕"四知"精神的丰富内涵、理论渊源、文化基因、主要内容等方面，开展历史的、全方位的宣传诠释，让群众深入浅出地了解"四知"精神的内容，不仅要了解每个"知"的含义与来历，还要了解"四知"的整体内涵与价值。

（二）聚焦"为什么"

着力围绕"四知"精神的重要意义、时代价值等进行宣传传播，让市民了解"四知"精神是怎么提出来的，了解"四知"精神对宁波文化建设和城市发展的价值所在，从而教育和引导全体市民深刻体会和认同"四知"精神，提高价值认同，形成文化自觉。

（三）聚焦"怎么为"

着力围绕"四知"精神的总体要求、文明规范、典型样本等开展宣传引导，让市民知道弘扬"四知"精神需要做什么、怎么做，需要向哪些典型学习，需要遵守哪些准则规范，从而使市民能够围绕"四知"精神做到时时修身、处处修身、人人修身，提升城市的文明程度和市民的文明素养。

二、采取多元化传播形式

（一）深入研讨提升认同度

集中一段时间，通过举办座谈会、讨论会、网络互动等形式，在全市开展"四知"精神大讨论活动，发动和组织全市机关干部、企业职工、社区群众和学校学生开展相关主题研讨，共同探讨"四知"精神的内涵和价值，达成共识、形成共鸣，切实把大讨论的过程转化为深化干部群众思想认识、践行"四知"精神的过程。

（二）加强宣讲提升知晓度

坚持"内外结合、多管齐下"，对广大市民，要以宣传片、市民文化艺术节、微型党课、报告会、广告牌和社科讲坛、"云讲坛"等丰富多样的形式和载体，宣传"四知"精神。对于国内其他地方甚至国外，要通过植入中国—中东欧国家投资贸易博览会、浙江·宁波人才科技周、"智博会"、"文博会"、海外宁波文化周等重大节庆活动，融入文明城市创建、市民素质提升工程及"六个文明"系列行动等，大力弘扬"四知"精神和宁波城市特色文化。

（三）开展活动提升参与度

开展宁波"四知"精神理论文章征集和表述语、宣传语、宣传画征集活动，设计宁波"四知"精神调查问卷，将征集到的文章和表述语在网上公布并组织投票筛选。贴近学生、贴近家庭、贴近社会，统筹学校教育、家庭教育、社区教育，在交通、金融、文化、教育、卫生等领域，广泛开展不同主题的"四知"精神实践活动，力争让更多的市民群众参与其中。

三、利用立体化传播载体

（一）充分利用媒体平台

利用广播、电视、报纸等传统媒体加大传播力度，开辟"四知"精神宣传解读专栏，将"四知"精神融入城市宣传片和电视、广播公益广告。高度重视新媒体传播，在"甬派"App开设"四知"精神宣传专栏，把移动短视频作为重要的传播形态，开展"四知"短视频大赛，实现融媒体矩阵传播。

（二）充分利用实体平台

以现有城市精神和文化相关研究基地为基础，谋划打造"四知"精神研究中心，建立文献资料库。系统打造一批"四知"精神文化重点工程，如建设"四知"主题公园、"四知"文化广场等。实施标识打造行动，制作"四知"精神公共艺术作品，在图书馆、博物馆、美术馆、奥体中心、火车站、机场、地铁、商业广场、农村文化礼堂等重要公共场所展示宣传，融入宁波城市记忆。实施文艺精品创作行动，在建党100周年等重要时间节点，加快推出一批弘扬"四知"精神的精品力作。

（三）充分利用单元平台

将"四知"精神纳入学校文化、企业文化、社区文化、家庭文化、乡村文化、单位文化等建设过程中，把"四知"精神落实和体现在社会的各个组织形式、各个管理环节及日常的行为方式中，融入各部门与各单位的规章制度、党员干部的行为准则及村规民约中。

四、构建长效化传播机制

（一）与学习教育活动相结合

加强组织领导，有关部门尤其是宣传部门领导要从思想上高度重视，将"四知"精神相关内容纳入各类学习教育活动中，融入党的创新理论"走心工程""溯源工程"中，融入学习贯彻习近平总书记在浙江考察时重要讲话精神中，在全市理论宣讲大赛、微型党课巡回宣讲活动中着力突出"四知"精神相关内容，在"决胜小康、奋斗有我"群众性主题宣传教育活动、"'我们的中国梦'——文化进万家"等系列活动中加大"四知"精神分量。

（二）与文明城市创建相结合

把"四知"精神作为宁波创建全国文明城市的重要动力和品牌，在文明村镇、文明单位、文明家庭、文明校园等创建工作中，强化"四知"精神的引导和宣传。把"四知"精神深度融入文明乡风培育工程、立德树人铸魂工程、志愿服务提升工程、文明高地筑基工程，在新时代文明实践中心建设、"中国最具幸福感"城市创建、公益广告宣传以及道德模范、最美人物、身边好人等的宣传中，突出"四知"精神内涵。

（三）与城市品牌传播相结合

"港通天下，书藏古今"作为宁波的城市名片，主要是对宁波城市所做的描述，"四知"体现了宁波传统文明、当代活力以及包容创新的城市形象。要以

"四知"精神为核心，丰富宁波城市品牌内涵，在市内外各类城市品牌宣传中把"四知"精神纳入其中，作为城市品牌的重要内容，在城市综合形象、旅游形象、商务形象等对外宣传中，充分体现"四知"精神。

宁波财经学院　裴益明

以"四知"精神引领宁波经济高质量发展

　　"知行合一"的实干精神是宁波经济高质量发展的根本途径,"知难而进"的企业家精神是宁波经济高质量发展的核心动力,"知书达礼"的人才队伍是宁波经济高质量发展的智力支持,"知恩图报"的发展理念是宁波经济高质量发展的基本追求。要针对当前宁波经济高质量发展面临的问题,"知行合一"谋发展,增强实体经济竞争力;"知难而进"促改革,打造一流营商环境;"知书达礼"引人才,提升城市发展软实力;"知恩图报"谋新篇,提升居民幸福感。

一、宁波经济高质量发展面临的瓶颈问题

(一)实体经济面临供需双重压力

　　在需求层面,受贸易摩擦和新冠肺炎疫情蔓延影响,宁波制造业整体产能利用率下滑,产业链运营成本提升,导致出口产业竞争力下降。2020年1—2月,宁波进出口额1150.5亿元,与2019年同期相比下降19.3%。欧盟(不含英国)、美国和东盟为宁波市前三大贸易伙伴,该期间进出口额为199.2亿元、165.5亿元、130.5亿元,分别下降21.2%、17.7%、3.4%。此外,宁波对"一带一路"沿线国家和地区、中东欧17国进出口额均有所下降。据调查,50%以上的企业产品销售、订货、出口、盈利等受负面影响显著,66%的企业销售出现负增长,73%的企业盈利水平下降,69%的企业产品订货合同金额下降,51%的企业产品出口交货值下降。疫情对宁波出口影响最大的行业是纺织业,其次是化工、机械、食品行业。随着复工复产措施的推进,3月宁波进出口出现回温,但是3月出口多是春节前后积累的订单,面对国外疫情蔓延,外贸需求端面临的压力依旧比较严峻。

　　在供给层面,宁波大部分制造业如纺织品服装、家具、箱包、鞋类、塑料

制品、玩具等属于传统劳动密集型产业，处于全球价值链中低端。2019年，全市战略性新兴产业实现规上工业增加值1120.9亿元，同比增长8.7%，占规上工业比重为28%，但是有些产业链存在严重的"卡脖子"短板，如高端芯片、核心软件、关键材料等，这些技术直接关系到5G、人工智能、集成电路等关键产业，对宁波实现贸易数字化转型和制造业"机器换人"进程造成很大影响。宁波企业特别是中小企业发展已经进入"高成本"时代，利率、汇率、税率、费率"四率"，薪金、租金、土地出让金"三金"，原材料进价和资源环境代价等10余种因素叠加，推动企业成本直线上升。

（二）营商环境需持续优化

近年来，宁波不断深化"最多跑一次"改革，极大地优化了营商环境。但如果对标国际前沿水平，宁波还有不少差距和短板，比如在用电用气报装、政务服务等方面落后于全省平均水平。以供电公司业扩报装业务为例，整体流程包括业务受理、现场勘查、制定及答复供电方案、受电工程设计审核、中间检查、受电工程竣工检查、签订《供用电合同》、安装计量装置、送电及资料归档等9个环节，35千伏及以上用户新签合同需上报市局营销部审批，110千伏及以上用户新签合同需上报省公司营销部审批，整体环节时间跨度长、技术难度大、涉及部门多，而且企业需要到供电供气营业厅分别办理电气业务，一证受理的普及程度比较低。

在政务环节存在审批事项烦琐，办事环节和流程复杂等难题，相关事项需要多证、多网、多材料办理，网上办事覆盖率偏低、移动办事覆盖面窄，一个窗口只能办理一个事项，降低了企业的办事效率。2019年，我市532家民营企业参与的发展环境问卷调查显示，70.3%的企业希望"政府提高为民营企业服务的主动性"，60.2%的企业希望"各相关部门和地方的主要负责同志经常听取民营企业反映和诉求，帮助解决实际困难"。

（三）高端人才开发与同类城市相比存在差距

为搭建人才政策竞争优势，我市通过出台"1+X"人才政策升级版，形成了"全覆盖、全链条、全过程"的人才政策体系，但是和同类城市相比，还存在一定差距。

一是对中介引才的激励力度有待提升。根据宁波的引才激励政策，聘任知名人士担任"海外引才大使"，每年给予5万元经费，并根据引才荐才成效再给予相应奖励；而杭州对个人或中介组织引才的奖励最高 30 万元；西安设立"西安伯乐奖"，最高 100 万元奖励；深圳设立"引才伯乐奖"，最高奖励 200 万元。

二是科技成果转化激励方式需进一步创新。宁波规定高校、科研院所对科技成果转化收益，按照不低于 70% 的比例对相关人员进行奖励；杭州鼓励人才带高新技术研发成果、专利技术等在杭州实现成果转化和产业化，对符合条件的人才给予不超过 60 万元资助；西安规定科技成果转化人员所得收益的个人所得税可在 5 年内分次缴清；深圳针对符合当地产业发展需求的技术转移机构，给予最高 1000 万元的研发资助。

（四）民生保障水平有待提升

一是区域民生发展水平不够均衡。从城镇居民可持续收入来看，第一位是鄞州区（64888 元），第十位为奉化区（52801 元），北仑区城镇居民工资收入占可持续收入比为 70.83%，江北区仅为 44.12%。从城镇居民消费支出来看，鄞州区最高（42027 元），象山县最低（29926 元）。从农村居民收入来看，鄞州区最高（36589 元），奉化区最低（30584 元），北仑区农村居民工资收入占可持续收入比为 69.7%，象山县仅为 38.6%。农村居民消费支出中，鄞州区最高（24225元），象山县最低（18185 元）。

二是农村社会保障投入有待提高。人均社会保障投入达到每月 1000 元的地区多集中在城市地区，偏远农村地区社保每月不足 500 元。同时，农村合作医疗相关配套医疗设施比较落后，农村之间缺乏合作，整体上不具备协调性，而且大多数乡镇没有正式的医疗监督部门。城市和农村教育资源差距明显，农村教师队伍存在骨干流失、专业发展资源不足等问题。据调查，农村教师拥有中级职称的约占 46%，拥有高级职称的仅占 1.8%，市名师、县名师、县骨干大多流向城市中心学校。农村教师趋于老龄化，45 岁以上教师平均占比 31.5%，青年教师引进不足。

二、"四知"精神引领宁波经济高质量发展的对策建议

（一）"知行合一"谋发展，增强实体经济竞争力

一是大力发展数字经济。聚焦智能制造、智能城市、智能港航等重点领域，推动实体经济与互联网、大数据、人工智能深度融合，培育成为世界领先产业。

二是积极培育新兴业态。发展平台经济、分享经济、体验经济、创意经济，创建世界级先进制造业产业集群，同时培育一批世界一流的大企业与"专精特新"企业。

三是注重产业积淀与供应链培育。加强小微企业创新创业建设，积极培育众创空间和公共研发平台，鼓励企业在加大研发力度、深化转型升级的同时，加大对多元化市场的开发。

（二）"知难而进"促改革，打造一流营商环境

一是继续深化"最多跑一次"改革。聚焦"跑零次"、"掌上办"、事项"颗粒化"标准等基础工作，着力提高政务服务事项"掌上可办"和民生事项"一证通办"实现率；推动公共数据共建共享，加强数据库平台建设、政务终端服务体系建设。重点破解水电气等公用事业接入、不动产登记等方面的问题，确保一般企业投资项目审批"最多 90 天"。

二是加强对企业的制度保护。"一对一"引导助企业办理专有品牌和专有技术保护申请备案事宜，加大对假冒、盗版等侵权行为的跨省打击和网络打击力度等。深化相关领域的改革，提高服务企业效率。

三是深化企业简易注销登记改革试点工作。打造企业简易注销登记的"一站式"服务流程，借鉴上海经验，建设注销企业"一窗通"网上平台，扩大企业简易注销登记适用范围，进一步缩短公告时间。

（三）"知书达礼"引人才，提升城市发展软实力

一是进一步发挥市场化人才开发优势。加大中介引才奖励力度，运用市场力量引进人才项目、引进市场资源建设重大科创平台，增强市场化人才开发的政策竞争力。

二是创新成果所有权分割配套制度。明确科技成果所有权分割操作程序、申请主体、公示制度等一系列操作流程，鼓励科技成果所有权分割，并推动创新成果转化。

三是进一步加大海外人才中心建设。织密海外人才网络，支持龙头企业通过海外并购等方式就地吸引国际化人才。

四是推动关键领域的人才政策创新。对于获得国际、国内重要技能大赛奖项的高技能人才，要给予更多扶持；对于为科技成果转化提供公共服务的机构平台，给予土地转让、税收等方面的优惠政策。

（四）"知恩图报"谋新篇，提升居民幸福感

一是推动农业农村现代化，增加农民收入。以实现农业项目高附加值为目标，利用现代通信和物流手段，结合家庭农场、专业化和产业化的股份制农业生产，吸纳农村的劳动力，增加农民在农业产业化经营中的收入。

二是加强农村金融服务。政府支持并引导民间资本在农村的合理持续运作，加强农村信用社改革，使农民在生产经营中贷款更加便捷。建立诚信可靠的农村保险机构，为农业生产和经营提供保障。

三是优化产业布局，以产业发展引领城乡融合。要加快构建现代化的产业体系，通过城市产业发展带动周边郊区和农村发展，为城乡一体化发展提供动力和产业支撑。

四是进一步加大政府对农村的社会保障投入和教育投入。设立农村社保监管委员会，重点监控农村社会保障基金的收入、发放和运营情况，实现资金收支和运营的规范化与制度化，探索农村社保基金保值增值的有效途径。增加资金投入和政策倾斜力度，提高农村教师的收入水平，通过开展服务性师资培训，提升农村教师专业素质。

浙江万里学院　杨立娜　刘美玲

以"四知"精神推动宁波高水平市域治理现代化

大力弘扬"四知"精神，高水平推进市域治理现代化，就是要做到："知行合一"，学习并贯彻市域治理新理念、新决策，健全并落实市域治理制度体系；"知难而进"，行不懈怠地解决重点问题，想方设法破解治理难题；"知书达礼"，提升依法治理水平，加强社会信用体系建设；"知恩图报"，推动形成社会协同、公众参与的多元治理格局。

一、"知行合一"，学习并贯彻市域治理新理念、新决策，健全并落实市域治理制度体系

"知行合一"是阳明心学的核心要义，就是知中有行、行中有知，以知为行、知决定行。在推进市域治理现代化进程中，就是要学习并贯彻市域治理新理念、新决策，健全并落实市域治理制度体系。

（一）学习并贯彻市域治理新理念、新决策

树立市域社会治理目标导向、问题导向、民本导向、效果导向，通过系统化、科学化、法治化、智能化建设，加快实现市域社会治理现代化。把握"中国之治"的大逻辑、大智慧、大框架，健全贯彻落实习近平总书记重要指示和中央决策、省委部署的工作制度，尤其要贯彻落实《中共中央关于坚持和完善中国特色社会主义制度、推进国家治理体系和治理能力现代化若干重大问题的决定》《中共浙江省委关于认真学习贯彻党的十九届四中全会精神，高水平推进省域治理现代化的决定》。此外，党员领导干部要增强制度意识，带头维护制度权威，在治理制度执行上做出示范和表率。广大干部群众要坚定制度自信，加强治理制度宣传教育。

（二）健全并落实市域治理制度体系

要在市委《关于高水平推进市域治理现代化的决定》的基础上科学决策，形成切实可行的治理工作机制，完善党委领导、政府主导的治理工作机制，创新在经济、政治、文化、社会领域的各项具体治理方法，构建协同高效的市域治理工作推进体系。完善推进制度落实的体制机制，以具有高度执行力的治理队伍、浓厚的制度执行文化、严密的制度执行约束机制，把治理制度优势切实转化为治理成效，把市域社会治理现代化的美好蓝图变为人民群众看得见、感受得到的实效。

二、"知难而进"，行不懈怠地解决重点问题，想方设法破解棘手难题

"知难而进"是宁波人的历史性格。"知难而进"就是要开拓创新、百折不挠。在社会矛盾多发期、社会风险活跃期，涉法涉诉、环境污染等矛盾纠纷短时间难以轻易化解，公共服务不够优质均衡，民生领域短板较多，必须发扬斗争精神，增强斗争本领，敢于直面问题，勇于解决问题，谋划实施治理现代化的重大改革举措，破解当前宁波市域治理面临的棘手难题。

（一）行不懈怠地解决重点问题

在重点行业安全生产治理方面，要推进应急体系建设、综合防灾减灾、安全生产等多规合一，引领带动全市各行业抓好安全生产和消防管理。在维稳工作机制方面，继续推动第三方评估向制度化、规范化、市场化迈进，试行建立重大行政决策风险评估约束机制，确保重大决策应评尽评、真评实评。在社会治安防控体系建设方面，要继续推进全息感知网络体系建设，推广"智慧安防小区"建设，争创全国公安机关社会治安防控体系建设示范城市。在深化市域治理信息系统建设方面，要做好对标改造和升级迭代工作，基于"浙政钉"，开发更多场景应用功能；深化"雪亮工程"视频监控系统在社会治安领域的实际应用，加大数据交换共享、整合利用力度，提升"警网融合"等项目的实战效能。

（二）想方设法破解棘手难题

深化医疗卫生服务领域"最多跑一次"改革。巩固完善"双十"便民惠民举措；实施"健康宁波"行动；推进综合医改，调整医疗服务价格，深化医保支付方式改革，开展"三医联动""六医统筹"省级试点、现代医院管理制度建设省级试点；纵深推进县域医共体建设，做实做细家庭医生签约服务；加快卫生健康

数字化转型升级。加快整合社会治理综合服务中心与矛盾纠纷调处化解中心，抓好"基层治理四平台"提升工程，进一步理顺社会治理综合指挥体系，强化力量、资源统筹；利用大数据、区块链等新技术，探索社会风险排查管控模型，构建社会矛盾调处综合指挥平台。

三、"知书达礼"，提升依法治理水平，加强社会信用体系建设

"知书达礼"是宁波人的文化基因。知书达礼就是要维系诗书传家、崇文重教的传统。推动宁波市域治理现代化走在全国、全省的前列，完成市委《关于高水平推进市域治理现代化的决定》中提出的"两个百年"目标，最终还是取决于市民的综合素质。要大力弘扬"知书达礼"精神，坚持以社会主义核心价值观为引领，完善公共文化服务体系，深化文明城市创建，提升市民文化素养。

（一）提升依法治理水平

针对治理现实中出现的执法边界、执法尺度问题，建议用足用好地方立法权，尽快查漏补缺，建立科学完备的治理法规体系。加强治理制度的宣传，完善领导班子和领导干部述法制度，分层分类推进全民普法，构建社会大普法格局。健全法律援助积分管理制度，完善公共法律服务中心"6+X"等服务机制，提高全社会尊法、学法、守法、用法水平。全面落实"一村（社区）一法律顾问"制度，培养一批"法律明白人""法治带头人"。积极构建市域治理的法治体系，坚持依法治市、依法执政、依法行政一体推进，加大创制性立法力度，建设高水平"法治宁波"。

（二）加强社会信用体系建设

充分运用区块链等新技术，优化市公共信用信息平台和"信用宁波"网站运行机制，构建一体化的可信、可控的社会信用体系。形成覆盖自然人、法人和其他社会组织的公共信用档案，培养市民的信用精神。健全文化事业和文化产业发展机制，建成更高品质的"15分钟文化生活圈"，为培养知书达礼的市民营造良好的学习环境。加强对道德领域突出问题的治理，增强道德教化力、实践力、约束力。强化基层德治引导力，深化群众性精神文明创建，推进文化礼堂"建管用育"一体化，培育特色乡土文化。

四、"知恩图报"，推动形成社会协同、公众参与的多元治理格局

"知恩图报"是宁波人的精神特质。知恩图报就是要有爱国报乡、兼济天下

的胸襟，推动形成市民、社会组织积极参与的多元治理体系。在推动市域治理现代化中发扬"知恩图报"精神，就是要感恩党、感恩国家、感恩社会。要构建"不忘初心、牢记使命"的长效机制，把加强党的领导贯穿到市域治理各领域、各环节。要推进社会信用体系建设，激发基层自治活力，强化德治和自治，形成社会治理人人参与、人人尽责的良好局面。

（一）完善公众参与机制，打造市域治理共同体

深化城乡居民自治，推进市、区县（市）、镇乡（街道）三级社会组织服务中心建设，实现镇乡（街道）级社会组织服务中心全覆盖。鼓励居民积极参加社会组织活动，动员居民参与社会治安综合治理、环境治理和基层服务组织的建设，引导推动社会组织在脱贫攻坚、社区治理和服务社会等方面发挥作用，提高公众市域治理的参与度。培育一批有能力的社会组织分担公共事务，支持能力强、实力大、信用好的企业参与市域治理，不断扩大治理的覆盖面，构建"政治、自治、法治、德治、智治"五治融合的市域治理新格局。

（二）积极发展志愿服务组织，充分发挥社工队伍作用

支持和发展志愿服务组织，挖掘宁波潜在社会资源，鼓励志愿服务组织积极主动承担社会责任、参与市域治理。发挥志愿服务组织扎根基层的优势，缓和不同社会阶层、不同群体间的利益冲突，维护社会稳定、促进社会和谐。同时，要创新社工人才培养机制，加大激励和保障力度，提高社工专业化水平和实战能力。通过政府购买服务等方式，综合发挥社会工作服务机构、志愿服务组织等对基层社工队伍的补充作用，破解基层治理人力局限。

宁波财经学院　刘春香　蒋天颖　王瑞

宁波加快打造高质量数字乡村的对策建议

实施数字乡村战略是实现农业农村信息化、现代化的必然要求。当前，宁波数字乡村建设已经驶入快车道，但在整体规划设计、信息化基础设施、数字化应用水平、要素保障等方面仍存在若干问题，亟待在组织领导、乡村产业数字化、数字乡村治理综合平台等方面加大建设力度。

一、宁波数字乡村建设存在的问题

近年来，宁波加大对农村地区信息基础设施建设的投资力度，大力发展数字农业，加快物联网、大数据、智能装备、可视农业等现代信息技术在农业生产监管领域的深度融合应用，积极挖掘"互联网+"、大数据、人工智能在乡村治理、社会服务等领域的广泛应用，农村互联网新产业、新业态、新模式不断涌现。2019 年底，宁波等 4 个市被确定为省级数字乡村试点示范市，数字乡村建设迈上新的台阶，但对标对表数字乡村建设要求，宁波数字乡村建设还存在以下问题。

（一）整体规划设计有待加强

在推进全市数字乡村建设方面还没有形成成熟的顶层设计方案，数字乡村建设的专项规划还没有编制出台，对市级相关部门和区县（市）的统筹指导还不够，数据信息碎片化现象严重。

（二）信息化基础设施有待加强

少部分乡村没有接通宽带网络，许多乡村旅游点还没有实现信息化。部分农村地区存在网速慢、网络信号不稳定等问题，无线局域网建设、智能终端与生产环境监测和自动化设备等基础设施建设不足。许多农场、农产品加工企业智能化水平不高，农场电子商务配送站数量不足。宁波第三次农业普查数据显示，宁波仅有42.2%的乡村有电子商务配送站，与厦门（62.5%）、杭州（54.3%）、广州（50.1%）等城市相比仍有差距。

（三）数字化应用水平有待加强

当前，宁波农业信息化、农业互联网、数字农业建设只是在少数乡镇试点示范，应用范围还不够广泛，温室智能控制、智能灌溉、遥感监测等先进技术应用不多。在"互联网＋乡村教育""互联网＋乡村医疗""互联网＋乡村文化"等应用方面，农民享受程度不高，远低于城镇居民。个别乡村建立了村级微信公众号、农产品营销平台等，但是利用率和利用水平还不够高，很多处于闲置或"僵尸"状态。

（四）要素保障有待加强

数字乡村建设周期长，前期资金需求较大，乡镇、农村资金筹集渠道和能力有限，社会资金进入积极性不够高。当前，宁波务农人员年龄偏大、文化程度不高、技术匮乏，接受新技术能力差，适应信息化发展能力不足，农业信息化人才匮乏。此外，农业农村信息化、智能化建设和应用缺乏专门的政策支持，农业农村信息技术标准和信息服务体系不健全，数据标准化程度不高、数据采集格式不统一、数据分析应用程度不高，导致信息利用率较低。

二、宁波加快打造高质量数字乡村的对策建议

（一）加强数字乡村组织领导

一是要建立数字乡村建设发展工作机制。建立由分管市领导担任组长，市农业农村、经信、发改、财政等部门参加的领导小组。建立工作推进和协调机制，定期召开工作例会，研究解决重大问题，统筹推进宁波数字乡村建设。

二是要明确责任分工。将数字乡村工作摆到实施乡村振兴战略的重要位置，抓好组织推动和督促检查，实行数字乡村建设目标责任制，将建设目标任务分解落实到各区县（市）和有关部门，制定相应的量化考核指标和考评办法，定期通报督查情况，确保各项工作落实落细。

三是要制定出台专项规划。制定宁波高质量数字乡村建设的总体方案和专

项规划，明确重点任务、建设时序、支持政策等。

四是要开展试点示范。抓住宁波作为浙江省数字乡村试点示范市的机遇，按照统筹规划、整合共享、集聚提升的原则，以点带面、点面结合、先易后难，确立一批不同类型的试点，发挥好先进典型的引领示范和辐射带动作用。

（二）大力推进乡村产业数字化

一是要大力发展数字农业。以大田全程精准化种植、设施农业物联网应用以及畜禽、渔业规模化智能养殖和智慧农机为突破口，加快物联网、大数据、空间信息、智能装备等现代信息技术与种植业（种业）、畜牧业、渔业、农产品加工业全面深度融合及应用，建设若干农业农村信息化示范基地（园区）。

二是要利用新一代信息技术加快推进农业一、二、三产业融合。深入实施电子商务进农村综合示范工程，加强农产品电子商务技术支撑，大力拓展农产品网络销售，建设一批特色农产品电商示范乡镇和示范村。加大农村电商服务站点建设力度，鼓励农村商贸流通企业、供销合作社、邮政网点等采取共享经济模式。大力推进农旅结合的电商项目建设，鼓励乡村旅游、农场租赁、民俗休闲等特色项目融入农村电商。

三是要积极培育乡村新产业与新业态。特色保护类村庄依托"互联网+"，深挖乡土文化的独特资源，实施乡村旅游精品工程，推动乡村旅游基础设施、管理服务智能化，谋划建设一批互联网特色旅游乡村。

（三）建立数字乡村治理综合平台

一是要建立乡村治理综合数据库。依托大数据和地理信息技术，以电子地图、遥感影像、三维实景地图等多类型、多尺度空间数据为基底，叠加乡村自然资源、农业、水利、文旅、公安、政法、民政、教育、卫生等各部门数据，按照全市统一数据信息标准范式，建设乡村治理综合数据库。

二是要构建乡村数字化治理信息系统。推动乡村优秀文化资源数字化，谋划建设农村"网上文化礼堂"，打造乡村文化传播、文明普及网络阵地。建设全市美丽乡村生态环境综合监测系统，综合利用智能传感器、物联网、卫星遥感、无人机、高清远程视频监控等技术，对农业农村生态环境进行综合监测。建设农村集体"三资"数字化管理系统，汇集资产权属、资产运营、财务管理、收益分配、产权交易、股份合作等涉及农村集体经济资源资产基础数据。

三是要加强乡村治理的数据应用分析。完善"一中心四平台"，推动平台之间的数据归集和联通，加强数据信息的挖掘，从事件类别、时间变化、区域分布、人群特征等方面进行分析，编制本区域乡村治理形势分析报告。

（四）提升乡村民生服务数字化水平

一是要大力推进"最多跑一次"改革向农村延伸。以"浙里办"平台为载体，大力推广网上办、掌上办，有效对接一体化政务服务平台，聚焦村民一生事，开展乡村医生上门问诊，并确保社保缴纳、养老助残等服务"就近可办"，打通公共服务"最后一公里"。

二是要建设"村民 e 点通"App。构建"城市大脑"，面向村民提供各类智慧民生服务的总入口，涵盖就业、就医、出行、旅游、社区服务、居家养老、公益活动等模块，将一些可以在线办理的业务移至网络平台，利用网络平台提供更优质的服务，全面提升农村民生服务数字化水平。

三是要探索建设"三农"科教综合服务系统。整合相关科教资源，大力推动乡村教育信息化，提供农业技术在线培训、农业专家在线服务、新型职业农民和农村实用人才在线学习一体化服务，进一步优化农业科技信息服务，推动农业科技"产学研用"合作。

（五）强化数字乡村建设基础保障

一是要加强资金保障。整合面向农业农村的信息化建设项目和资金，加大财政投入力度，拓宽投融资渠道，探索PPP（政府和社会资本合作）项目、政府购买服务等方式，逐步建立以政府投资为引导、企业投资为主体、金融机构积极支持、民间资本广泛参与的数字乡村建设投融资模式。鼓励金融机构提供乡村支付和保险服务，引导农户采用网上支付、移动支付以及通过互联网和移动互联网办理保险。探索采取奖补方式，引导涉农金融机构对乡村互联网应用主体提供交易信息，探索开展农机、农产品等动产的抵押贷款业务。

二是要加强基础设施保障。加快农村地区宽带网络和第四代移动通信网络覆盖，弥合城乡数字鸿沟。着力提升乡镇光纤宽带渗透率和接入能力，大力推进第五代移动通信网络在农村地区同步实现商业化应用。加大对农村地区低收入家庭的宽带服务的资费优惠力度，让信息服务惠及每个家庭。

三是要加强人才保障。加大对新型经营主体、返乡创业人员、农村青年、返乡大学生、农村妇女、退伍军人等重点人群的互联网培训，用信息化手段培养出一批善用信息技术、善于网络经营的新型职业农民，加强数字乡村运营管理人才的培训。

四是要加强数据信息支撑。强化"数字乡村大脑"建设，建立数字乡村数据运营管理平台和数字乡村数据决策应用平台。加快农业农村信息化技术标准体系建设，统筹推进物联网、大数据、电子商务、信息服务等技术标准和管理规范的制定。完善农业农村大安全风险评估机制，加强数据防攻击、防泄露、防窃取等大数据安全防护技术手段建设，构建大数据安全保障技术体系。

浙大宁波理工学院　王山慧

（宁波市第五批哲学社会科学学科带头人培育项目研究成果）

关于"十四五"时期宁波发展目标定位的思考

　　"十四五"开局在即，本文梳理了宁波城市发展目标的历史演变过程，归纳并参考国内外相关城市的最新目标定位，按照打造"重要窗口"模范生的要求，建议"十四五"时期宁波发展目标设定为"两城三基地"，即链接全球的国际港口名城、宜居宜业的历史文化名城、世界级先进制造业基地、国际贸易物流基地、国家新兴科创基地。

一、宁波城市发展目标定位的演变

　　回溯改革开放以来宁波历次党代会与五年规划对城市发展目标的表述，一些高频出现的核心词贯穿始终（见表1）。一是紧扣"港口"关键词。1980年以来的"现代化港口""现代化港口城市""社会主义现代化国际港口城市""国际港口名城"等表述中，"港口"是宁波城市发展目标定位中从未缺席的中心词，同时与"对外开放""开放型经济"和"国际化"等高度关联。二是内涵不断拓展。从注重港口发展到强调港城联动，从注重经济发展到强调经济、社会、文化、生态等全面发展，体现出全面协调发展与综合实力提升的目标。三是定位不断提升。从立足自身发展逐步提升到跻全国前列与"第一方队"、争创"示范区"等，站位越来越高，视野越来越广，提出了先进性、示范性的自我要求。

表1　改革开放以来宁波城市发展目标定位的演变

年份	会议 / 计划 / 规划	发展目标定位
1980	市第五次党代会	首次提出建设现代化港口。
1981	"六五"计划	建设加工制造业基地。
1984	市第六次党代会	浙江的重要工业基地和以加工工业、国际转口贸易为中心的综合性的现代化港口城市。

年份	会议/计划/规划	发展目标定位
1994	市第八次党代会	经济实力雄厚、对外开放度高、科学文化发达、人民生活富裕、社会风气良好、城乡环境优美的社会主义现代化国际港口城市。
1999	市第九次党代会	到2020年基本实现现代化，经济和社会发展重要指标分别超过或达到目前中等发达国家水平，建成社会主义现代化国际港口城市。
2001	"十五"计划	以加快发展为主题，以结构调整为主线，继续保持较快的经济增长速度，人民的小康生活更加充裕。
2006	"十一五"规划	以科学发展为主题，以转型升级为主线，促进发展模式转换、经济体制转轨、社会结构转型，力争到2010年全面建成小康社会。
2007	市第十一次党代会	现代化国际港口城市建设全面推向新阶段。基本建成国际一流的深水枢纽港、全国重要对外贸易口岸和华东地区先进制造业基地、现代物流中心，进一步确立长三角南翼经济中心的战略地位。
2011	"十二五"规划	科学发展走在全省全国前列，惠及全市人民的小康社会全面建成；建设现代化国际港口城市，率先基本实现现代化的基础更加牢固。
2012	市第十二次党代会	基本建成现代化国际港口城市，努力成为发展质量好、民生服务好、城乡环境好、社会和谐好的中国特色社会主义示范区，综合实力位居同类城市前列的经济强市，城乡高度融合的现代都市，以国际强港为支撑的亚太开放门户，宜居和美的幸福之城、文化名城。
2016	"十三五"规划	跻身全国大城市第一方队和建设中国特色社会主义"四好示范区"；着力建设创新型城市，着力打造港口经济圈，着力构建宁波都市区，着力提升国际化水平，统筹推进经济建设、政治建设、文化建设、社会建设、生态文明建设和党的建设，高水平全面建成小康社会，为全面建成现代化国际港口城市打下坚实基础。
2017	市第十三次党代会	早日跻身全国大城市第一方队；大力推进产业高新化、城市国际化、发展均衡化、建设品质化、生态绿色化、治理现代化，加快建设国际港口名城，努力打造东方文明之都，高水平全面建成小康社会，把宁波改革开放和现代化建设全面推向新阶段。

二、国内外城市发展目标定位

（一）国际大都市发展目标定位

纵观近年来国际大都市的发展愿景或目标描述，均突出体现了全球竞争力和"宜居"可持续发展的双线融合互动。

一是互联互通，重视交通、通信、文化等多元联通能力。如：悉尼的城市发展目标强调在地理、思想上的相连，乃至社会、政府、"关心这个城市的人"之间的沟通；墨尔本的城市发展目标提及"更具通达性"；首尔的城市发展目标之一是建设"相互沟通与关怀的市民幸福之都"。

二是以人为本，重视人的发展。如："充满就业机会与活力"（首尔），"为其人民和企业拓展更为广阔的发展机会"（伦敦），"高度发达、以人为本""安全放心""福祉先进"（东京），"充满机遇和选择"（墨尔本），等等。

三是绿色生态，重视自然优美、可持续的人居环境。几乎所有城市的发展目标都提及对生态文明和绿色发展的追求，尤其是伦敦，目标之一是"更高标准环境与生活质量"。

（二）国内城市发展目标定位

国内城市近年发布的目标愿景体现出三个趋势。

一是强调全球视野，追求门户枢纽地位。如：武汉——"中部地区与世界联系的门户和纽带"，成都——"国际门户枢纽城市"，杭州——"世界名城"，青岛——"国际海洋名城"，都体现了全球化视野。

二是强调创新发展，追求多元化创新能力。如：广州——"国际科技产业创新中心""国际文化创意中心"，苏州——"国家高新技术产业基地"，武汉——"创新引领的全球城市"。

三是强调宜居宜业，追求个性化城市风貌。如：青岛——"时尚美丽、独具魅力"，武汉——"江风湖韵""国际滨水文化名城"，杭州——"独特韵味，别样精彩"，南京——"美丽古都"，苏州——"精致城市"，等等，都体现了各自文化特色与个性风貌。

三、"十四五"时期宁波发展目标定位的思考

"十四五"时期将是世界大变局与中国大发展之间的历史性交汇期，加之当

前全球新冠肺炎疫情蔓延，给世界经济带来重大影响和不确定性。对宁波而言，国际上中美战略博弈成为常态、新一轮产业科技变革加速，国内改革开放持续深入、区域一体化发展纵深推进、城市间要素竞争更趋激烈等，成为"十四五"时期城市发展的关键背景。面对这样一个充满挑战的战略机遇期，宁波既要审时度势，认清当前城市发展既竞争又合作的特征与趋势，又要继往开来，发挥宁波自身基础优势，以更高站位、更大格局、更宽视野谋划蓝图，争当"重要窗口"模范生。

（一）发展定位之一：链接全球的国际港口名城

基于区位条件和港口优势，着力打造以世界一流强港为支撑的综合交通枢纽、全球开放门户和国际化城市。港口规模和效率稳步提升，货物吞吐量保持世界第一，国际航运枢纽港地位进一步确立，立体化综合交通运输网络进一步完善，成为国家综合交通枢纽。形成空间布局合理、城乡统筹一体、区域协调发展、基础设施完善的"一核两翼多节点"都市格局，基础设施的现代化水平、精细化管理水平、特色化品质进一步提升，城市品位和国际影响力不断上升。

（二）发展定位之二：宜居宜业的历史文化名城

党建引领不断强化，基层党建全面过硬，全面从严治党不断深化，基层治理水平全面提升，成为市域治理现代化示范城市。城乡深度融合发展，人与自然和谐共生，建成"美丽宁波"升级版。创业创新环境不断优化，打造成为营商环境最优市、人才生态最优市、青年友好城。公共文化服务体系更加完善，文化生活更加丰富，多元文化交汇融通，全国文明城市创建活动持续深化，城市文明程度和市民文明素质不断提升，市民获得感、幸福感不断增强。

（三）发展定位之三：世界级先进制造业基地

战略性新兴产业为引领，先进制造业和现代服务业"双轮驱动"的现代产业体系构建形成，打造若干世界级产业集群和一批新兴产业集群，培育一批制造业"单打冠军"企业，实现现代服务业高端化、优势产业集群化、新兴产业规模化发展，建成制造业高质量发展国家示范区。

（四）发展定位之四：国际贸易物流基地

宁波都市圈、港口经济圈的服务能力和辐射能力不断提高，全方位、全领域融入长三角一体化发展，大宗商品交易规模和影响力显著提升，商流、物流、资金流、信息流大量集聚，国际贸易、国际航运、国际金融等具有中心功能和资源配置功能的业态取得突破发展，宁波对战略资源、优势商品、金融资本和创新资源的配置能力不断增强。开放型经济实力不断提升，自贸区、"17+1"经贸合作区、前湾新区、南湾新区、临空经济示范区等重大开放平台不断完善，新型国际贸易中心、国际投资合作示范城市、国际消费中心城市、开放龙头地位更加巩固，深层次、高水平的对外开放格局基本形成。

（五）发展定位之五：国家新兴科创基地

区域创新体系健全完善，高端人才荟萃，集聚一批高水平科研院所和新型创新平台，高标准推进甬江科创大走廊、新材料科技城、国际海洋生态科技城、甬江实验室等建设，形成较为健全的科技型中小企业、高新技术企业、创新型领军企业发展梯队，关键核心技术研发能力不断增强，科技成果转化水平不断提升，创新研究成果数量位居同类城市前列，研发（R&D）支出经费占地区生产总值的比重达到发达国家水平，成为重要创新策源地。

宁波市社科院（市社科联）　孙肖波　邢孟军　王仕龙　邵一琼

相关地区推动开发区（园区）整合提升的特色做法及对宁波的启示

为推动我市开发区（园区）建设，课题组对广州、南京、青岛、武汉、深圳等地开发区（园区）进行深入调研，针对我市开发区（园区）能级偏小、创新偏弱、活力偏低、管理偏散、转型偏慢等问题，提出了具体的对策建议。

一、相关地区推动开发区（园区）整合提升的特色做法

（一）广州

一是推动"多区合一"。如，陆续将广州经济技术开发区、广州高新技术产业园区、广州出口加工区、广州保税区整合为广州开发区，将原四个管委会整合，设立广州开发区管委会，大幅精简了机构和人员编制。

二是推行"政区合署"。如，萝岗区与广州开发区合署办公，除招商引资、保税、企业建设等专门业务部门外，开发区管委会其他机构与萝岗区相关工作部门合署办公，负责社会管理、公共服务职责的机构，以行政区为主设置。

（二）南京

一是优化运营管理。推行"管委会＋运营公司"模式，优化管委会内设机构设置，剥离社会事务管理职能，承担经济发展和打造营商环境等职责的内设机构比例不低于60%，承担招商引资、开发建设、服务企业等专业性职责的内设机构比例不低于70%。

二是创新考核评价。着力加强对亩均产出、创新投入等指标的考核，考评结果与园区领导班子考核、用人员额、薪酬总额等挂钩，在薪酬总额内，自主决定薪酬分配方案；建立岗位考核制度，设置不低于3%的不合格人员淘汰率；等等。

147

（三）青岛

一是实行"全出竞进"。省级以上开发区班子"全体起立，重新上岗"，大幅精简班子职数，大开发区一正四副、小开发区一正二副，所有领导岗位面向全市公开遴选择优。实行全员聘用、岗位管理，所有岗位向社会公开招聘，部分岗位用于面向全国引进高层次人才，人员队伍平均年龄 35.5 岁，开发区外新选聘人员占开发区总人数的比例达 38.5%。

二是实行"轻装上阵"。明确开发区党工委书记由属地区县（市）委书记兼任，全面取消功能区机构规格，社会职能剥离给属地，管委会全面聚焦产业规划、政策落地、"双招双引"和项目服务等职能。精简内设机构人员，国家级功能区工作机构不超过 8 个，省级功能区工作机构不超过 5 个，实行全员聘用、岗位管理，5 个试点开发区改革后行政事业编制精简 30%。

（四）成都

一是强化统筹管理。成立成都市工业布局和开发区建设协调领导小组，统筹负责全市工业开发区规划建设的指导与协调，统一实施对开发区工业项目招商引资、政策优惠、要素配置的管理督查。

二是强化特色发展。按照"一园区一主业"的思路，通过设定差异化考核指标体系等手段，根据资源禀赋、基础条件和发展阶段，每个开发区确定 1～3 个主导产业，推动相关产业的重大项目、重点企业优先向相关园区布局，推动产业合理布局，实现错位、协调、联动发展。

（五）深圳

一是探索市场化运作机制。如，前海湾保税港区管理局实行企业化、市场化用人制度，享有独特的用人自主权，可以根据工作需要从国内外专业人士中选聘高级管理人员，在市政府确定的人员员额、领导职数和薪酬总额范围内，自主决定机构设置、岗位设置、人员聘用。

二是探索"大部门"管理机制。将原正局级建制的高新园区管理办、保税区管理局撤销，有关职责整体划入深圳市科技创新委员会（深圳市高新技术产业园区管理委员会）、深圳市经济贸易和信息化委员会（深圳市保税区管理委员会），凸显精简高效。

（六）武汉

一是加强高层次人才引进。如，武汉东湖高新区每年面向海内外重点大学选聘高层次人才，目前博士研究生占聘用制干部人数的 15% 以上。全面取消行政事业在编人员身份，采取竞争选聘的方式，从市内外引进一批年轻骨干。

二是创新运行管理机制。探索公共服务外包运行机制，将部分职能分离出来，改由非政府性质的中介机构承担，在全国率先实现政务服务市场化。探索社会组织共同参与园区治理模式，成立园区决策咨询委员会，建立重大决策听证制度和信息公开制度。

二、宁波开发区（园区）整合提升面临的主要问题

（一）能级偏小

从 1984 年宁波设立首个开发区（宁波经济技术开发区）以来，各类开发区、功能区发展迅速。截至目前，省级以上开发区（园区）有 20 多个，市级及以下的开发区（园区）150 多个。据统计，有超过 30% 的开发区（园区）面积在 1500 亩（1 平方公里）以下且规上工业产值在 10 亿元以下，而且空间上具有拓展潜力的园区不多，有 70 多个园区规下企业数量占比超过 80%，"低小散"特征比较明显。

（二）创新偏弱

总体来看，宁波的开发区（园区）科创浓度不高，高新技术企业总量偏少，高质量创新能级偏小，缺乏龙头带动型科技企业，创新要素集聚度不高。产业特色不够鲜明且层次不高，绝大部分园区主导产业仍以传统产业为主，拥有信息技术、新材料、高端装备等新兴产业且产值占比超过 50% 的园区不到 20 个。

（三）活力偏低

一些开发区管理机构日渐臃肿，社会管理事务愈加繁多，有的开发区与相关乡镇（街道）合署办公，普遍存在"政事一体、政企一体"的混岗办公现象。如，高新区事业单位近 40 家，保税区和东钱湖旅游度假区事业单位也有 20 多家，财政负担很重，难以聚焦主业，严重影响管理效率。多数开发区人事人才机制不够灵活，干部上升空间有限，队伍逐步老化、士气不振，人才政策优势不够明显，收入分配激励机制活力不强。

（四）管理偏散

目前，我市开发区（园区）的类型、性质、层级多样，管理模式也不尽相同，总体来看存在管理无序现象，各级各部门未形成清晰的管理权限。市级层

面对各开发区（园区）统筹规划不够，重点开发区域工作领导小组的覆盖面不够广、协调性不够强，没有建立有效的日常工作磋商机制。

（五）转型偏慢

我市开发区（园区）运行模式总体比较传统老套，企业化、市场化运作模式转型较慢，社会组织、第三方参与程度不高。对开发区考核评价针对性不够强，基本还是地区生产总值、固定资产投资、税收等常规指标，对部分省级开发区还有社会管理、综治维稳等指标，对人才、科创等创新指标体现不够，这也导致大部分开发区（园区）依靠创新实现转型升级的动力不足、速度偏慢。

三、加快推动宁波开发区（园区）整合提升的几点建议

（一）加强统筹协调

一是加强组织领导。动态调整市重点开发区域领导小组成员单位，提升规格，进一步明确领导小组及办公室职责，建立全市开发区（园区）整合提升的工作推进机制，细化职责分工，各区县（市）成立领导小组和工作机构。

二是加强法规保障。探索制定宁波市开发区条例，在法律上明确其主体地位、组织管理体系、管理职能权限、政策保障等。

三是强化评价考核。将开发区（园区）整合提升工作落实情况纳入领导干部考核指标体系和绩效管理体系。按照开发区整合提升的新要求、新目标，完善考核评价指标体系，创新评价方式，实施"亩均效益"评价，开展差异化、精准化综合考评。

（二）分类分层推进

一是整合优化若干重点开发（园区）。以前湾新区、高新区等为重点，由市级层面整合打造若干航母级开发区（园区），全力打造全国一流的高能级战略平台，各区县（市）突出重点，整合打造 1～2 个开发区（园区），积极推行"政区合署"。

二是整合提升一批市级以下开发区（园区）。每个区县（市）按照 1 个重大平台和多个区块形成"1+X"的空间格局，打造一批区中园、园中园、特色小镇等特色化园区，每个园区主导产业不超过 3 类，着力打造产业集群竞争力，提升园区的竞争力和影响力。

三是淘汰撤销一批园区。对规模较小、空间不大、层次不高、产出不多的

老旧工业园、村级工业园予以淘汰清退，并注重对优质企业的转迁和服务工作。

（三）创新运行管理

一是确保聚焦主业。推行属地党委书记兼任园区党工委书记，开发区（园区）要着力强化招商引资、人才引进、产业提升等经济发展主业主责，依托属地政府开展社会管理和公共服务。

二是推行市场化运作。引导有条件的开发区（园区）实行公司化管理、市场化运行，鼓励与国内外知名专业运营机构合作，让其全面介入园区整体转型优化，鼓励将部分服务、技术型职能转移给社会中介组织，提升园区整体管理运营水平。

三是提升管理效率。推行大部制改革，采用扁平化的机构设置，构建精简、高效、统一的行政管理机构，加大灵活性，减少内部管理层级，大幅精简管理人员，设定一定淘汰率。深化干部人事和薪酬管理制度改革，探索实行"全员招聘、竞争上岗、年度测评、末位淘汰"，可自主决定薪酬分配方案。

（四）激发发展活力

一是提升园区创新驱动能力。结合全市开发区（园区）产业定位，建设一批服务于产业发展的创业创新服务平台，全面推进数字化赋能，支持科研院所、产业技术研究院建立科研成果、项目对接合作机制，支持企业引进集聚一批海内外高层次人才，允许对高层次人才实行年薪制、协议工资制、特岗特薪制。

二是强化政策支持力度。新增工业建设用地指标、重大产业项目奖励指标向整合后的开发区（园区）倾斜。完善财税分配机制，提高开发区（园区）税收增量部分和行政事业型收费返还比例。推进招商资源统筹，将大项目、好项目优先向符合产业导向的开发区（园区）布局。

三是优化园区发展营商环境。深化"最多跑一次"改革，系统推进优化营商环境"10+N"行动。对标国际标准，复制推广自贸试验区经验，推动开放政策集成，推动开发区（园区）创建高新园区、数字园区、循环园区、美丽园区，提升市场化、法治化、国际化、便利化水平，打造营商环境最优区域。

浙大宁波理工学院　王山慧

关于唱好"双城记"推动杭甬一体化发展的对策研究

本文阐释了"双城记"的内涵要求，提出"双城记"的重点合作领域、重点合作平台和创新完善体制机制方面的具体建议。

一、准确把握内涵要求

（一）发展目标上，要旗鼓相当、交相辉映

杭甬两地的 GDP 总量、财政收入、居民收入、公共服务水平等指标应势均力敌，城市能级、城市地位应旗鼓相当，双城相互辐射、交相辉映。中央、省级重大项目、重要平台以及要素资源要平衡布局，使双城更好地共同承担、服务国家战略。

（二）发展内涵上，要优势互补、合作共赢

坚持战略共谋、资源共享，适时、适度让渡利益，在湾区建设、产业提升、科技创新、对外开放、社会治理等领域携手共进、互学互鉴、取长补短，实现合作共赢、共同提升。

（三）发展路径上，要错位发展、竞合互促

坚持错位发展、保持特色，强化产业分工合作，避免同质化、重复建设等恶性竞争，发挥各自比较优势，突出差异化、特色化，在良性竞争中提升双城综合竞争力。

（四）发展时序上，要循序渐进、增量优先

按照先易后难、点状突破、梯次推进的顺序开展合作，在基础设施建设、公共服务供给、生态环境保护等有基础、易操作的领域率先推进。以增量合作优先为导向，积极探索产业发展基金共设、境外产业园共建、科技领域重大项目共投等新增项目合作。

二、精准聚焦重点合作领域

（一）推进基础设施共谋共建，打造"枢纽综合体"

一是在交通基础设施方面，共同谋划推进长三角世界级机场群、杭绍甬城际铁路、智慧高速公路等交通基础设施建设，加强两市港口、机场、火车站等枢纽的合作互通，共建国际多式联运中心和海、陆、空、铁综合交通网络。

二是在信息基础设施方面，协同布局区域 5G 应用网络，推动数据资源开放共享，打造区域示范"城市大脑"。推动工业互联网建设，共同培育一批跨区域行业及工业互联网平台。

三是在能源资源设施方面，完善区域能源网络，共同推进国家级石油储备中心建设，加快跨区石油天然气管网建设。强化区域水资源配置能力，推动水资源共建共享，完善引水生态补偿机制。

（二）推进产业体系优势互补，打造"经济协作体"

一是加强重大产业布局谋划。科学确定杭州、宁波各自的主导产业，布局产业重大项目，强化产业协调协同。支持杭州打造"全国数字经济第一城"，支持宁波做强做优智能制造业、港航服务业等。

二是加强重点产业链延伸互补。围绕新材料、新能源汽车、集成电路等一批具有产业基础和先发优势的产业链，推进杭甬在科研机构、研发团队和产业发展上的全面合作，开展联合招商协作，构建跨区域产业链。

三是加强重点产业区块协作。加快杭州钱塘新区、宁波前湾新区等重点产业区域对接，争创全省高能级战略平台，共建沿湾智能制造产业带。鼓励两地的优质产业园区、企业跨区域布局经营。

四是加强对外开放协同合作。合力推进浙江自贸试验区建设，互相支持两市跨境电商综合试验区、临空经济示范区、综合保税区等国家级开放平台建设。共同合作办好中国—中东欧国家博览会、西湖国际博览会等国际性展会，共同开拓"一带一路"沿线国家市场。

（三）推进科创要素互通共享，打造"创新联合体"

一是加强创新平台共建。发挥杭州、宁波国家自主创新示范区集聚带动效应，加强杭州城西科创大走廊和宁波甬江科创大走廊的平台协作，合力共建一批跨区域新型研发机构和产业创新中心，开展共性关键技术联合攻关，共同打造长三角乃至全国的创新策源高地。

二是推动创新要素共享。加快推动科技服务资源共享，建立两市科研仪器设备共享服务平台，搭建高层次人才信息库和高校、专家智库联盟，推动区域各类人才资格互认，打造区域统一人才品牌和交流平台。共同承接国家科技重大专项，联合攻关。

三是促进创新成果共用。将杭州数字经济、科创等优势与宁波的实体经济优势相结合，共创杭甬国家综合性产业创新中心。鼓励互设研发孵化和产业化飞地，推动两地研究成果、前沿技术共通共享。

（四）推进公共服务互惠互利，打造"服务共享体"

一是推动民生服务共享。支持杭甬两地加强优质教育、医疗卫生资源合作，建立合作交流机制，推动医疗信息互认互信。推动杭甬市民卡统一标准和互通使用，拓展公共交通、异地就医费用即时结算、社保待遇认证、景区旅游等"一卡通"功能。

二是推动生产性服务共享。推进两市金融机构全面合作，加快建立区域金融风险联防联控体系。推进两市物流园区、物流企业、物流平台之间的合作，共建物流供应链体系。推动两市贸易企业、电商平台等合作，共建内外对接的全球贸易体系。

三是推动政务服务共享。共同参与长三角"一网通办"建设，实行两地"最多跑一次"标准互通，共同建立有序高效市场准入体系，推动两市信用体系深度对接。

（五）推进社会人文合作交流，打造"文化融合体"

一是推进文旅一体化发展。加强博物馆、图书馆、美术馆和群众文化场馆的馆际联动和服务功能联通，实现文旅服务互通共享。围绕古运河文化、浙东唐诗之路、江南水乡古镇风情、非遗文化等不同主题建设一批精品旅游路线，共同打造文旅品牌。

二是共办会展赛事活动。共同办好亚运会等重大体育赛事。推动会展业务专业化职能分工，共同举办或承办大型国际会议、赛事、展览和专业化论坛，建设高水平会议展览中心。

（六）推进生态环境共保联治，打造"生态共同体"

一是推进重点区域生态共保。以四明山绿色生态屏障、杭州湾蓝色海洋生态保护带、杭甬运河为保护重点，突出水环境、海洋生态环境、湿地、绿色开敞空间等重点生态功能区建设。

二是推进区域环境污染共治。协同攻坚杭州湾水环境综合治理，合力推进沿湾重污染行业企业治理，加强区域大气污染防治协作。

三是推进生态文明制度共建。探索建立两市联合调查制度、互派观察员制度、环境违法案件移送制度、生态专项执法制度等，协力打造长三角生态绿色一体化发展示范区。

三、构建重点合作平台

构建区域性平台、功能性平台、服务性平台、载体性平台、交流性平台等五大重点合作平台（见表1）。

表1　杭甬两地的五大重点合作平台

	平台类型	主要内容	重点支撑
五大重点合作平台	区域性平台	主要包括两市共投共建的产业合作示范区、境外经贸合作区，深度对接合作的两市重大发展平台，互联成线的旅游产业带等。	重点产业园区
			重点开发区
			飞地园区
			旅游产业带
	功能性平台	主要包括为两市科技创新、贸易、物流、金融、生态治理等提供支撑服务的平台。	研发创新平台
			贸易合作平台
			金融合作平台
			物流合作平台
			生态治理平台
	服务性平台	主要包括为两市居民的教育、医疗、旅游、"双创"、生活等方面提供服务的平台。	医疗合作平台
			教育合作平台
			旅游合作平台
			信息合作平台
	载体性平台	主要包括两地共同举办的文化、赛事、会展、节庆活动以及重大品牌活动等。	文化合作活动
			赛事会议活动
			重大会展活动
			重大节庆活动
	交流性平台	主要包括两地政府、企业、科研院所、智库以及其他层面之间开展的多层次交流联系平台。	研发创新平台
			贸易合作平台
			金融合作平台
			物流合作平台
			生态治理平台

四、创新完善体制机制

（一）创新完善"共商"机制

一是建立领导协调机制。建立由两市党政主要负责同志组成的4人领导小组，负责特别重大事项的决策和协调。建立市长、秘书长、政研室主任、发改委主任等联席会议制度。积极争取建立省部级层面的领导机构和协调机制。

二是建立规划战略协同机制。加强两市总体规划、专项规划对接，建立两地规划编制与实施的统筹协调机制。建立两市协同改革清单和推进机制。

三是建立重大项目协商机制。共同争取事关两市长远发展的重大项目、政策、改革纳入国家规划，共同谋划一批具有引领性和标志性的大项目、大改革。

（二）创新完善"共建"机制

一是共建重点园区。通过要素共同投入、市场化运作、利益风险共担等方式，探索建设杭甬合作示范园区，合作建设境外经贸合作区、离岸人才创业创新基地等。

二是共建基础设施。通过建立两市发展投资基金、联合争取重大基础设施布局等方式，共同推进共联交通基础设施、共性产业创新中心、新型基础设施等建设。

三是共办重大活动。探索新模式，通过联合申办、联合主办、轮流承办等方式，共同争取重大会展、会议、赛事等活动。

（三）创新完善"共通"机制

一是政策互通。加强政策协同，推动重点开发区域、重点功能区的产业政策、人才政策协商共通，避免恶性竞争，共同打造"双创"高地。

二是市场互通。支持两市企业参与跨区域重大工程建设、跨区域兼并重组，推动两市信用体系一互通，推进两市标准互认和采信，推动两市检验检测结果互认，提升两市口岸大通关便利化水平，等等。

三是服务互通。推动两市在公共交通、文旅、住房公积金、医疗等民生领域的一卡联通、一卡结算。

（四）创新完善"共治"机制

一是推动重大风险共治。加强疫情防控协同，打造疫情防控共同体。运用大数据等技术，共建金融风险监测防控体系、跨区域安全智能防灾减灾体系等。

二是建立联合执法机制。完善两市在公共卫生、食品安全、知识产权保护、治安联防、生态治理等领域的信息交换共享，促进跨区域联动执法。

三是建立社会治理联动机制。建立并完善两市综治中心社会治理情报信息互通、重点人员稳控协作、应急处突联动跨界、重大矛盾纠纷联合调处等机制，探索打造区域社会治理共同体。

（五）创新完善"共享"机制

一是推动资源共享。推动两市科研成果、人才、教育资源、医疗资源、文化资源、专家库等各类资源的共享，打造两市人才信息库、项目库、研发成果库、专家库等，实施人才柔性合作。

二是推动信息共享。推动两市"城市大脑"深度互联，积极推动两市政府数据资源对接与共享，打破两市行业壁垒、政府信息壁垒和区域壁垒，建立统一信息发布和披露制度。

三是推动利益共享。探索构建科学合理的跨行政区域利益协调长效机制、生态补偿机制、共建项目利益分成机制等，开展产业跨市迁移、重大产业项目跨市协作的财税分配和产业增加值统计制度试点等。

宁波市社科院（市社科联）课题组

宁波"十四五"发展阶段性特征分析

本文分析了"十四五"时期宁波发展面临的机遇与挑战，分析了宁波发展阶段性特征，提出要找准方位、把握机遇、应对挑战，聚焦高质量、现代化、竞争力，当好浙江建设"重要窗口"的模范生。

一、"十四五"时期宁波发展面临的机遇与挑战

（一）重大机遇

一是新一轮技术革命和产业变革机遇。大数据、5G、人工智能等将在全球范围内蓬勃兴起，成为科技创新的"超级风口"。

二是长三角高质量一体化发展机遇。随着长三角一体化战略升格，长三角将以世界级城市群为单元参与全球竞争，势必将全面提升长三角产业体系竞争力和区域创新整体水平。

三是都市圈引领的新一轮城市化机遇。"十四五"是城市化转型期，进入了大都市区、高能级城市为引领的城市化高级阶段，中心城市的集聚辐射能力将进一步增强。

四是多重国家战略叠加机遇。承担和融入国家战略，是提升城市能级和推动先行先试的有效路径。自贸区扩区、国家自主创新示范区、国家海洋经济发展示范区、国家文化与金融合作示范区等一系列国家战略的实施，为宁波"十四五"高质量发展提供强力支撑。

（二）主要挑战

一是外向型经济发展面临挑战。受中美贸易摩擦、贸易保护主义、全球消费市场不确定性增加等因素影响，宁波外向型经济增长势必将长期面临严峻形势。

二是民营经济发展面临挑战。宁波的民营企业大多从事传统制造业，中小企业居多，竞争力不够强，民营经济优势面临弱化危险。

三是要素资源支撑面临挑战。支撑宁波高质量发展的土地、资金、人才、科技等要素资源瓶颈将越来越凸显，环境保护、节能减排等约束性指标完成难度将越来越大。

四是社会治理面临挑战。随着社会主要矛盾的转变以及发展形势的演变，尤其是伴随着疫情的常态化，宁波的社会建设、社会治理等都面临新的问题和挑战。

二、"十四五"时期宁波发展的阶段性特征

（一）从增长速度看，从中高速增长转向中低速增长

"十四五"时期，全球经济增长速度将继续呈现趋势性下降，并在未来较长一段时间保持较低增速。但是受疫情及百年未有之大变局影响，实际经济增长将更缓慢。

（二）从发展内涵看，由速度型外延式扩张转向质量效益型内生式增长

从全员劳动生产率看，"十四五"时期人工智能、物联网等先进技术加大推广应用，高质量、高效益发展成为最关键的主题，预计到 2025 年全员劳动生产率达到 27 万元 / 人。

（三）从发展动力看，从要素驱动和外部需求拉动为主转向创新驱动和内需拉动为主

综合考虑历史趋势和现实要求，预计到 2025 年宁波的研发与试验经费支出占比将由 2019 年的 2.8% 提升到 3.5% 以上的水平，居民消费对经济增长的拉动效应将日益扩大，到 2025 年宁波居民消费率有望达到 40% 以上的水平。

（四）从产业经济看，从工业化后期阶段进入深度工业化阶段

"十四五"时期，宁波将进入深度工业化阶段，特别是数字经济将成为新一轮产业竞争制高点。预计到 2025 年，宁波数字经济核心产业增加值有望超过 2000 亿元，全市服务业增加值占地区生产总值的比重有望达到 52%，生产性服务业增加值占服务业增加值比重有望达到 60% 左右。

（五）从发展格局看，从自身城市化为主转向区域联动发展

宁波将加快推进区域城市化，全面推进城乡融合联动发展，推动城乡风貌、

产业、基础设施、公共服务等一体化，城乡居民收入比将达到 1.7∶1。同时，宁波将加快与周边区域的联动协调发展，逐步形成都市区、都市圈、城市群三个发展圈层，融入长三角一体化进程，以都市圈战略实现城市能级有效提升。

（六）从对外开放看，从经济国际化为主转向城市全面国际化

"十四五"时期，宁波作为国际港口城市和外贸大市，外需仍是拉动城市经济增长的重要动力，推动形成"国内大循环为主体、国内国际双循环相互促进的新发展格局"成为重要趋势。预计 2025 年宁波舟山港货物吞吐量为 12.5 亿吨左右，集装箱吞吐量为 3100 万 TEU（标准箱），贸易额、贸易结构同步提升与优化，服务贸易进出口额占外贸进出口总额的比重达到 10% 以上，跨境电商以年均 20% 的速度增长。

（七）从社会发展看，从保持社会稳定转向市域治理现代化

"十四五"时期，随着经济结构快速变化、利益格局深刻调整，城乡发展、外来人口扩张、老龄化社会等问题更加凸显，社会矛盾易频发多发，公共突发性事件应对难度加大，市民对公共服务和社会公平提出更高需求，社会治理将从保持社会稳定转向市域治理现代化发展阶段。

三、几点建议

（一）充分审视宁波发展的方位方向，谋划确立"十四五"目标定位

明确城市发展目标定位，是更好更精准确立发展战略、发展路径、发展重点的前提。谋划确立宁波"十四五"发展目标定位，既要考虑外部发展环境、形势的变化，又要结合城市自身的区位、基础、资源和阶段性特征，既要有创新性、时代性，又要有继承性、延续性。梳理宁波城市发展目标的历史演变过程，总结参照国内外相关城市的目标定位，按照当好"重要窗口"模范生的要求，建议"十四五"时期宁波发展目标设定为"两城三基地"，即链接全球的国际港口名城、宜居宜业的历史文化名城以及世界级先进制造业基地、国际贸易物流基地、国家新兴科创基地。

（二）充分认识"十四五"发展阶段特征研究，谋划确立"十四五"主题主线

编制"十四五"规划，其中一个核心任务就是准确把握发展的主题和主线。参照国家、省相关研究成果，建议宁波"十四五"发展的主题为"推动高质量发展"，就是要全面贯彻五大发展理念，坚持质量第一、效益优先，大力推动质量

变革、效率变革、动力变革，实现经济社会各领域高质量发展。参照先进地区的做法和经验，结合宁波发展实际，建议宁波"十四五"发展的主线为"推动高水平创新"，就是要深入实施人才和创新"栽树工程"，加快建设高水平创新型城市，以科技创新带动全面创新，以体制机制改革激发创新活力，以高水平创新支撑高质量发展。

（三）充分考虑发展形势变化，谋划确立"十四五"发展思路

一是要由"城市思维"转向"区域思维"。在更大空间和更高层次整合资源，从都市区、城市群的角度更好地开放合作。

二是要由"总量思维"转向"效率思维"。跳出投资、消费、进出口的传统思维框架，更多地从创新、全要素生产率、全员劳动生产率等角度思考如何增强经济增长的内生动力。

三是要从"产业思维"转向"功能思维"。更多地考虑宁波在区域发展、国家战略、全球经济中的地位和功能，从功能实现角度去定产业、聚资源、建设施。

四是要从"跟随思维"转向"领航思维"。在学习模仿的基础上努力开拓创新，不仅注重学习借鉴先进城市的做法经验，还要注重提升城市发展综合能级和首位度，在区域和城市群竞合中展现领航风范和模范生风采。

宁波大学　胡跃

宁波海洋研究院　汪小京

关于在鄞州塘溪镇建设长三角研学旅行目的地和区域性"智慧大脑"的建议

本文基于实地调研和比较分析，认为鄞州塘溪镇发展研学旅行具有较好的区位、资源、市场、空间等优势，建议加快建设国家级研学旅行营地，力争打造成为长三角研学旅行重要目的地和区域性"智慧大脑"体验中心。

一、背景

（一）研学旅行潮方兴未艾

中小学生研学旅行，是由教育部门和学校有计划地组织安排，通过集体旅行、集中食宿等方式开展的把研究性学习和旅行体验相结合的校外教育活动。近年来，教育部门将研学旅行作为新型素质教育形式加以推广。2016 年 11 月，教育部等 11 部门印发《关于推进中小学生研学旅行的意见》；2018 年 7 月，浙江省教育厅等 10 部门印发《关于推进中小学生研学旅行的实施意见》，明确要求将研学旅行纳入中小学教育教学计划。研学旅行和营地教育成为前景巨大的教育品类。据第三方机构统计和预测，2019 年国内研学旅行人数达到 400 万人次，市场规模达到 125 亿元，人均消费超过 3000 元 / 次，未来，市场需求将不断扩大。

（二）长三角区域研学旅行目的地竞争激烈

随着研学旅行大热，越来越多的地区、机构、企业纷纷投身其中。长三角人口密集，在长三角一体化国家战略深入推进的背景下，研学旅游市场需求巨大。杭州、无锡、金华等地都纷纷将研学旅行与德育发展、乡村振兴等相结合，抢占研学旅行发展先机。总体来看，尽管涌现了一些优秀范例，但基本还处于初步发展和粗放竞争阶段。

（三）塘溪镇打造研学旅行营地有助于带动区域研学旅行

鄞州区作为全省首批研学旅行试点区，率先在宁波市乃至浙江省启动研学实践，率先出台研学实践指导文件，但是目前尚无规模化、有一定知名度的研学旅行基地。根据调研及预测，仅宁波市就有约50万学生需要参加研学，预计需要2万张床位，目前宁波市已申报研学营地的单位共有不到5000张床位，远远不能满足全市学生研学需求，鄞州区尚无规模化的研学营地，因此，项目有巨大的市场空间。在塘溪镇打造研学旅行营地，对加快推动大梅山区块开发，串联鄞州、宁波的研学旅行和乡村旅游资源，提升全市研学旅行和中小学德育发展水平都具有重要意义。

二、功能定位

（一）长三角研学旅游重要目的地

以鄞州塘溪镇为主要依托，将塘溪镇中心小学旧址改建为研学营地校舍，结合塘溪镇堇山、堇山湖、最美风车公路、四大名人故居、宁波第一农村党支部旧址群及沿线的古村、古道等景点，打造以"红色"交友、爱国教育为主题的鄞州区示范精品主题研学基地。依靠塘溪镇自然景观、红色文化和研学教育的基础优势，力争打造成为国家级研学实践教育基地。初步预计，基地建成以后，床位约800张，年接待中小学生5万人以上，营运收入4000万元以上，同时更有不可估量的社会效益和综合带动效应。

（二）区域性研学旅行"智慧大脑"

利用大数据、物联网、区块链等最新技术构建研学大数据中心平台，为宁波市及长三角区域提供研学数据分析、研学评价监测、研学安全保障等共享服务。具体内容包括：建设一体化的"云端网"，统计宁波及长三角区域全年研学开展的各项相关数据，对各个研学基地（营地）的基本情况、设施安全情况、课程设置、接待数量等数据进行实时监测、统计；建立一套智慧云端监控系统，通过物联网等智能化的技术手段，对各研学基地（营地）的课程开展进行智慧监控，对研学活动的全过程进行实时安全管理监控，加大研学活动的安全保障；建立科学合理的综合素质评分和反馈体系，以完整的评价细则与标准，分析评价研学活动开展情况和成效，促进研学课程内容优化，确保研学活动的实践意义。

（三）浙东研学旅行资源集散服务中心

掌握并汇聚宁波及长三角研学旅行基地、师资、课程、市场需求、数据信息等各类资源，整合周边区域吃、住、行与游、教、娱等研学旅行上下游产业，建成跨区域研学旅行资源集散中心。突出强化研学旅行课程设计、研学旅行基地规划设计、研学旅行方案定制、研学旅行信息系统构建等功能，为各地中小学研学旅行以及基地建设运营提供解决方案。

三、基础优势

（一）区位交通优势明显

塘溪镇坐落在风景秀丽的白岩山麓、梅溪溪畔，距离宁波市中心区约26公里，距离宁波栎社机场、宁波火车站约20公里，距离北仑客运站约37公里。甬台温高速、215省道横穿镇区，并设有塘溪高速路出口，区位优越，交通便利。杭州、绍兴、嘉兴、金华、舟山等周边区域，甚至长三角区域的中小学生到塘溪研学旅行都非常便利。

（二）研学旅行资源丰富

塘溪山水资源丰富，是名人之乡、红色传奇之家、"克隆先驱"摇篮、"中国梵高"圣地、"蝶虫"怪杰故里，有"宁波的香格里拉"（雁村）、浙东农村第一党支部、第一农会、沙氏故居，人文渊薮，风景秀丽。近年来，塘溪整合名人资源、红色资源、生态资源，着力打造党建精品线——"堇山红脉"，筹建浙东哲学小村。

（三）前期基础较为扎实

在空间场地方面，塘溪镇中心小学旧址基础设施相对完善，功能分区合理，有较好的户外素质拓展场地及设施，只需在原有基础上进行改造，建设成本相对可控，空间规模适当。在推进组织方面，塘溪镇政府与鄞州区教育局、宁波新华书店集团等单位进行了初步接洽，对基地建设运营方案做了多次讨论研究。宁波新华书店集团原有新华教育培训学校，主要从事中小学生文化课辅导、书法美术、英语、科技创作等课程的培训，主营"四点钟学校"，是宁波市十大品牌培训机构之一，在宁波已经形成了良好的口碑，同时还能有效整合长三角新华书店的相关教育资源，实现课程共享、基地共用、生源互通，形成合力。

四、工作建议

（一）尽早决策实施

要深刻认识创建国家级研学旅行基地的重要性和紧迫性，把研学旅行基地建设作为带动区块发展、实施乡村振兴战略、提升发展水平的重要举措。鉴于周边区域的竞争态势，以及研学旅行先入为主的特性要求，建议尽快作出决策，简化报批程序，抓紧开展项目前期工作。

（二）争取政策支持

建议鄞州区、宁波市教育部门推动所有中小学积极参与爱国军事主题的研学活动，把中小学组织学生参加研学旅行的情况和成效作为学校综合考评体系的重要内容，把学生参加研学旅行的情况和成效评价纳入学生综合素质评价体系，并将该基地及营地纳入研学旅行定点单位。同时，建议相关部门授予基地"少年军校"称号和挂牌，并纳入爱国主义教育基地范围。

（三）强化项目实施

尽快编制项目实施方案，确定项目功能定位、发展目标、投资方式、运行模式、管理机制等，特别是要抓好研学旅行的基础设施建设、课程开发、师资配置、标志设计以及研学旅行公共服务体系建设。加大宣传力度，充分利用宁波日报报业集团等新闻媒体资源，大力宣传研学项目及鄞州区、宁波市研学旅行发展情况，营造浓厚的研学旅行氛围，提升知名度和影响力。

宁波工程学院　柳艾岭

关于支持和推动中官路创业创新大街
打造高能级地标性科创高地的对策建议

本文通过调研，总结了中官路创业创新大街发展成效、存在的问题和短板，建议"集全市之力"，加大统筹协调和支持保障力度，将中官路创业创新大街打造成有较大影响力的科创高地。

一、中官路创业创新大街发展现状

一是能级定位高。宁波国家自主创新示范区、甬江科创大走廊等国家及省市重大战略叠加，甬江实验室在中官路创业创新大街（以下简称双创大街）布局，先后荣获国家级众创空间、国家级科技企业孵化器、浙江省首批双创示范基地等一系列荣誉，是全市打造长三角科技服务创新的高地。

二是平台集聚多。双创大街是首批省级双创示范基地、主城区唯一的省级"千人计划"产业园，拥有宁波市唯一的国家大学科技园（宁波慧谷），集聚了中科院宁波材料所、宁波大学等"三校一所一院"，以及中国科学院大学宁波材料工程学院、中乌新材料产业技术研究院、哈尔滨工业大学宁波智能装备研究院等10余个重量级产业创新平台，石墨烯制造业创新中心等省部级以上各类平台近30个，还拥有各级院士工作站7个，博士后工作站9个。

三是人才密度大。双创大街获批浙江省"千人计划"中官路产业园，引进了全区首位外籍院士，集聚国家级引才计划人才47名、省级引才计划人才69名、市"3315系列"计划人才85名，中科院"百人计划"人才33名，各类创业创新人才1万余名，高校师生6万余名，是全市科研人才、创新资源最为富集的区域。

四是产业基础强。双创大街围绕全方位融入甬江科创大走廊建设，目前已形成了新材料、数字经济、科技服务为主导，设计服务、软件服务、动漫游戏、影视传媒、电子商务为优势，中介服务产业为支撑的"3+5+1"产业发展体系；引进了宁波启迪科技园、腾讯云产业基地、创维中官路"双智双创"产业园等重大平台型企业；培育集聚了百搭网络、匀视网络、盘福生物、富理电池、鼎宏保险、木马设计等一大批优质创新型科技企业，6家企业挂牌"新三板"、63家企业挂牌"甬股交"。

五是"双创"生态优。构建了"创业苗圃+孵化器+加速器+产业园"的新型全链条创业生态系统，举办了全球创新设计大会、"奇思甬动"中国创客大赛、"中华设计奖"大赛等具有较大影响力的引才引智赛事；打造了慧谷思享汇、慧谷创业说、慧谷C学院等创业创新品牌活动；设立了启迪接力股权投资基金、慧谷创业贷等，推进科技成果转化；引进或建成了白领餐厅、星巴克咖啡、筑香书馆等高品质配套服务。

二、中官路创业创新大街发展存在的问题

一是科创浓度有待增强。双创大街内高能级平台依然缺乏，虽汇聚了"三校一所一院"等院所资源，但高校院所实力偏弱。孵化器、众创空间等科创要素数量和水平与杭州、深圳等地的科创高地相比差距较大。

二是产学研结合有待强化。双创大街内高校及各类科研平台由于转化机制与信息对接机制不健全、企业科技转移消化能力不强等原因，成果转化率不高，服务地方经济发展的直接作用尚不明显。

三是体制机制有待完善。出台了区域发展规划，但相应的规划落实及建设推进步伐明显滞后。统筹机制有待强化，投入机制也有待理顺。

四是要素制约有待破解。一方面，土地资源紧张，周边区块中农田占比高，可开发面积有限，且土地开发建设所需成本不断上涨；另一方面，政策支持尚未明确。

五是发展环境有待优化。区域内低端生产和高端研发布局较为杂乱，市政、交通和教育卫生服务设施尤其薄弱，休闲、商贸等大型优质功能服务设施不足。

三、中官路创业创新大街打造高能级地标性科创高地的对策建议

（一）加快集聚科创要素，打造区域性科技创新高地

一是大力引进高端引领人才。围绕功能材料、工业互联科创方向，引进并

支持一批新高层次创业人才和优秀创业团队。

二是加快集聚高能级科创平台。引进高水平研究院，并提升研究院综合能级和服务创新发展能力。依托中科院宁波材料所、宁波大学等人才及科技研发优势，打造高层次人才科技成果产业化基地。

三是进一步推动科技成果转化。建立双创大街协同创新中心，更加紧密实现双创大街内科技创新资源的开放整合与高效利用。出台对科技企业孵化器、科技中介的激励政策，切实增强引入竞争力。

四是积极筹建新高校，组建集成电路高等研究院。

（二）加快主导产业发展，形成新兴产业和科技服务业集聚优势

一是加快发展科技服务业。做好城市楼宇招商，大力发展科技服务业，引进一批业界知名、行业领先的技术检测、科技评估与鉴证、工业设计、科技金融、知识产权、产业公共技术服务等领域企业。

二是全力打造新材料产业链。重点发展先进碳材料，发展先进绿色高分子材料，发展高性能磁性材料。

三是增强数字经济发展动能。加快引入智能家电相关的关键基础零部件企业，积极引进智能工程与技术服务企业，积极争取宁波"城市大脑"（二期）项目落地。

四是谋划布局集成电路产业。积极谋划建立半导体产业园，大力引入集成电路龙头企业，加快布局公共技术服务平台。

（三）加快完善体制机制，打造顺畅推进工作体系

一是完善统筹协调机制。市政府要加大甬江科创大走廊开发建设统筹力度，聚力推进项目建设。

二是理顺资金投入机制。建立多元投入机制，加大市级财政投入力度。

三是创新招商引资模式。重点围绕新材料、数字经济、新智造等三大领域开展精准招商引才，加强产业链精准招商，着力引进一批产业链带动性强的引擎性重大项目。

（四）加快优化创新创业生态，打造营商环境最优区域

一是提供全流程精细服务。推进"最多跑一次"改革和政府数字化转型各项措施落实落地，提升政府效能，加快智慧园区建设，深化"亩产论英雄"改革。

二是强化制约要素保障。优化空间布局，统筹规划办公、研发、产业化空间资源。完善金融服务，不断加大投资力度，出台普惠金融实施方案。

三是强化市级政策支持。加快出台《中官路创业创新大街创新发展专项政策》，加快高端创业创新要素集聚。积极争取宁波市政府的支持，强化在资金、人才、土地等方面的政策倾斜，将新引入的研究机构重点布局在双创大街。

（五）加快推进产城紧密融合，打造宜居宜业城区

一是拉高公共服务配套标准。加强优质教育资源引进配置，支持共引联建高端医疗和养老机构，大力引进大型优质商贸资源，积极探索未来社区建设布局。

二是完善基础设施配套。高标准推进交通、信息化、生态、环保等基础设施体系建设，加快构建大型交通体系。提前规划或布局垃圾中转与处理、5G基站、变电站等邻避设施，避免陷入后续布局易引发社会矛盾的困境。

三是提升城市功能配套。加强"甬江科技党群服务中心"建设，为企业和市民提供科技文化、会议会展等服务。推进双创大街与周边商务区、生活区形成有效连接和融合，营造科技创新人才宜居宜业的生活环境，打造创新生活城。

宁波财经学院　裘益明

产业经济转型

宁波中小微企业发展营商环境、面临问题调查及建议

2019 年 11 月，课题组选取了 45 家有代表性的中小微企业，通过问卷调查、重点访谈等形式，开展了宁波营商环境满意度专题调研，分别从企业降税减负、公平竞争、融资等角度调查了解了宁波中小微企业对营商环境的意见，并从提升中小微企业创新能力、完善公平竞争审查制度、加快打造绿色园区、进一步优化金融服务等方面提出了对策建议。

一、中小微企业调研情况分析

（一）调研对象和方式

本次调研对象为宁波中小微企业负责人，主要方法是问卷与访谈相结合。调研分两个步骤：第一步，向 45 家企业负责人发放调查问卷；第二步，从 45 家样本企业中选择 15 家企业进行重点访谈。

（二）调研企业的基本情况

45 家企业中，按中小微企业分类标准划分，小微企业 34 家，中型企业 11 家；按行业划分，制造业 10 家，批发和零售业 11 家，交通运输、仓储和物流业 6 家，其他行业 18 家；成立时间最早 1984 年，最晚 2019 年；企业员工最少的有 3 人、最多的有 450 人。

15 家重点访谈企业，按中小微企业分类标准划分，小微企业 11 家，中型企业 4 家；从行业看，制造业 9 家，批发和零售业 5 家，物流业 1 家。

二、中小微企业对宁波营商环境的满意度状况调查结果分析

（一）对企业开办便利化流程"非常满意"

参与问卷调查的45家企业中，15家近一年内开设过新的门店、分部或办事处，14家选择"非常满意"，1家选择"比较满意"，企业对宁波开办便利化流程改革的满意度很高。

在这一年内开设过新的公司、分部或办事处的企业负责人在访谈中也表示，对企业开办便利化流程非常满意，开办企业可以选择线上或线下办理，且线上线下同步，做到了"一窗受理、集成服务"，营业执照当天办理当天拿到。即便是从线上办理中途改成线下办理，也不影响整个流程的时间，5个工作日内基本可完成所有事项。

（二）对企业税收政策与纳税便利化程度"比较满意"

对近一年的企业税收政策与纳税便利化程度，45家被调查企业中有5家选择"非常满意"，32家选择"比较满意"，8家选择"不太满意"，企业对宁波的税收政策与纳税便利化程度总体比较满意。

在重点访谈中了解到，近年来我市企业税负总体下降，但各类企业降税幅度差异较大。2019年，国家将增值税税率降为13%、9%、6%三档，放宽企业所得税小型微利企业条件等政策。2019年，除4—5月的过渡期磨合外，中小微企业的总体税负有较明显下降。相比较而言，处于产业链核心端的企业获益最多，处于产业链边缘配套端的企业降税效果有限。

企业表示，纳税便利化程度提升较为明显，预约办税、延时办税、全城通办、容缺办理、网上纳税等纳税服务和渠道的完善，有效提升了纳税便利化程度。2019年底，宁波全市纳税次数压减至7次，企业年纳税时间压缩至80小时内，全市总税收和缴费率降至60%以内。其中一位企业负责人对鄞州区行政服务中心"周二夜市"服务中税务服务窗口延时服务至19：30印象深刻。

（三）对资源要素的便利化获取"比较满意"

对近一年企业各种资源要素获得便利化程度，5家企业选择"非常满意"，33家选择"比较满意"，7家选择"不太满意"。调研企业对供电、供水、供天然气项目的审批使用总体满意，但是对土地要素供给的满意度不高。据调研组初步估算，我市目前商业土地出让价在每亩120万元以上，租金在每平方米15元

以上，这对初创企业形成较高门槛。3家受访企业表示，高昂的土地成本是制约企业发展的痛点。

（四）对实体经济融资可获得性以及环保整治服务"不太满意"

对近一年内企业融资的可获得性，4家企业选择"非常满意"，26家选择"比较满意"，15家选择"不太满意"，这是所有调研结果中满意率最低的一项。中小微企业普遍表示融资时的弱势地位较为明显，部分企业负责人仍不够了解相关新型融资产品、国家普惠金融政策。中型企业有厂房和设备相对容易获得银行融资，小微企业多为轻资产，很难获得抵押性贷款。另外，针对环保整治服务，有10家制造业企业对环保部门的整治服务提出了意见，有企业认为具体治理行为偏简单。

三、新形势下宁波中小微企业高质量发展面临的问题

（一）部分中小微企业缺少提升核心价值的内驱力，大多处于产业链的中下端

一位企业负责人举例，国家将增值税从16%调到13%，客户的单位价格也会直接下调3个百分点，他们与处于产业链顶端的企业没有可以谈判的筹码。另一位小微企业的负责人算了一笔账：假设一个产品卖出去100元（开增值税发票价格），工厂材料成本50元（有增值税专票），人工、销售、物流等成本40元，利润10元，增值的50元按减税后的13%交增值税5.75元，再除去企业所得税，税后利润只剩3元多，这是典型的"税收大于利润"。

（二）部分中小微企业缺少高质量发展的外助力，面临成本高企与外部环境复杂的难题

土地和人力成本逐年上升，在一定程度抑制了企业增资扩产和高质量发展的积极性。一方面，虽然现在已实施标准化供地，但是前期为降低部分企业获得土地初始成本采用弹性出让方式供地，企业反映能享受弹性出让方式的企业标准未公开，对大部分企业来说并不公平。另一方面，企业用人成本越来越高，员工社保缴纳费用负担偏重。外部环境的不确定性迫使企业家采取守成的经营策略。

（三）中小微企业环保成本较高，配套服务不够完善

受访的企业负责人普遍认同国家的环保要求，有能力、有实力的企业也愿意花费较大成本购买或更新环保设备，减少环境污染。但还存在以下几个方面的问题：环保政策变化较快，大大增加了企业投资环保设施的风险和成本，小微企业更是难以承受；存在环保检查前期"一刀切"、后期"点兵点将"的问题，相关部门的环保服务还不够精准完善；中小微企业多数缺乏环保专业人才，企业环保工作"缺兵少将"现象较普遍。

（四）中小微企业融资成本较高，金融服务不够精准

从调研情况看，中小微企业的负责人对新兴融资渠道的了解有限，不太清楚不同发展阶段适用的融资方式，不熟悉现有的创投资金、融资租赁、债券等融资方式，以及最新的金融普惠政策。企业多以传统的抵押贷款为主，而轻资产的小微企业实际可操作性较低。同时，企业反映，利率低的金融机构放贷意愿不强，利率高的金融机构贷款成本高，贷款过程中的审计、登记等环节也产生不少费用。

四、进一步优化营商环境，助推宁波中小微企业高质量发展的几点建议

（一）提升中小微企业创新能力，促使其向产业链中高端升级

鼓励本地科研院所、实验室等重视横向科研项目的对接研发，积极搭建科技创新供需对接转换平台。引导中小微企业改变传统的创新发展模式，着力解决企业对技术与人才的需求。整合财政产业类专项资金，重点推动中小微企业的技术研发和创新，减少创新风险，提升创新意愿。重视培养能将研发成果产品化、产线化、经营管理案例应用化的人才，探索建设成果转化人才专家库。进一步完善"8718"等中小微企业服务平台，帮助中小微企业匹配市场需求与产学研深度融合需求。完善科研成果转化促进机制，落实促进科技成果转化的激励措施，如按照实际成交价的一定比例对成果完成人和受让企业给予补贴等。

（二）完善公平竞争审查制度，维护中小微企业发展市场秩序

进一步深化"亩产论英雄"改革，促进各类企业平等获得生产要素，消除在招标中或者采购过程或明或暗的歧视。加强媒体、公众对市场公平竞争多种形式的监督，对真实的投诉举报要积极查处回应。用好"12345""8718"等服务平台，及时汇总投诉举报信息，及时进行调查核实，对违反制度要求的企业及时依规处理，可选取典型案例予以曝光，提高公平竞争审查制度的威慑力。

（三）加快打造绿色园区，做好中小微企业环保服务

在环保领域深入开展"三服务"工作，努力将环保检查与治理延伸到环保服务全过程。注重帮助初创企业解决环境评测审批以及企业生产过程中的材料使用、排污检测等问题。对存在污染问题的企业，除了依照规定处罚，更应帮助企业分析解决问题。科学预判环保标准发展趋势，努力保持环保政策的连续性与有效性。在小微园区建设中注重打造一批适合中小微企业的绿色园区，引导中小微企业入驻绿色园区，通过整体谋划设计环保设施，尽力降低单个企业的环保建设成本。

（四）进一步优化金融服务，鼓励金融创新

通过各类企业服务平台，以及传统媒体、新媒体等渠道，加大对企业家的金融政策与知识宣传。整合政银企三方资源，探索设立政府背景的企业征信咨询公司，运用大数据等技术建设金融信用信息基础数据库，完善金融综合服务平台，以技术创新着力破解银企信息不对称问题，为企业提供融资对接，为银行提供客户资源，降低综合融资成本。在风险可控的前提下，创新小微企业贷款融资方式，着力开发应用以订单、产权、纳税信用、应收账款等为抵押物的融资产品，提高中小微企业融资便利性。

宁波城市职业技术学院　孙春媛　吴向鹏

宁波高职院校毕业生留甬就业情况统计分析及建议

本文分析了我市高职院校毕业生留甬就业基本情况，提出提升高职院校毕业生能力水平和在甬就业率的对策建议。

一、宁波高职院校毕业生就业的"三高三低"现象

（一）总体就业率持续较高

总体来看，6所高职院校毕业生就业率都比较高，根据各校发布的毕业生就业质量报告，2019年毕业生就业率平均在95.0%以上。与过去相比，高职院校毕业生的就业率也有所提升，2010年高职院校毕业生就业率约为93.6%。就业率相对较低的专业为计算机、旅游管理等专业。同时，在甬高职院校毕业生本科升学率普遍较高，有3所学校在20.0%以上，宁波卫生职业技术学院由于专业原因，本科升学率较低。

（二）总体就业工资收入较高

从各学校的调查统计情况看，高职院校毕业生工资收入普遍较高，宁波职业技术学院、宁波城市职业技术学院、宁波卫生职业技术学院等院校2019届毕业生的起薪月收入都超过4000元。相比之下，2010—2012届高职院校毕业生的起薪月收入分别为2450元、2740元与2780元。从专业看，市场营销、机电工程、数控技术、医药卫生等专业的毕业生起薪收入相对较高，报关货运、建筑工程、旅游管理等专业稍低。

（三）就业单位中制造业和中小企业占比较高

从高职院校毕业生从事行业看，主要集中在制造业（22.5%），批发和零售业（13.5%），文化、体育和娱乐业（12.2%）以及信息软件（8.9%）等4个行业领域，每个院校由于专业设置不同而有所差异。就从事职业而言，销售类、

技术类、行政后勤类占比排前 3 位。从单位类型规模看，毕业生就业单位以民营中小企业为主。以浙江纺织服装职业技术学院为例，2019 届毕业生工作单位类型为民营企业（56.4%）、事业单位（9.1%）、国有企业（6.8%），在 20人以下小规模单位工作的毕业生有 26.5%，在 20～99 人规模的单位就业的占29.9%，在 100～499 人规模的单位就业的占 24.2%，在 500 人以上规模的单位就业的毕业生占 19.4%。

（四）毕业生创业比例较低

总体来看，我市高职院校毕业生创业的总量和比例都较低，基本在1%～2%，相比之下，我市 2010—2012 届高职院校毕业生自主创业的比例分别为 4.5%、4.5%、3.8%，下降比较明显。选择自主创业的大多数（81.0%）属于"机会型创业"，只有约 7.0% 属于"生存型创业"，自主创业的领域主要集中在电子商务、餐饮、销售等行业，知识型、技术型创业非常少。

（五）毕业生就业工作与专业相关度较低

对我市高职院校毕业问卷调查中，关于专业对口度设置了"完全对口""基本对口""不太对口""完全不对口"4 个选项，把选择前 2 项的作为专业对口的肯定回答，总体相关度还不够高。除了宁波卫生职业技术学院、浙江医药高等专科学校专业性较强，专业对口度超过 70.0%，其他学校普遍在 60.0% 左右。从细分专业看，从事工作与专业相关度较高的专业是建筑工程、国际贸易、物流管理、医药卫生等，相关度较低的专业是旅游管理、艺术设计、家政管理等。

（六）留甬就业比例较低

高职院校本地生源比例相对较高，办学重要目标是服务地方经济社会发展，留在本地工作比例理应较高。但是总体来看，毕业生在甬就业比例还不够高，2016—2019 届在甬高职毕业生留甬就业比例分别为 40.5%、43.2%、47.9%和 47.5%，浙江医药高等专科学校、宁波卫生职业技术学院等高校毕业生留甬就业比例更低。不同专业的毕业生，留甬就业的比例差异很大，大体上表现为：应用型专业，尤其是与宁波产业结构相匹配的专业如国际贸易、物流管理等专业的毕业生，更倾向留在宁波就业，而宁波产业基础比较弱的产业所对应的专业，如医药卫生、软件信息等，其毕业生流出的比例很大。

二、几个值得关注的问题

（一）高职院校学科专业布局有待优化

从毕业就业工作与专业对口度、留甬就业率等结果看，宁波高职院校的学科专业布局还有待优化，特别是在新材料、节能环保、绿色石化等领域开设专业较少，对产业支撑力相对较弱。

（二）毕业生对宁波的认同感和归属感有待增强

毕业生对宁波城市的产业结构、重大平台、人才政策等了解不够，约四成的毕业生认为宁波发展空间、事业平台不够大，倾向于去上海、杭州等城市发展，约七成的毕业生认为宁波城市生活成本尤其是房价太高，把回家乡就业作为重要选项。

（三）产教融合发展水平有待提升

如：《宁波市职业教育校企合作促进条例》及实施细则出台多年，应根据时代发展需要进行修订完善；支持"1+X"证书制度试点政策意见尚未出台；高职院校师资、实训基地、合作企业等资源的共享机制有待推进，责任共担、利益共享的校企合作机制尚未全面形成，高水平师资流失现象突出。

（四）就业创业环境有待提升

50.0% 以上的受访者认为，宁波以中小型企业居多，知名企业、新兴企业尤其是互联网企业较少，企业发展的内驱力不强，招聘岗位以中低档为主，企业的薪资待遇等都不是特别理想。以软件信息行业为例，我市高职院校毕业生平均月薪在 3000 ～ 4500 元，与杭州差距比较明显。对毕业生创业的辅导、支持力度还不够，各院校众创空间"产出"十分有限，学生创业成功案例很少。

三、几点建议

（一）完善高职院校人才培养模式

一是建立专业动态调整机制。加强对全市院校专业结构和毕业生总量的宏观指导与调控，完善职业教育联席会议制度，及时增设产业发展急需的新专业，做强智能制造、机电技术、数控模具、电子信息等专业，调整升级与产业优化转型不相适应的传统专业，淘汰精简招生形势欠佳、社会需求不大的专业。

二是完善绩效评价机制。推进高职院校办学绩效评价机制改革，把毕业生就业质量、留甬就业比例、创业成功能力等列为办学绩效重要考核指标，实行财政性经费与办学绩效、教育质量、本地就业率等因素挂钩的拨款方式，引导高职院校加快提升对宁波经济社会发展的贡献度和影响力。

三是出台专项支持政策。设立职业教育专项引导基金，增加公共财政对职业教育的投入，大力引进名校名院名所名人，推动宁波高职院校高质量发展。

（二）提升高职院校毕业生就业创业能力

一是加快高职院校教育现代化改革。以学生发展为中心，深化课堂改革，启动宁波市高职院校示范性现代化课堂建设，积极探索建设自主、高效、充满活力的教学课堂，推进研究型教学、项目化教学，探索基于信息化等新技术的课堂建设，提升教学实效。

二是健全就业服务体系。建立以课堂教学为主渠道，讲座、论坛、培训为补充，以大学生职业生涯规划大赛、创新创业设计大赛等实践活动为载体的多形式就业指导课程体系。广泛利用互联网和移动终端，实现智能化供需匹配，为毕业生精准推送就业岗位。

三是完善创业创新扶持体系。推动高职院校大学生创新创业教育中心全覆盖，完善大学生创新创业课程体系，加快推进创业课程、创新课程和创新创业指导课程建设，推动学校众创空间发挥作用。

（三）提升高职院校产教融合水平

一是创新完善校企合作模式。鼓励校企共同建设专业，共同开发课程，鼓励冠名培养、订单式培养，将企业先进的生产服务标准转化为教学标准。推动企业家、企业管理人员进校助教或兼职，促进教学与实践有效衔接。

二是建设产教融合平台载体。支持高职院校牵头，搭建由学校、行业龙头企业、科研机构等组成的共建共享共赢产教融合联盟。鼓励有条件的产教融合联盟基于市场机制开展实体化运作，开展产教融合交流合作、产教融合金融投融资服务。继续支持企业与高职院校共建特色学院，培养各类创新型研究人才和应用型技能人才。

三是健全产教融合政策体制。修订《宁波市职业教育校企合作促进条例》及实施细则，出台引入社会资本参与高职教育的政策，支持企业办学，从制度、招生、师资、管理、经费等方面给予政策支持与鼓励。

（四）优化高职院校毕业生就业创业环境

一是完善高职院校毕业生就业创业政策环境。出台针对高职院校毕业生就业的租房补贴、技能培训等相关政策，以及创业所需的金融服务、办公用房、创业导师等支持政策。

二是健全高职院校毕业生发展平台。提升新经济产业园区的集约化发展水平，完善交通、商业、生活等配套设施。

三是实施高职院校毕业生留甬工程。加大对高职院校学生的宣传教育，把"让每一位宁波大学生真正了解宁波"作为这类课程的基本教学目标之一，让学生们了解宁波经济社会发展情况，提升对宁波的认同感和归属感，深入了解宁波、爱上宁波、留在宁波。

宁波城市职业技术学院　舒卫英

宁波市社科院（市社科联）　谢瑜宇

我市减税降费相关政策实施情况评估

本文对宁波近年来出台实施的减税降费政策实施情况开展评估。研究表明，受益于减税降费政策，创新型初创企业的总体税费负担低于行业均值，但是相关政策也给地方政府财政收入平衡带来一定压力。

一、减税降费助力创新型初创企业发展的统计调查情况

按照《宁波市智团创业计划与创新型初创企业管理暂行办法》（甬科高〔2013〕99号）中对创新型初创企业定义，课题组共筛选了3514家企业进行统计分析。从企业所在地分布看，鄞州区（524家）、慈溪市（398家）和高新区（379家）位居前三；从所从事行业来看，户数占据前五位的分别是通用设备制造业345家（占比9.8%）、批发业331家（占比9.4%）、软件和信息技术服务业320家（占比9.1%）、研究和试验发展业224家（占比6.4%）、电气机械和器材制造业222家（占比6.3%）；从从业人数来看，57.3%的创新型初创企业人数在10人及以下，11～50人的企业占了31.7%。从业人数超过100人的企业仅占创新型初创企业总数的4.3%，且主要集中在汽车制造业、通用设备制造业、专用设备制造业、电气机械和器材制造业。总体来看，创新型初创企业在地域、行业的分布与我市的产业布局具有较高的契合度。

（一）企业增值税税负持续降低

统计的增值税纳税额排行前五的创新型初创企业所在行业中，仅2019年上半年，汽车制造业增值税税负就比2018年下降4.65%，通用设备制造业下降1.65%，电气机械和器材制造业下降0.87%，专用设备制造业下降3.47%，其他服务业下降0.86%。调研显示，由于创新型初创企业更易享受到税收优惠政策红利，税费负担要小于同行业企业。

（二）企业所得税税负降幅明显

统计的企业所得税纳税额排行前五的创新型初创企业所在行业中，仅 2019 年上半年，汽车制造业企业所得税税负就比 2018 年下降 0.87%，计算机通信和其他电子设备制造业下降 3.44%，软件和信息技术服务业下降 6.44%，批发业下降 0.59%，电气机械和器材制造业下降 0.13%。绝大多数行业企业所得税税负低于 2%，本轮减税降费普惠性明显，尤其是互联网和相关服务业、软件和信息服务业等降幅较大。

（三）企业社保支出基本保持稳中有升

国务院办公厅出台了《关于印发降低社会保险费率综合方案的通知》，但是一般职工以本人上年度月平均工资为当年的社保缴费基数。从统计数据来看，宁波创新型初创企业由单位缴纳的社保费均值是每人每年 0.87 万元，缴纳费用居前三的行业分别为居民服务业（每人每年 1.98 万元）、建筑安装业（每人每年 1.80 万元）、生态保护和环境治理业（每人每年 1.49 万元）。

（四）统计调查中发现的几个问题

一是扶持政策政出多门，仍存在企业"多头报、多头跑"现象。以奉化为例，据初步统计，涉企资金涉及 8 个部门，共有 28 项条文内容，涉及 41 个项目。

二是"税收洼地"存在税负不公平，导致同行业企业间存在一定程度的竞争不公平。

三是部分初创企业仍采用传统的家族式管理，各类制度特别是财税等相关制度操作欠规范。

二、减税降费助力创新型初创企业发展的政策评估

（一）减税降费对创新型初创企业形成双重激励

一是减税降费有效提振了创新型初创企业克服困难的信心。调研的企业中，绝大多数了解民营企业减负降本的政策，统计结果也显示企业成本出现不同程度的下降，说明这一轮减税降费减轻了企业负担，激发了实体经济活力。

二是减税降费强化了创新型初创企业动能转换的决心。目前，支持创业创新的税收优惠政策已覆盖企业初创期、成长期、成熟期、衍生期 4 个阶段共 89 项，研发费用按 75% 加计扣除的政策已扩大至所有企业。调研中，企业普遍认

可当前税费政策对企业创新发展的支持度，企业获得感较强。

（二）减税降费给地方政府财政收入平衡带来一定压力

据统计，2019 年前三季度，全市累计新增减税降费 262 亿元，占同阶段一般公共预算收入的 21.4%；制造业减税户数达 11.5 万户，实现新增减税 114.8 亿元，占新增减税总额的 46.5%。2019 年，各区县（市）减税降费力度远大于 2018 年。比如，因落实减税降费政策，海曙区 2018 年减少财政收入约 5 亿元，2019 年预计超过 20 亿元；慈溪市 2019 年预计减税降费 32.41 亿元，其中税收减征规模约 21.51 亿元，社保费减征规模预计 10.32 亿元。在经济增速放缓、民生保障性支持刚性增加等背景下，短期内减税降费将给地方政府财政收入平衡带来考验。

三、完善财税政策助力创新型初创企业发展的建议

（一）政府要持续带头过"紧日子"

强化财政资金绩效管理，加快部门整体预算绩效管理的推广，加快建立绩效评价结果与预算安排挂钩机制，落实落细"三公"经费的"预算＋执行"双控管理，持续深化专项资金管理改革，盘活存量资金，保障涉企资金扶持。

（二）探索推进涉企专项资金的统筹整合

建议依托大数据、互联网等技术，利用好"8718"等现有平台，设立涉企扶持资金综合服务功能，各职能部门定期更新涉企政策，由平台定期更新和梳理政策。可选择一个区县（市）试点，由专门部门牵头改革，各涉企资金部门参加，明确把涉企的政策内容、出台、审核程序等经过该牵头部门统一流转，围绕项目申报、审核、评审、立项和验收等主要环节制定专项制度，探索搭建全方位、立体式的产业政策新框架。

（三）在制定创新型初创企业政策时加入财务规范化管理要求

建议制定各类企业扶持政策时，在关注企业成长性相关各项指标要求的同时，增加企业规范化管理特别是财务规范化管理方面的要求，并在政策执行中强化落实，纳入考核指标，以实现区域贡献和企业综合素质同步提升。

（四）进一步加强政策效应评估

结合深化"放管服"改革和"三服务"工作，实地听取政策实施者和实施对象的意见建议，开展政策实施效果的动态跟踪，尤其要围绕企业家关心的"减税降费直接成效、企业社保缴费负担、涉企审批事项和费用"工作开展评估，分析政策成效，大力推广实施效果良好的政策，让更多的企业知晓和受惠。

宁波市社科院（市社科联）　毛艳华　吴伟强　谢瑜宇

加快宁波数字文化产业发展的对策建议

从现状看，宁波数字文化产业存在发展总量偏小、市场主体较弱、产业集聚水平较低等问题，这与当前宁波数字文化产业发展布局滞后、产业管理松散、产业人才缺乏等因素关联密切。宁波要以实施"数字经济"一号工程为契机，通过产业规划、行业培育、人才支撑、产业生态等四方面举措壮大数字文化产业。

一、宁波数字文化产业发展存在的主要问题

近几年，宁波数字文化产业作为文化产业发展的"潜力股"，显现出较好的发展势头，但总体而言宁波数字文化产业还存在小、弱、散等不足，是文化产业的短板产业。

（一）发展总量偏小

2018 年，杭州数字文化产业全年实现增加值 2098 亿元，同比增长 15.8%，约占全部文创产业的 63.0%，占全市 GDP 比重达 15.5%；2019 年，杭州数字文化产业较上年增长 16.3%，成为全市文创产业乃至全市经济发展重要的新增长点。相较而言，宁波数字文化产业所产生的经济效益有限，根据 2019 年上半年市统计局的摸排情况，宁波共有 190 个行业有规（限）上文创企业，另有 82 个行业无规模以上企业，其中包括核心文化领域的电子出版物出版、数字出版、录音制作、互联网游戏服务、多媒体游戏动漫和数字出版软件开发等行业。

（二）市场主体较弱

宁波数字文化产业领军型企业稀缺。工信部历年发布的中国互联网企业百强榜、中国软件企业百强榜等榜单中，宁波一直没有企业入围。从浙江省发布的"文化＋互联网"创新企业名单看，2017 年，宁波有 3 家企业（宁波甬派传媒股份有限公司、浙江云朵文化股份有限公司、海伦钢琴股份有限公司）入围，

杭州则有6家企业入围；2018年，宁波无一家入围，杭州有3家入围。同时，宁波市数字文化企业大部分规模小，并且业绩普遍较差，在2018年有明确统计的市级重点14家动漫企业中，有9家年度利润呈亏损状态。

（三）产业集聚水平较低

杭州已拥有动漫、数字出版、数字音乐等领域的多个国家级产业集聚区，嘉兴有乌镇互联网经济创新发展综合试验区，金华有数字创意产业试验区。宁波虽然也有5个国家级文化产业园区、7个省级文化产业园区以及多个市级文化产业（培育）园区，但是在数字文化产业方面形成特色集聚并达到较高发展水平的园区目前还没有，可见宁波数字文化产业虽然初具格局，但集约化程度低，文化影响力有待提高。

二、宁波数字文化产业发展滞后原因探析

（一）发展布局滞后

近年来，数字文化产业发展迅猛，无论是纵向还是横向看，数字文化产业已经唤起顶层设计的积极呼应。文化和旅游部、省文化厅已相继在数字文化产业发展上进行专项布局，北京、杭州、深圳、天津、青岛等城市也着力推进数字文化产业发展。相形之下，宁波对数字文化产业的布局还未正式提上日程，目前的鼓励政策基本是以外围政策为主，缺乏专项扶持政策，由此导致政策指向不明、激励力度较小。

（二）产业管理松散

一是管理体制不明确。数字文化产业涉及的管理部门较多，就宁波而言，较为密切的有市委宣传部、市文旅局、市经信局、市委网信办、宁波日报报业集团、宁波广电集团等，相关联的有市科技局、市通信管理局、市大数据管理局、市市场监管局等，但这些管理部门相互之间协调交流不够及时充分，对数字文化产业的发展还缺乏统一认识。

二是监管体系建设不完整。监管失衡，多头管理和监管真空并存；版权保护和权益保障不到位。

三是行业统计监测体系不健全。对数字文化产业的行业范围界定还不清楚，缺乏统计依据；行业分类口径不一样，无法进行有效统计；全行业统计难度大，目前的统计主要针对规（限）上法人单位，而数字文化产业的许多企业还属于

小微企业，较难纳入统计。

（三）产业人才匮乏

《宁波市 2016 年人才指数发布报告》显示，2016 年，重点产业人才需求指数排名前四位的分别是金融服务、电工电器 / 智能家电、文化创意、新一代信息技术。到 2019 年，这一情况并未得到明显改变，市社保局的人才指数调研显示，高端装备、新材料、汽车及零部件、软件及科技服务业等产业人才需求指数均达 60% 以上。可见，近几年来，人才紧缺在数字技术、文化创意等领域表现尤为突出，亟待集聚各类数字化、智能化、产业融合相关领域人才。此外，现有从业人员的结构也不尽合理，主要表现在高端创意人才、高端技术人才比较欠缺。

三、加快宁波数字文化产业发展的对策建议

（一）完善产业规划

一是完善组织领导机制和协调推进机制。建议在市文化体制改革与文化产业发展领导小组下设立数字文化产业发展委员会，主要负责产业规划制定、政策完善以及产业发展重大问题协调等工作。积极发挥市互联网发展联合会、市自媒体联盟等行业协会在加强行业交流、行业规范、情况调研、服务支持等方面的作用。

二是研究制定宁波数字文化产业发展规划或指导意见。加强对当前宁波数字文化产业发展现状的调研，参照先进省市的经验，结合数字文化产业发展相关政策，出台宁波数字文化产业发展规划或指导意见，明确宁波数字文化产业发展的目标方向、发展重点、推进的项目载体以及相关保障措施等。

（二）强化重点行业培育发展

一是促进现代传媒业发展壮大。加快宁波日报报业集团、宁波广电集团的网络化改造和技术升级，推进"内容 + 平台 + 终端"的新型新闻内容生产和传播体系。推动跨媒体内容制作和呈现，利用虚拟现实（VR）、增强现实（AR）技术实现内容传播精细化与沉浸化。加快数字出版业发展，顺应移动智能终端加速普及趋势，鼓励宁波出版集团加强数字出版核心技术的研发和应用，做强数字出版业态。

二是着力提升动漫游戏产业品质能级。制定宁波市动漫游戏产业的中长期

规划和扶持政策，推进资金扶持使用方式转变。促进动漫产业"全产业链"和"全年龄段"发展。进一步提升"布袋小和尚""宁波小知"等动漫形象，深入挖掘宁波阳明文化、南宋文化、海洋文化以及其他具有地域特色的文化资源，培育一批原创动漫形象和品牌。积极建设互联网游戏产业园，着力培育原创游戏品牌产品、团队和企业。推动游戏企业与衍生品生产厂商进行设计生产的双向互动模式，进行游戏形象的深度加工。

三是推动网络视听产业高质量发展。引进和扶持一批网络视听、智能语音、网络直播企业。支持优秀健康网络剧、网络电影、网络演出等在宁波制作发行。鼓励与保护原创，促进网络文化产业链相关环节的融合与沟通，建立规范合理的分成模式。推进互联网上网服务行业转型升级，开拓线下体验服务新领域。

四是壮大数字文化装备产业。大力推动传统文化装备生产数字化改造，在文具、影视摄录设备、舞台设备、乐器等优势文化制造行业率先实施技术改革项目，深入推进文化智能制造新模式。研发引领新型文化消费的可穿戴设备、智能硬件、沉浸式体验平台和应用软件。联合宁波大学科技园区、宁波国家广告产业园、大丰集团、海伦钢琴、音王集团等文化与科技融合型的园区和企业建立数字文化装备产业集聚平台。

五是推进软件信息产业发展。以宁波高新区为软件产业集聚核心区，支持各区县（市）错位发展，打造一批特色软件产业分园；推进产业对接交流，加快引进一批技术水平高、带动性强、市场前景好的软件产业重大项目。

（三）加强人才队伍支撑保障

一是加强领军人才建设。开展"数字文化产业领军人物引培计划"，大力引进国内外数字产业领域科技领军人才、青年人才和创新团队。将数字文化产业领域人才需求列入市年度紧缺急需人才引进指导目录，完善高层次人才引进优惠政策。

二是扩大基础人才规模。实施"数字工匠"培育计划，充分发挥甬上高校和职业院校优势，加强高校、职业院校数字文化产业人才培养和相关学科建设。创新人才培养模式，推进产学研深入跨界合作，构建以企业为主体、市场为导向、产学研深度融合的人才培养模式，依托动漫游戏人才培训基地、数字文化装备实训基地或创意园区的培训机构，联合高校、高职院校、中职学校开展订单式培训。

三是建立数字文化产业发展决策咨询队伍。重点面向全市范围内各企事业单位、行业协会等专业性社会团体及高等院校、科技机构、企业中从事现代传媒、动漫游戏、网络视听、数字文化装备以及数字文化产业相关的其他领域的专家学者，选聘其中的相关成员成立专家咨询库，为数字文化产业的发展提供准确、及时且具有前瞻性的政策建议。

（四）优化产业发展生态

一是构建规范合理的监管体系。在审批流程方面，探索建立事中、事后监管与行业自律、守信激励、黑（白）名单等相关配套的工作机制。在市场监管方面，建立司法、行政、技术和标准相结合的数字文化知识产权保护体系，打击数字文化领域盗版侵权行为，规范版权交易市场。在法规体系建设方面，梳理和融合现有数字文化产业相关政策，构建起更加适应数字文化产业发展特点的文化法规体系。

二是加大政策支持力度。一方面，适当增加文化产业发展专项资金，新增部分重点向数字文化产业项目倾斜，简化资金扶持的申报程序，针对产业发展新热点适时调整奖励、补助范围，重点面向初创企业、热点技术。另一方面，加大税收支持力度，支持符合条件的数字文化企业申报高新技术企业认定，享受减按 15% 的税率征收企业所得税等政策。

三是完善统计监测体系。梳理宁波数字文化产业发展现状，结合各类数字文化产业发展政策导向及新版《文化及相关产业分类（2018）》，构建起宁波数字文化产业分类体系，进而建立起相应的统计监测体系，为更有针对性地分类施策奠定科学的产业依据。

宁波市社科院（市社科联）　张英

工业互联网推动我市制造业转型升级的对策建议

在疫情防控常态化背景下，宁波要结合自身优势，把工业互联网作为制造业数字化、网络化、智能化的重要载体，增强企业抗风险能力和实力，实现制造业高质量发展，打造制造业高质量发展示范区。

一、我市工业互联网建设的现状与成效

（一）制造业各层级工业互联网平台逐步建成

围绕工业软件及系统集成、跨领域协同服务、特色行业等领域，我市已初步形成具有宁波特色的各类工业互联网平台体系。

一是引进宁波工业互联网研究院、和利时科技集团工业互联网平台、航天科工云制造示范基地等工业软件及系统集成服务平台项目，工业互联网研究院发布了首个自主知识产权的工业操作系统——supOS。

二是涌现出宁波生意帮、腾讯云产业基地、华为云宁波沃土工场、一云通、众车联等一批跨领域协同服务平台。

三是在汽车、纺织、家电等特色领域培育起一批行业云平台，骨干企业纷纷搭建行业云平台且形成一定规模。

（二）工业互联网推动制造业转型升级的支撑能力不断增强

充分发挥工业互联网的技术带动作用，围绕制造业生产过程及产品智能化，大力发展行业应用和嵌入式等工业软件，培育了一批熟悉细分行业生产技术工艺设备研发、制造、集成的工程服务公司和系统性解决方案服务商，提高了工业软件开发集成能力和系统解决方案设计的水平，增强了制造业转型升级支撑能力。2019年，宁波嵌入式系统软件营收占软件产业总规模的36%，共培育市、县两级智能制造工程服务公司190家。

（三）工业互联网推动制造业转型升级的场景应用不断拓展

一是利用工业互联网推进智能化改造，"点线面"结合，大力实施智能化改造工程。"点"上，推进关键生产环节的自动化改造；"线"上，推进自动化（智能化）成套装备生产线研制；"面"上，推进数字化车间和智能工厂建设，有效实现企业"设计、研发、生产、管理、服务"全价值链优化提升。

二是利用工业互联网推动一批企业"云上互联"。通过实施企业上云，推动制造企业利用云计算加快数字化、网络化和智能化转型，实现生产线"硬装备"与控制端"软装备"协同升级，提升企业效率。

二、工业互联网推动我市制造业转型升级面临的主要问题

（一）工业互联网平台的开放性和多元化参与不足

当前，我市工业互联网平台开放性不足，缺乏统一的平台接口技术标准。据浙江兰卓、海天智造、慈星互联等平台反映，我市工业互联网平台接口标准化程度较低，影响周边设备对接及数据交互。工业互联网平台建设的多元化不足，不同行业在生产工艺、生产流程等方面的差异导致对工业 App 需求差异较大，但全市参与工业 App 研发的企业较少，仅依托工业互联网平台进行工业 App 开发不利于平台的持续发展。

（二）智能制造工程服务公司技术水平和服务能力不强

我市工程服务公司队伍建设刚刚起步，缺乏一批在企业数字化改造、行业平台化服务中既具备新一代信息技术的研发集成实力，又熟悉细分行业生产技术工艺和设备研制的工程服务公司或系统性解决方案提供商。而我市目前一些较有实力的服务公司在提供系统性解决方案方面也面临短板。

（三）企业数字化水平和管理模式与工业互联网匹配融合不深

数据采集是工业互联网平台的信息来源，但当前我市制造业企业数据采集能力薄弱，设备数字化水平不高，很大一部分机器设备没有联网，企业数字化基础薄弱。而尝试内部互联网化改造的企业，会出现旧的管理模式与新的生产方式不相适应的问题。

（四）企业应用"5G+ 工业互联网"意愿不高

虽然 5G 具有增强宽带、海量连接、低延时与高可靠等性能，能为企业智能制造和转型升级提供技术平台、产业生态等，但由于目前运营商、设备商、工

业互联网平台和企业间的行业壁垒仍较高，而现有政策设计不能满足企业"5G+工业互联网"改造需求，在调研中发现，不少企业对应用"5G+工业互联网"持观望态度。

三、工业互联网推动我市制造业转型升级的对策建议

当前，在疫情防控常态化背景下，要以工业互联网为抓手，在平台建设、技术创新、智能化应用、政策引导等多方面着手，推动制造业与工业互联网融合，有效推动制造业转型升级，实现制造业高质量发展。

（一）完善工业互联网平台体系

一是推进工业互联网开发服务平台建设。围绕工业互联网操作系统、工控安全系统和工业大数据等核心基础，依托宁波工业互联网研究院、和利时工业云平台、用友（宁波）工业互联网创新中心等创新载体，集中力量突破工业互联网基础平台，培育一批行业级平台，建设一批示范带动效应明显的企业级工业互联网平台。

二是鼓励行业云平台扩大覆盖面。加大对家电创新云平台、称重工业互联网平台、纺织服装云平台等本地已有云平台的支持力度，推进各类行业平台扩大服务设备覆盖数量、平台用户数量，提升行业服务能力和影响力。

三是加快推进工业 App 的开发。面向汽车、石化、机械、家电、纺织、电子等行业需求，鼓励各类开发者基于工业互联网平台开发一批特定行业、特定场景的工业 App、行业通用工业 App 和基础共性 App。支持工业互联网平台建设微服务资源池，鼓励平台开放 App 超市，创新开发应用模式。

（二）提升工业互联网协同创新能力

一是加快推进工业互联网技术突破。围绕工业产品研发设计、生产控制等关键环节，重点突破工业嵌入式软件、制造执行管理系统（MES）、三维计算机辅助设计（CAD）等工业领域软件技术。支持运营商、服务商、行业龙头企业基于"5G+工业互联网"应用场景建设，联合开展 5G 网络架构、工业标识解析、数据互通接口、工业互联网平台、工业网络安全等技术标准的研制。

二是探索一批融合发展的应用场景。鼓励基础条件好、创新能力强、智能化水平高的优势骨干企业，开展工业互联网新技术与制造业融合集成创新，研究实施工业控制、智能监控与决策、物流追踪、机器视觉检测、医疗诊断等场

景的应用开发。开发基于 5G 的工业互联网应用场景，重点探索 5G 在物联网、工业 AR、云化机器人等领域的应用，建设基于 5G 的数字化车间 / 智能工厂。

三是推动一批工业互联网创新项目。积极推进建设国家工业互联网创新中心和国家工业互联网体验服务中心，支持宁波鲲鹏生态产业园建设，强化"鲲鹏生态系统 +5G+AI"架构下的工业互联网及工控安全产品研发和安全防护等。

（三）强化工业互联网推广应用

以工业互联网为切入点，以提升企业智能化水平能级、普及推广重点行业应用和打造生态支撑体系为重点，构建智能制造升级版。

一是强化对中小微企业的推广应用。支持第三方服务机构搭建为中小微企业智能化服务的工业互联网平台，提升中小微企业快速响应和柔性高效的供给能力。围绕龙头企业上下游产业链生态圈数字化、网络化、智能化的需求，推进龙头企业依靠工业互联网打通数据链，促进企业在智能制造领域的集成创新与协同应用。

二是突出重点行业的示范推广。重点引导汽车、纺织、家电、高端装备、模具、仪器仪表、轴承、紧固件、气动元件、绿色化工、生物医药等行业，加快应用工业互联网技术和平台，推进行业智能化改造升级，鼓励各区域兼顾行业智能化发展基础和前景，探索各具特色的行业智能化改造发展模式。

三是提升工业互联网解决方案供应商能力。针对我市制造业企业的现实需求，引进一批国内有实力、有经验的工业互联网解决方案供应商，为工业企业的工业互联网应用提供技术集成与系统集成服务。培育一批优秀的智能制造系统解决方案供应商，引导本土企业逐步向数字化、集成化转型，如支持海天、柯力传感等企业探索从提供设备向提供系统集成总承包服务转变、由提供产品向提供整体解决方案转变。

（四）加强工业互联网政策支持

一是加强统筹协调，促进企业之间融合融通。围绕工业互联网的创新应用及解决方案研发，进一步加强运营商、设备商、工业互联网平台、制造业企业的沟通融合与跨界合作，充分协调多方之间的利益关系，探索多样性的企业运营模式和商业合作模式，加快形成企业之间融合融通、相互促进、共生供应的产业生态。

二是加快出台发展政策。加大政策支持力度，支持工业互联网平台、"5G+工业互联网"、企业上云、数字化车间/智能工厂等的示范创建，推动工业互联网服务体系和创新应用的培育，支持市级优秀智能制造系统解决方案供应商做大做强，提升企业对工业互联网的应用水平和推广能力。

宁波市智慧城市规划标准发展研究院　罗丽　苏慧琨

加快宁波数字供应链金融发展的建议

宁波要积极顺应城市数字化、智慧化的发展方向，加强顶层设计，发挥金融机构、龙头企业和产业平台在供应链金融中的核心作用，以区块链、大数据等为支撑，破解链上中小企业融资难问题，支持产业链整体复工复产，促进数字经济与实体产业融合发展。

数字供应链金融，是在传统供应链金融中引入区块链、大数据、云计算等现代数字技术，通过实时信息交互和算法运用，极大程度地破解链上中小企业风险识别难题，更有效破解融资约束的金融创新。

一、宁波供应链金融发展现状和问题

（一）商业银行开展供应链金融已有多年经验，但是业务开展受到一定制约

2017 年，兴业银行宁波分行为吉利集团上下游提供的线上供应链金融超过200 亿元。浙商银行与宁波汽车零部件、纺织、建筑、高端装备等行业的多家供应链核心企业合作，截至 2018 年底，为 1000 余家中小企业融资 30 亿余元。但是商业银行对宁波本地企业的支持有待加强。作为国有银行的宁波分行自主权不够，开展数字供应链金融业务一般需要总行授权；宁波本地法人银行更倾向与抗风险能力强的国企、央企开展合作，对民营龙头企业、产业互联网平台兴趣不大；股份制商业银行宁波分支机构虽然业务开展意愿较强，但是投入资金量有限。

（二）有能力开展业务的龙头企业较多，但是多数企业参与合规供应链金融的意愿不强

从能力看，宁波有三类龙头企业适合开展此类业务：第一类是持有金融牌照并已开展供应链金融业务的企业，如宁波舟山港集团；第二类是寻找供应链金融

机会的民营规模企业，如敏实集团；第三类是具备供应链核心企业特点，开展意愿不强的龙头企业，主要原因在于其没有金融牌照，必须联合金融机构才能开展业务，银企之间的利益协调问题、信息泄密担忧、对上下游企业的资金控制权受到挑战等因素，影响了这类企业的积极性。

（三）产业互联网平台介入供应链金融方兴未艾，但是受制于监管要求，业务开展范围有限

近年来，我市涌现了一批产业互联网平台，目前较为知名的如专攻海洋渔业的"海上鲜"、专注物流行业的"全致科技"、专营建筑业的"姜太公"等。其与商业银行、保险公司等合作，专门服务于传统金融不愿意做的"低小散"客户。但是由于此类业务涉及互联网、金融融资等属性，受政策监管较多。比如，金融业务异地拓展受阻，异地企业贷款很难获得异地银行的授信；再如，劣后担保角色严重缺失，部分平台只能把自有资金按一定比例抵押在银行，有的则从其他省份引入异地担保机构（如江西金融控股集团）。部分平台也曾尝试与本地国有担保公司合作，但国企与民营公司的办事效率差距导致双方较难磨合。

（四）供应链金融技术支持类科技企业初步集聚，但是还需进一步扶持

宁波保税区金融科技（区块链）产业园，至今已累计落户近百家金融科技企业，其中不乏众享比特、布比、旺链、品链等国内知名区块链技术公司的驻点机构，但是它们对于企业的扶持仍需进一步加强。在政策层面，至今尚未出台市级层面有关供应链金融的专项政策文件进行顶层设计，而兄弟城市如深圳、广州、珠海、青岛等，都已相继出台相关政策。在市场层面，供应链金融发展缓慢导致应用需求不足，技术应用场景有待开发；同时，技术标准有待制定，而深圳已在研究制定供应链金融产品服务、数据采集、指标口径、交换接口以及仓储物流管理体系、交易单证流转体系等共性标准。

二、疫情期间先进城市数字供应链金融应用案例

（一）基于交易场景信息设计金融服务

疫情期间，民生银行为重庆医药集团股份有限公司提供线上化供应链场景产品"应收e"，通过银企双方系统直连，实时获取企业交易数据，打破了银行传统信审"看三表"的桎梏，实现了无接触的快速融资。

（二）基于核心企业信用设计金融服务

疫情期间，民生银行开发的供应链金融产品"信融e"，实现核心企业信用向上游中小企业的传导，服务中小企业融资，支持复工复产。

（三）依托数字化物流场景开展金融服务

疫情期间，传化智联公司是具有金融全牌照（商业保理、融资租赁、互联网金融业务、保险经纪牌照和第三方支付牌照）的上市物流企业，其全资子公司"传化支付"，依托传化网丰富的业务场景和公司智能数据中心的数据流，设计定制化的无接触金融产品，对平台上的物流进行线上授信，解决了物流企业资金困难。

（四）政府搭台，政银企合作设计服务产品

疫情期间，济南市推出"泉贸通"外贸供应链金融平台。该平台通过建立"财政风险补偿金＋银行信贷资金"的金融模式，以政府资金引导撬动市场化金融；依托大数据征信系统，运用云计算、区块链、AI等先进技术，与金融机构合作研发风控模型，实现对进出口业务货物流、资金流、信息流"三流合一"的监控，从而对融资风险进行识别和管控，实现外贸企业轻资产、无抵押、无担保融资。此类政银企合作项目还有链企银平台、辉睿供应链等。

三、加快宁波数字供应链金融发展的建议

（一）加强顶层设计，营造供应链金融发展良好环境

一是出台供应链金融发展专项指导意见。明确发展方向、目标、重点任务等，建议建立供应链金融产业基金，发挥撬动银行资金、激励龙头企业、扶持产业互联网平台、引培数字科技企业等作用。

二是推进供应链金融数字基础设施建设。以小微企业园建设为契机，力争建立"一园一品"数字化服务平台，推动中小企业上平台、上云，加强对金融机构的信息数据供给，进而获取金融服务支持。

三是加强供应链金融底层数据平台建设。通过整合海关、工商、司法、税务、金融、港口、水电等公共数据，仓储、物流、ERP等产业数据，基于上下游产业链的贸易、资金数据，共建供应链金融底层数据共振平台，实现对中小企业多层级画像，构建企业全景关系网络图谱。

四是加强供应链金融风险防范。成立供应链金融行业自律组织，研究制定

并组织实施自律管理措施，建立风险防控体系，形成行业操作规范和风控准则，引导成员单位合规经营。

（二）加强政策激励，引导金融机构加大投入本地供应链金融

鼓励在甬各大商业银行和保险公司加快建立针对宁波本地的供应链企业名单（含产业互联网平台企业），对接核心企业需求，共同搭建数字供应链金融服务平台，提供配套综合金融服务，支持商业信用发展。此外，还应支持商业保理、融资租赁、小额贷款、融资担保等机构在供应链金融领域发挥差异化作用。

（三）加强宣传引导，鼓励龙头企业开展合规供应链金融

一是以贴息方式推进银企合作。以财政贴息的方式支持银行适当让利企业，推动银企信息系统加快互联，及时导入供应链上下游企业信息，探索基于供应链真实交易的金融服务。

二是鼓励以企业信用背书联合金融机构开展融资业务。支持龙头企业通过信贷、债券等方式融资后，以预付款形式向上下游企业支付现金。

三是支持重点企业发展金融业务。可支持信用良好、产业链成熟的供应链核心企业，发起设立或参股民营银行、保险公司、保理公司等金融机构，取得开展金融业务的主动权。

（四）加强帮扶指导，助力平台企业发展小微供应链金融

一是加强与银行总部的战略合作。积极推动解决平台上的中小微企业异地开户、异地融资等问题，为企业牵线搭桥，引导银企共同探讨合规条件下做大平台供应链金融的条件和举措。

二是不断完善增信机制。牵线保险、担保等金融服务机构，为平台企业开展金融业务增信。引入劣后资金，引导国有投资管理公司、政府引导基金、产业基金、政策性担保公司、政策性保险公司等担当起劣后方角色，设计合理的收益风险分担机制。

三是探索政银企合作应用平台。可以在外贸领域先行探索，研究数字供应链金融平台建设可行性方案。

（五）加强场景开发，推动数字技术深度应用于供应链金融

一是支持金融机构深度开发数字技术。鼓励和指导金融机构在提供供应链金融相关服务过程中，在信息挖掘、信用评估、交易开展、风险监测预警等环节提升自动化、智能化水平，进而提高供应链金融服务的科技含量、便利化水平和安全性。

二是鼓励供应链核心企业、互联网平台企业等建设融资仓库。运用物联网、智能监控等技术确保单货相符，为金融机构开展仓单质押融资等创新业务奠定风控基础。

三是支持开展供应链金融技术标准和行业标准研究。在规范先进的标准之上建立广泛统一的联盟，推动供应链金融形成规模。

浙大宁波理工学院金融发展与保险创新基地　朱孟进

加快宁波城市时尚产业高质量发展的对策建议

为推动时尚产业高质量发展，建议宁波抢抓长三角一体化契机，打造世界级时尚产业集群；抢抓全球产业链重构机遇，打造时尚产业体系；加快时尚集聚区和地标建设，构建城市时尚气质；聚焦时尚生态系统建设，提升城市时尚内涵；补齐时尚教育短板，加快时尚人才培育。

时尚产业是现代经济体系的重要组成部分，在推动城市经济高质量发展、塑造现代城市形象等方面发挥着重要引擎作用。2019年10月，浙江提出"着力打造全国时尚产业示范区、标杆省，基本建成国内领先、具有较强国际竞争力和影响力的时尚之都"的目标。宁波较早提出建设时尚名城的战略目标，并把时尚纺织服装产业纳入了"246"万千亿级产业集群培育工程。

一、宁波城市时尚产业发展存在的问题

（一）产业体系不完善，内生动力发挥不充分

宁波时尚产业包括纺织、服装、家具、文具以及家电、创意、影视文化等领域，行业与形态丰富，规模居全国第一方队。宁波拥有39个国家级制造业"单项冠军"，居全国城市首位，其中纺织服装业有3项。然而从产业链环节看，时尚创意设计、制造、营销环节发展不均衡：时尚制造强于时尚创意设计和营销。时尚创意设计、品牌、展示、传播、教育等各类资源要素分属不同行业、跨越不同部门，均在寻求各自利益最大化，导致时尚与创意、设计与市场、时尚与文化、产业与教育之间缺乏有效合作对接，没有形成相对完整的产业体系，产业缺乏握拳合力，内生动力发挥不足。

（二）价值链水平不高，国际话语权不强

作为时尚主导产业，2019年宁波纺织服装、服饰业规模以上企业502

家，实现工业总产值 677.66 亿元，同比增长 11.24%。申洲集团 2019 年累计产值 274.26 亿元，同比增长 18.11%；雅戈尔集团产值 87.86 亿元，同比增长 11.56%，申洲、雅戈尔、博洋等一批企业具备规模发展优势。然而，在高档面料研发、时尚设计、时尚管理等价值链高端环节，宁波企业缺乏国际话语权。从时尚品牌影响力来看，宁波男装品牌曾获评全国衬衫第一名、西服第一名，拥有工信部产业集群区域品牌建设试点等 10 多个纺织服装区域品牌，9 家重点跟踪培育纺织服装品牌企业，雅戈尔、太平鸟、GXG 等数十个知名品牌，但品牌的权威性、引领性和国际知名度尚未达到可以引领时尚趋势和消费潮流的程度。宁波作为全国重要的纺织服装生产基地和外贸基地，在行业国际标准制定方面参与不足。

（三）平台能级不高，产业时尚张力不足

近几年，国内城市如深圳的大浪时尚小镇、杭州的艺尚小镇等时尚平台，抢占了打造城市时尚特色先机。尤其是杭州艺尚小镇的成功推进，大幅提升了杭州城市时尚影响力，吸引了周边城市企业进驻。目前，艺尚小镇向世界级时尚小镇进阶，给宁波城市时尚发展带来巨大挑战。高能级时尚平台（小镇）和时尚消费地标是宁波城市时尚形象发展短板。比较 40 家"杭州市文化产业园区"和 12 家"杭州市文化创意街区"建设成效，宁波在时尚企业总部集聚区、时尚创意人才集聚区、时尚创新中心、时尚发布中心和时尚消费中心等平台（小镇），以及时尚产业特色集聚地、街区、时尚展示中心等时尚地标建设方面存在较大差距。虽然近年来宁波打造了以天一广场、和义大道、老外滩为主体的时尚商业消费中心，以鄞州万达、罗蒙环球城为主体的南部时尚消费圈，以江北万达为中心的城北消费圈，东部新城等商圈，然而其时尚消费地标属性不突出，时尚消费吸引力和潮流引领力不强。

二、加快宁波城市时尚产业发展的对策建议

（一）抢抓长三角一体化契机，打造世界级时尚产业集群

以长三角一体化为契机，加快融入上海大都市圈，借力上海"国际时尚都市"建设，推进创意设计、时尚传播等时尚产业链与上海的深度互融互补。与杭州时尚女装特色错位发展，重点发挥纺织服装产业制造优势、全力推进时尚男装地缘特色。在时尚产业空间布局上，加强与嘉兴、湖州、绍兴等城市互联互动，以宁波为核心打造重点发展时尚服装服饰、皮革制品、文具等优势产品的时尚产业带，协同打造具有国际竞争力的世界级时尚产业集群。

（二）抢抓全球产业链重构机遇，打造时尚产业体系

抢抓全球产业链重构机遇，统筹规划时尚产业发展目标，制定宁波时尚产业体系发展规划，建设"创意 + 产业 + 商贸"的现代时尚产业平台。建立健全时尚产业间跨界联通的合作机制，加强产业间的信息沟通，逐步引导形成跨界协作的时尚产业体系。以时尚服装业为重点，将与时尚直接或间接相关产业，包括家纺、皮具箱包、文具用品、家用电器、汽车等生产制造业以及购物中心、商业街、专业市场、会展业、创意设计、影视文化等商贸服务业纳入产业体系，建立更加具有竞争力的完整产业链。加大时尚服务机构引进力度，推进创意设计园区和创意基地、设计工作室等平台建设。加强本土时尚媒体平台的培育和创新，支持网络媒体与通信运营商、国际时尚传媒集团开展战略合作，培育互联网时尚平台。开发网络时尚传媒市场，以线下线上融合打造"e 时尚"传播平台。

（三）加快时尚集聚区和地标建设，构建城市时尚气质

紧紧抓住争创"国际消费中心城市培育建设试点"契机，优化城市时尚消费商圈布局；加快推进东部新城时尚创意中心建设，推动文创港高端服装定制街区项目落地。依托杭州湾大湾区建设，谋划建设前湾新区对接上海大都市圈的时尚"桥头堡"，联合或引进国内外时尚资源，创建时尚展示中心、国际时尚消费中心；谋划海曙区古林镇、鄞州南部商务区、奉化中心城区等产业基础雄厚、交通便利的区域创建时尚平台（小镇）；充分利用宁波商贸及港口优势，以商贸带动时尚产业发展。

（四）聚焦时尚生态系统建设，提升城市时尚内涵

一是加快培育国际化时尚企业和时尚品牌。鼓励企业通过并购重组做大做强，重点培育、扶持一批具有领导性、国际竞争力强和影响力大，在时尚产业制高点上有话语权的企业。重点培育一批具有自主知识产权、产品竞争力强、品牌附加值高的纺织服装国际品牌；扶植培育一批个性鲜明、风格独特，在本地具有标志性的设计师品牌和服装高级定制品牌。

二是办好标志性时尚活动。继续做大做强宁波国际时尚节，积极引进一批

具有国际影响力的著名品牌、设计师作品展等，重点支持具有国际影响力和特色化的时尚类比赛、论坛、会展活动，创新"云时尚"活动。鼓励本市时尚企业参加国内外时尚会展活动，加强"展、会、节、演、赛"的有机结合，推进宁波时尚活动常态化，形成"四季有主题、每月有专场、每周有活动、每天有发声"的时尚活动立体化运作体系。

三是创新时尚消费活动。从巴黎、纽约、伦敦、东京等的发展经验来看，人均GDP一般在5000美元以上，时尚、创新创意、文化、高科技和服务产业消费会成为城市经济主要增长点。2019年，宁波人均GDP达14.3万元，约合2.1万美元，远远超过5000美元标准，消费潜力较大。宁波应充分发挥文化名城和旅游城市的优势，大力拓展时尚制造旅游项目。升华时尚产业工艺、产品展示、消费体验等内容为城市旅游项目，发展以"红帮文化"为主题的服饰文化旅游项目（奉化、鄞州"红帮故里"，宁波服装博物馆），开发时尚购物旅游项目（宁波匠艺的高端定制），开拓以体验时尚智能科技和时尚发布为主题的旅游消费市场，设计以时尚产品为内核的城市旅游伴手礼，全面提升时尚消费吸引力。

（五）补齐时尚教育短板，加快时尚人才培育

一是要加快引进国外时尚类优质高校教育资源、专业管理机构，创办高层次的时尚教育院校。提升时尚设计、时尚商业、时尚管理类专业办学水平，加快培养紧缺的时尚传播、时尚管理、时尚品牌运营等专业人才。

二是要强化产教深度融合。促进课程设置、教学环境与职业环境深度融合；鼓励时尚企业选送员工赴国外院校机构进修培训，并为其提供技能培训补助，形成时尚产业在职人员专业培训良性机制，打造一批时尚企业骨干人才。

宁波市时尚经济研究基地　夏春玲　冯盈之

加快宁波新经济人才开发的对策建议

本文剖析了当前宁波新经济人才总量不足、流失率较高、培育较难等问题，针对新经济人才的开发，建议加强引导管理，加大引进与培育倾斜力度，优化发展环境。

一、当前宁波新经济人才开发存在的主要问题

（一）新经济人才总量较缺

根据《2020 宁波人才开发指引》，通过对大数据的分析研究，文体用品、时尚纺织服装等宁波传统优势产业，人才储备相对充足，行业人才紧缺指数相对较低。高端装备、电子信息、软件与新兴服务、智能家电、关键基础件等行业的人才呈现紧缺状态，新材料、生物医药、节能环保等新兴产业，各个紧缺人才岗位整体呈现出人才非常紧缺的状态。新经济人才中最紧缺的是技能技术人才，13 大产业紧缺指数排名前三的 39 个岗位中，工程师、研发等技术岗位共 21 个，占 53.9%。

（二）新经济企业人才流失率较高

调研发现，我市软件信息、创意设计、基金金融等典型新经济企业的人才流失率相对较高，平均每年人才流失率达 15%，其中不少是流向市外。以创意设计人才为例，从对和丰创意广场 15 家企业的调研看，近 3 年企业流失率达到 35% 左右，其中约 60% 流向市外，离职人员中技术岗位占 2/3 以上。基金金融人才总量紧缺而且外流现象较为严重，年平均离职率近 20%，约一半流向其他城市，最多的是去往上海、杭州、深圳等城市。新经济人才流失率较高主要有两个原因：一是由新经济行业特性所决定，新经济行业发展快速，从业人员普遍年轻、思想活跃、家庭负担较少，因而流动性较大；二是宁波新经济的产业基础

还不够强，特别是缺乏大型龙头企业，难以留住优秀人才。

（三）新经济人才培育较难

从我市新经济企业人才招聘来源看，以外地人才为主，如生物医药产业外地人才占 53.6%，节能环保产业外地人才占 44.7%，软件信息产业外地人才占 42.5%，智能家电产业外地人才占 31.4%，说明宁波对外地人才吸引力较大，同时也折射出宁波新经济人才培育不足。一方面，由于宁波高校的专业设置和布局与新经济发展需求还不适应，特别是近年来在新材料、节能环保、生物医药等领域开设专业较少，对产业的支撑力相对较弱。另一方面，本地培育的优秀人才留甬率较低，如浙江大学软件学院（宁波）共有在校生 1200 多人，每年培养在职和全日制软件工程专业硕士毕业生约 400 名，近年来全日制硕士毕业生留在宁波的比例每年都不足 20%，宁波大学信息学院计算机软件专业每年毕业生约 200 人，也只有约 1/3 留在宁波就业发展。随着宁波软件园开园建设，这一情况已经明显好转。

二、加强宁波新经济人才开发的对策建议

（一）加强新经济人才开发的引导管理

一是建立新经济专项人才库。依托人口普查，建立宁波新经济人才数据库，掌握基数，重点把握新经济人才的产业、区域、专业、岗位、年薪等结构情况。

二是构建新经济"人才地图"。围绕新材料、工业互联网、关键基础件、生物医药、文化创意等宁波重点新经济产业，构建新经济"人才地图"，及时掌握区域新经济人才供需情况以及人才分布、产业分布、平台分布、人才流动情况。

三是编制新经济紧缺人才目录。依托智联招聘、宁波人才市场等提供的大数据，定期编制宁波新经济重点行业紧缺人才目录，把握紧缺具体岗位、紧缺程度、学历要求、工作经验需求等信息。

（二）对新经济人才引进与培育适度倾斜

一是大力引进新经济高端人才。"3315"系列计划、顶尖人才倍增行动、高端创新创业人才倍增行动等人才工程向新材料、工业互联网、基金金融、软件信息等领域新经济人才倾斜，在浙江·宁波人才科技周等重大引才活动平台中将更多资源投入新经济领域。充分发挥引才机构、海外人才合作中心、人才联络服务站等全球引才网络平台作用，精准推送宁波新经济引才信息，引进一批新

经济领域顶尖人才和团队。

二是实施新经济产业人才引育工程。积极实施宁波帮"兴甬行动"、创二代"青蓝接力行动"、新生代"星火行动"，举办新经济领域企业家培训班，着力打造适应全球科技革命和产业革命的新经济企业家队伍。出台实施新材料、工业互联网等宁波重点发展的新经济产业人才引育专项，完善支持政策，实施千名新经济新业态领军人才培育工程。

三是加大新经济产业基础人才、技能人才培养力度。按照宁波新经济领域的实际需求，支持在甬高校设置新经济领域相关专业，着力培育新材料、大数据、创意设计、软件信息等领域专业型紧缺人才。通过政府采购、委托办学等方式，鼓励在甬高校与新经济企业合作开展人才培养，通过产教融合、校企合作，合作建设学生实训（实习）基地，分别给予专项补贴。

（三）优化新经济人才发展环境

一是强化新经济人才发展的产业基础。主攻新材料、高端装备、新一代信息技术三大战略性新兴产业，错位布局新经济发展空间，加快甬江科创大走廊建设，合理布局构建若干产业核心区和产业功能区。全力培育新经济产业的大企业、大集团，实施新经济企业梯度培育计划，支持新经济企业上市，打造全国制造业"单项冠军"之城，为集聚新经济人才提供扎实的产业基础。

二是加大对新经济人才来甬创业创新支持力度。制定"鼓励高校大学生在新经济领域开展创新创业"的针对性政策，对围绕新经济发展新业态和应用场景在甬创业的人才，加大金融支持。鼓励新经济企业在高校设立博士后科研工作站，设立博士以上人才"进企直通车"，经认定后给予企业一定补贴。充分发挥"宁波人才之家"的作用，探索建立新经济企业创新创业俱乐部，链接国内外新经济发展高地，汇聚投融资机构、战略咨询机构、平台型龙头企业、产业联盟和行业协会，组织开展新经济头脑风暴、专题培训、成果演示、资本对接等合作，打造开放式、常态化的新经济创业创新综合服务平台。

三是优化新经济人才生活和服务环境。着力提升新经济人才的待遇和服务水平，鼓励和支持新经济企业对急需紧缺或关键岗位上作出重要贡献的专业技术人才与高技能人才实行协议工资、年薪工资、项目工资、股权激励等灵活多样的分配办法，加大对新经济企业人才晋升专业技术职务、获得职业技术资格、参加学历学位教育等的资助奖励力度，对高层次重点新经济人才给予薪酬补贴、个税减免奖励，鼓励新经济企业开展技能人才自主评价和职称自主评价，提升新经济人才租房补贴标准。提升新经济相关产业园区、功能区的环境品质，加快新经济产业园区有机更新，完善交通、商业、生活等配套设施。提升宁波城市知名度、影响力，加大对城市"宜居、宜业、宜游、宜创"环境的宣传营销力度，在海内外人才中强化宁波作为"宜居城市""创业之都"的形象，使宁波成为新经济人才创业创新的向往之地、首选之城。

宁波城市职业技术学院　舒卫英

关于建设甬舟合作区若干重大问题的几点建议

　　谋划建设甬舟合作区是贯彻落实长三角一体化发展战略、推进全省"四大"建设作出的重要部署。省委省政府多次作出批示指示，宁波、舟山两地都高度重视，成立了工作专班，积极谋划推动这一重大合作平台建设。当前，推进甬舟合作区开发建设还面临一些关键问题，亟须加以研究解决。

一、关于空间范围

　　目前主要有五个方案。方案一：六横岛部分区域，主要包含小郭巨围垦区20平方千米（其中已完成造地可直接利用4.6平方千米）。方案二：金塘岛部分区域，主要包含金塘岛北部围垦区与东片区4.7平方千米。方案三：六横岛全域（含佛渡等岛屿），陆域面积139平方千米（含小郭巨围垦区20平方千米）。方案四：金塘岛全域（含大鹏岛），陆域面积95.7平方千米。方案五：六横岛和金塘岛全域，两岛面积总计234.7平方千米。

　　综合考虑资源禀赋、现实基础、发展潜力等因素，对不同空间方案的交通条件、土地资源、港口岸线、产业基础、区域协同、开发效益等角度进行比选（见附表1），建议以金塘和六横两岛及周边海域为规划范围对甬舟合作区进行整体设计，具体推进上可以分步实施：第一步，近期重点开发建设金塘岛全域或金塘岛北部区域（即方案二、方案四）；第二步，适时推进六横岛合作开发；第三步，中远期与争取浙江自贸试验区新片区，或与申报梅山国家级新区有机结合起来，将梅山和北仑部分区域作为甬舟合作区的组成部分。

二、关于产业布局

甬舟合作区的产业布局应把握三个原则：一是与宁波着力推进的"246"万千亿级产业集群培育、"225"外贸双万亿行动和现代服务业发展重大产业布局相结合，加快构建分工协作的产业链，打造重要产业支撑平台。二是与合作区独特资源优势相结合，充分发挥在港口、土地空间、海洋海岛等方面的比较优势。三是与现代产业发展趋势相结合，瞄准国际国内重大产业项目布局动态，带动区域产业体系高端化、现代化。

甬舟合作区应突出发展以下三个方面：一是大力发展绿色石化、高端装备等临港产业。建立重大产业项目对接机制，加强与宁波石化经济技术开发区、宁波经济技术开发区、宁波大榭开发区与渔山岛石化产业联动发展，着力发展高附加值、高技术含量的绿色石化产品，进一步做精、做细、做深绿色石化产业链，打造临港高端装备集群。二是积极发展海洋新兴产业。坚持高端化、高新化、高产化方向，重点发展海洋高端工程装备、海洋电子信息、海洋生物医药、海洋新能源等战略性新兴产业，力争形成全省战略性新兴产业重大平台。三是高水平发展现代服务业。以打造国家级江海联运服务中心为引领，以甬舟合作区为主平台，集聚一大批港航、海事管理机构和专业服务机构。加快发展国际贸易物流，推进油气、化工、能源、粮油等大宗商品交易发展，共同建设浙江大宗商品交易中心、国际化集装箱物流中心。加强金塘、六横旅游资源整体开发，充分利用六横岛电厂热能、液化天然气（LNG）接收站冷能等资源开发特色旅游产品，积极发展滨海旅游、休闲运动等现代服务业。

三、关于管理体制

建立高效合理的管理体制是推动合作区高水平建设的核心关键，也是区域合作制度创新的主要内容。成立甬舟合作区管理委员会，目前主要有三个方案。方案一：甬舟合作区管理委员会作为浙江省委省政府派出机构，委托宁波市委市政府管理。方案二：甬舟合作区管理委员会作为宁波市委市政府派出机构。方案三：甬舟合作区管理委员会作为舟山市委市政府派出机构。

借鉴深汕特别合作区等区域合作模式，甬舟合作区建议采用"省级统筹、宁波为主"的管理模式。组建合作区管理委员会并实质性运作，统筹协调合作区开发相关事项。建议以宁波为主导推进合作区规划建设，甬舟合作区管理委员会由宁波市委市政府派出，舟山派相关人员参加，管理委员会设置初期可考虑以经济管理为主，按照宁波市级经济功能区的标准和要求进行机构设置，社会管理依托舟山，时机成熟时再推动社会管理全面托管。

四、关于开发模式

研究甬舟合作区开发模式，关键要明确两大问题。

一是处理好政府与市场的边界，进一步明确开发建设公司与管理委员会的关系。我们建议，由宁波、舟山两市国资共同出资，以两市现有的投资开发公司为基础，组建甬舟合作区开发建设公司，既作为投融资平台，又作为开发建设实体。开发建设公司直接受管理委员会领导，由宁波市牵头成立，总体负责特别合作区的投融资、土地开发、基础设施建设等工作。

二是开发成本收益与开发建设公司运作模式。据初步测算，以上述规划空间方案为对象，以十年为开发周期，即使不考虑对外交通等基础设施资金投入，五个方案中除了金塘岛部分区域开发之外，其他方案都难以实现资金平衡。若考虑对外交通等基础设施投入，各方案资金缺口均较大。特别是六横岛整岛开发方案，对外交通设施建设投入大，而且大桥建设情况直接影响该区域土地价值和产业导入。建议甬舟合作区开发建设公司实行财务独立核算、自主经营、封闭运作，封闭运作的年限要根据建设成本和开发收益整体测算后再定，期满之后宁波、舟山、甬舟合作区视实际情况协商决定。对甬舟铁路、甬舟高速复线和六横公路大桥等重大交通投资，要另作统筹安排，与后方陆域开发和产业导入相结合，引进战略投资者，引导社会资本共同参与区域开发建设。

五、关于争取省级政策支持

为推动合作区的有序开发，应积极争取省委省政府的支持。重点包含以下三个方面。

一是争取建立省级议事协调机构。建议设立甬舟合作区开发建设联席会议制度，由省政府领导任召集人，负责合作区重大事项省级统筹协调。联席会议办公室可与省大都市建设领导小组办公室合署，负责指导、协调合作区开发建设具体事宜。

二是争取甬舟合作区参照省级产业集聚区，获得相关政策扶持。在新一轮国土空间规划调整中，争取土地利用指标向甬舟合作区倾斜。争取省级层面在用海指标、能耗指标等方面加强统筹，对甬舟合作区相关重大项目优先予以保障，在各类资金支持上予以倾斜。

三是争取适时制定合作区管理条例。借鉴深汕特别合作区建设经验，条件成熟时，由省级人大制定甬舟合作区管理条例，确立甬舟合作区的法律地位，保证战略的长期性、稳定性和持续性。

"宁波全方位参与舟山群岛新区发展研究"课题组

（宁波市 2019 年度哲学社会科学规划重点课题成果）

附表 1　甬舟合作区空间方案优劣势比选

	空间范围	优势	不足
方案一	六横岛部分区域，包括小郭巨围垦区 20 平方千米	（1）具备成片开发的净地，建设易启动；（2）岸线资源较好，紧邻国际主航道；（3）产业已有一定基础，总体发展态势良好；（4）可与梅山发展协同；（5）近期资金需求相对较小，见效较快。	区域交通制约明显，六横跨海大桥及通道建设需要 3 年以上时间，近期难以与梅山及宁波腹地产生联动效应。
方案二	金塘岛部分区域，包括金塘岛北部围垦区域东片区 4.7 平方千米	（1）具备成片开发的净地，建设易启动；（2）交通比较便利，与宁波联系便捷；（3）有一定的岸线资源，长度 1.6 千米，可发展转口贸易和江海联运等；（4）与宁波合作发展已有一定基础；（5）近期资金需求相对较小，见效较快。	（1）总体体量偏小，增量空间相对有限，示范带动作用不够明显；（2）不适宜建设大型码头，受北面海洋气候多风浪影响，不利于船舶停靠和通行。
方案三	六横岛全域（含佛渡等岛屿），陆域面积 139 平方千米	（1）土地资源丰富，增量空间较大；（2）港口岸线资源丰富，能够支撑较大体量开发；（3）产业发展基础扎实，临港产业形成规模效应；（4）可与梅山联动开发建设，协同效应明显，示范带动作用强。	（1）区域交通短板制约明显，近中期难见开发成效；（2）目前用水、用电虽有保障，但随着中远期大规模开发，要素制约将越来越明显。
方案四	金塘岛全域（含大鹏岛），陆域面积 95.7 平方千米	（1）交通比较便利，与宁波联系便捷，特别是未来甬舟铁路建成后，从北仑宝幢站到金塘车程仅需 7 分钟；（2）深水岸线资源丰富，岸线总长虽没有六横岛多，但深水岸线条件比六横岛好，是发展大型港口和临港产业的理想之地；（3）与宁波合作发展已有一定基础。	（1）土地资源条件没有六横岛好，近期可利用土地资源（约 10 平方千米）较六横岛差（20 多平方千米）；（2）产业发展基础较六横岛差，经济总量、财政收入仅为六横岛的 40%、30% 左右。
方案五	六横岛和金塘岛全域，两岛面积总计 234.7 平方千米	开发增量空间更大，岸线资源非常丰富，空间体量大，示范带动明显。	金塘岛和六横岛地理空间上不连片，同时启动两个岛屿开发，地方财政压力大，开发管理难度大，不利于集中力量办大事。

突破宁波与中东欧经贸深度合作瓶颈的对策建议

2019 年，宁波成功举办首届中国—中东欧国家博览会，在中国社科院发布的地方参与"17+1"合作绩效评估中，宁波综合得分排名遥遥领先于全国其他城市。宁波与中东欧经贸合作已经全面展开，但囿于市场需求侧与外贸供给侧之间缺乏协同、企业需求侧与政府服务侧之间存在偏差，在贸易结构、产能合作、平台共建、风险评估等"深度合作"方面仍显不足，示范区推广经验还不丰富，需要从体制机制和政策举措上寻求新的突破。

一、宁波与中东欧经贸深度合作瓶颈凸显

（一）双边贸易规模不断扩大，但贸易结构不够优化、产品附加值亟待提升

近年来，随着中美贸易摩擦加剧，我国与中东欧贸易成为新的增长点，其中宁波又走在了全国前列。2019 年上半年，宁波与中东欧国家贸易额达到 135.01 亿元，同比增长 7.8%，占全国与中东欧贸易总额的 4.28%。其中出口额达 117.95 亿元，同比增长 10.1%。

（二）双边投资项目数量明显增加，但投资项目产业层次不高、项目进程亟待加快

截至 2019 年 6 月底，宁波累计批准在中东欧国家投资企业和机构 54 家，核准（备案）中方投资额 2.19 亿美元，实际中方投资额 1.57 亿美元。中东欧 17 国在宁波累计批准的外商投资项目 93 个，合同外资 2.32 亿美元，实际外资 0.71 亿美元。宁波在中东欧国家的境外投资产业层次不高问题仍比较突出，主要表现在三方面。

一是大项目较少。宁波保税区东人投资有限公司对波兰 BI.TON 公司的药业投资是宁波对中东欧国家投资最大的一项，实际投资额达到 1.35 亿美元，占宁

波在中东欧国家的总实际投资额的 87.40%。

二是多集中于传统行业。在全部的 54 项投资中，大部分投资于零售批发业，占比达 48%，投资细分领域主要集中在机动车零部件和纺织服装，实际投资额分别占 54.68% 和 22.20%。

三是实际投资额占核准（备案）投资额比重不够高。在剔除最大投资项目后的投资项目中，实际到位的投资金额占核准（备案）投资金额的 19.90%，比重较低。

四是产业园建设进展不够快。宁波在中东欧国家的产业园建设至今仍未取得实质性突破，中东欧（宁波）工业园、中捷产业合作园虽已挂牌运行，但由于政府投资引导基金与科技合作平台建设滞后，招商引资进展缓慢，部分项目在反复洽谈后仍难以落地。

（三）双边营商环境不断改善，但风险管理防范机制不全、政府服务水平亟待提升

据普华永道等联合编制的《2018 中国城市营商环境质量报告》，宁波营商环境质量指数排名全国城市第八，同比排名前进十名。宁波主要中东欧经贸合作伙伴中"营商环境便利度"最高的是排名全球第 35 位的捷克，最低的是排在第 59 位的保加利亚，便利度指数均有不同程度提升。但作为宁波出口企业主体的中小企业，"走出去"抗风险能力弱，加之中东欧有些国家的政治经济环境不够稳定，对当地投资国以及涉及欧盟的相关政策法规不够熟悉，诸多不可预测事件频繁发生。

二、宁波与中东欧经贸发展的瓶颈成因分析

（一）市场需求侧与外贸供给侧之间缺乏协同

中东欧 17 国地域较广，国民生活水平快速提高，市场潜力巨大。但 17 国并不是长期稳定的共同体，彼此之间在政治、经济、文化、民族等方面存在巨大差异，这使得国内地方政府和企业对于中东欧每个国家的商品、产业等基础信息缺乏了解，很难找到明确的合作切入点。中东欧国家和宁波市场主体均以中小企业为主，开展投资产能合作更倾向于地缘便利和人缘相近。宁波与中东欧开展投资产能合作，不可避免地受到西欧国家以及美国等大国的限制阻挠，一些宁波企业因此望而却步。

产业才是外贸供给侧的实质，与贸易、物流类企业相似，宁波中小微制造业企业有"铺天盖地"的鲜明特点，也缺乏"顶天立地"大型知名龙头企业。2019年，浙江入围中国民营企业500强的企业有92家，前10名中无一家宁波企业。从双边投资项目、产业层次来看，宁波的产业能级不够高，有全国影响力的高科技企业、高端制造业企业、高端服务业企业明显偏少。2019年上半年，宁波外贸进口1548.5亿元，增长6.5%，增速高于全国5.1个百分点，而中东欧提供宁波给市场的商品和服务也较为有限，同理也是供给侧的问题。另外，数据显示，中国与中东欧的贸易竞争指数呈上升趋势，从2005年的0.1649上升到2016年的0.2409，其中捷克、匈牙利、波兰相关指数较高，表明双边产业供给水平相似并向竞争加剧方向演化。

（二）企业需求侧与政府服务侧之间存在偏差

贸易与投资的便利化程度对企业国际化运营至关重要。一方面，不少"走出去"赴中东欧投资发展的宁波企业反映，宁波在外汇管制、行政审批、使领馆和外事签证等方面的政府服务不够全面，在财税、金融、人才、信息等方面的要素保障力度不足，导致宁波企业在中东欧经贸合作中有心无力、进展较慢。另一方面，欧盟在市场准入、技术准入、人员准入等方面的投资合作标准要求较高，经济贸易、劳工、环保、反垄断等法律体系繁杂琐细，大多数中东欧国家在经济规则和政策法规选择上必须与欧盟保持同步或接轨，这就提高了宁波企业市场准入门槛和适应当地规则的难度。

三、宁波与中东欧经贸深度合作对策建议

（一）进一步优化市场结构，实现贸易规模和贸易方式新突破

一是持续扩大贸易规模。关注双边重要贸易领域，如在汽车及其配件、机械设备、机电及其零部件等领域，与捷克、罗马尼亚等中东欧国家扩大双边贸易，并加深在技术、知识产权、标准等方面的深度合作，打造制造业"隐形冠军"企业。发挥好浙江自贸区、宁波跨境电商综试区等的制度优势，实现中东欧跨境电商贸易新突破。

二是优化货物贸易结构。在保持贸易增长的同时，从全球价值链、产业链和供应链角度考虑，更加重视互补性贸易合作。在继续扩大宁波对中东欧出口规模的同时，有选择地扩大中东欧国家具有优势的化学、机电、精密仪器等高科技资本密集型产品的进口。

三是提高服务贸易比重。一方面，要利用宁波舟山港作为国际物流枢纽和义新欧、甬新欧等中欧班列的优势，加大与中东欧国家海港合作，建立境外仓储基地和多式联运物流中心。另一方面，宁波应以"大花园"建设为契机，注重与景色优美、历史文化积淀深厚的中东欧国家开展国际旅游合作。

（二）进一步加大产能合作，实现产业投资和经贸方式新突破

一是优化产业项目投资结构。下一步，宁波要将传统制造业与工业机器人、无人车间等数字经济结合的优势产业项目逐渐向中东欧各国渗透，诸如新能源汽车、绿色石化等。同时，更需结合中东欧国家的科技发展趋势，加大对人工智能、生物医药、新材料等领域的投资合作。

二是开展基础设施建设合作。近年来，中东欧国家在基础设施领域不断加大投入，但自有资金短缺、工程建设能力不足成为其扩大基建的主要瓶颈。宁波可发挥工程建设和路桥建设方面的产能潜力，以市场化运作为基础，优先投资能带来相关土地增值收益及特定受益群体税费增长、获得股权投资等的相关项目。

三是加快境外经贸园区发展。浙江已在中东欧的捷克（浙江经贸合作区）和塞尔维亚（贝尔麦克商贸物流园区）建立了境外经贸合作区，杭州、温州分别已有1家和3家国家级境外经贸合作区，宁波还没有。宁波应鼓励支持宁兴集团等龙头企业牵头建设境外经贸合作区，近期可鼓励宁波广大中小企业抱团到罗马尼亚布拉索夫园区、捷克Semtin化工园与南摩拉维亚经济特区、斯洛伐克凯赫内茨工业园等中东欧条件成熟的园区集群投资建设园中园。

四是升级产业合作能级。拓展合作领域，推动新兴产业和高新技术产业融合发展，可采用开放式的研发创新模式，强化宁波与中东欧国家研发联盟深度合作，联合组建研发平台，共同开发新技术和新产品，打造完整产业链条。

（三）进一步对接更高能级平台，实现资源共享和风险防范新突破

一是申报中东欧"17+1"领导人峰会落户宁波。虽然首届中国—中东欧国家博览会暨国际消费品博览会在宁波举办，但与国际会议相比，影响力仍较为有限。通过申报中东欧"17+1"领导人峰会落户宁波，将进一步扩大宁波与中东欧国家经贸合作规模，有效提升宁波城市能级水平。

二是完善宁波—中东欧经贸信息平台。有关政府部门或行业协会，可以"数字 17+1 经贸促进中心"为纽带，推动企业、银行、税务、外汇等跨部门合作，综合运用互联网、大数据手段，及时发布项目信息，并进一步提高数据分析的准确性。涉外银行金融机构也可在该平台上创建融资专栏，创办"走出去"基金，化解企业"走出去"资金难的困境。

三是完善对外投资风险评估体系与防范机制。有关部门及行业协会应牵头组织和构建对外投资风险评估体系与防范机制。在中东欧投资项目相对集中国别和地区，多渠道建立信息采集和评估联盟，提高风险预测和投资评估准确率，及时为企业提供风险预警和预防建议。统筹政府机构、商贸协会、国际知名会计师和律师事务所、国际知名金融机构、投资银行等机构资源成立中东欧投资促进服务中心，借助大数据等新一代信息技术提供风险评估服务。同时，可借鉴国际出口信用保险的成熟经验，有序发展境外保险业务，提升境外企业的抗风险能力。

宁波财经学院　王瑞　蒋天颖　徐健辉　刘春香　张超　岑涛

关于加快培养宁波服务贸易竞争力优势
争当高水平对外开放模范生的建议

发展服务贸易是提升外贸综合竞争力、培育贸易发展新动能的重要手段，本文对宁波服务贸易发展现状和问题进行了深入分析，并就培育宁波服务贸易竞争优势提出了具体的建议。

世界经济正在向服务型经济转型，服务贸易是世界经济发展的制高点。壮大服务贸易对于优化产业结构、促进产业转型升级具有强大的推动作用。宁波市委市政府部署实施"225"外贸双万亿行动，提出到2025年服务贸易额达到2000亿元。在疫情和中美贸易摩擦的双重影响下，宁波服务贸易逆势发展，运输服务、金融服务、加工服务等细分领域表现出一定的抗压能力，业务不降反升，显现出在复杂环境形势下的强大生命力。要坚持货物贸易、服务贸易互促共进，引导企业实现制造业服务化和服务业国际化，不断提升我市服务贸易竞争力。

一、宁波服务贸易发展现状

（一）服务贸易总额不断提升

根据宁波外管局BOP（国际收支）统计口径，2015—2019年宁波服务贸易平均增速达13.6%，占货物贸易的比重呈增加趋势（见表1），成为国际贸易越来越重要的组成部分。

表1　2015—2019年宁波服务贸易增长情况

年份	服务贸易 / 亿元	增速 /%	占货物贸易比重 /%
2015	543.05	10.1	8.6
2016	620.33	14.2	9.8

年份	服务贸易 / 亿元	增速 /%	占货物贸易比重 /%
2017	749.55	18.4	9.8
2018	829.98	10.7	9.6
2019	951.88	14.7	10.3

数据来源：宁波市商务数据信息平台、商务部公共商务信息平台、2016—2020 年宁波统计年鉴。

（二）服务贸易结构不断优化

从贸易结构看，虽然传统服务贸易规模仍略高于新兴服务贸易，但新兴服务贸易增长较快。2019 年，传统服务贸易（物流、旅游、建筑）占全市服务贸易总额的 52.8%，同比增长 14.3%。新兴服务贸易同比增长 15.2%，其中计算机和信息服务增长强劲，出口额占全市服务贸易出口总额的 30.2%；其次是保险服务、其他商业服务和文化服务，出口表现突出，同比分别增长 63.1%、49.8%、37.4%。其他商业服务领域中研发成果转让费及委托研发和研发成果使用费出口增长迅猛，同比分别增长 76.3%、89.1%。

（三）服务贸易市场网络不断扩展

2019 年，全市与 195 个国家和地区开展服务贸易，较上年增加 11 个国家和地区，欧美发达国家占据大部分贸易额，其中美国是全市服务贸易出口的第一大国；"一带一路"沿线国家和地区则增长较快，与"一带一路"沿线国家和地区服务贸易的进出口额占服务贸易总额的 8.0%，同比增长 61.9%。

二、宁波服务贸易发展存在的问题

（一）总体规模偏小

从进出口总额看，2017 年，宁波服务贸易进出口总额 749.55 亿元，是杭州的 20%、深圳的 19%、上海的 7%；2018 年，宁波服务贸易进出口总额 829.98 亿元，是杭州的 30%、深圳的 17%、上海的 6%。

（二）市场主体偏弱

2019 年，全市服务贸易出口额 1000 万美元以上的企业 53 家，占全市服务贸易出口总额的 15.3%，服务贸易出口额 1 亿美元以上的企业 1 家，占全市服务贸易出口总额的 2.5%。同期，杭州服务贸易出口额 1000 万美元以上的企业

185 家，占全市服务贸易出口总额的 95.0%，服务贸易出口额 1 亿美元以上的企业 24 家，占全市服务贸易出口总额的 59.2%，海康威视、网易雷火、蚂蚁金服等龙头企业作用突出，带动效应明显。从吸纳就业人数看，全市共有服务外包企业 1622 家，从业人员 6.31 万人，平均每家企业 38.9 人；杭州服务外包企业数 1645 家，从业人员达 44 万余人，平均每家企业 267.5 人。

（三）结构有待优化

宁波服务贸易以计算机和信息服务、运输服务、建筑三大领域为主导，三大领域 2019 年出口额占全市服务贸易出口总额的 78.7%，研发成果转让、特许商标使用、知识产权使用、维修服务等生产性服务贸易偏少。其中，计算机和信息服务、文化服务、金融保险和旅游服务等新兴服务贸易出口额占全市服务贸易出口总额的 37.5%，同期杭州数字服务、文化服务、金融保险服务和旅游服务出口占比达 79.5%。

三、加快培育宁波服务贸易竞争优势的建议

（一）推进贸易便利化改革

宁波应抢抓浙江自贸试验区扩区契机，加快推动服务贸易便利化、自由化。

一是优化通关监管流程。探索建立适用服务贸易发展的口岸通关模式，实施与服务贸易相关货物的通关一体化改革，通过企业分类管理，减少不必要的贸易监管、许可和程序要求，建设具有国际先进水平的国际贸易"单一窗口"，实行高度便利化措施。

二是加快信息基础设施建设。同步建设数字围网和数字化大平台，加快启动互联网、大数据、人工智能等与现代服务业有机融合的数字化信息基础设施建设。

三是促进人员跨境流动便利化。通过建设商务人员绿色通道等措施，为服务贸易相关专业人才和专业服务"引进来"和"走出去"提供便利。

四是积极争取国家外汇便利化政策。创新服务贸易外汇结算便利化举措，便利资金的流入与流出，加速贸易进行。

（二）突出重点特色服务贸易发展

一是聚焦中高端航运服务业，以国际港航、金融服务为重点，加大对国际高端航运服务机构招引力度，加快专业服务总部建设；建立海运融资租赁平台，

发展海运融资租赁；构筑航运高端人才培养平台、港航高端智库平台、国际化合作交流平台，打造复合型航运产业人才链。

二是做专做强软件和信息服务业、人工智能产业、大数据产业等，充分发挥我市数字经济和软件信息产业基础优势，推动融合发展，谋划建设数字贸易园，大力发展以数字化为特色的服务贸易。

（三）推进生产性服务贸易和制造业的融合

一是探索开展进口高端装备再制造试点，打通高端装备回收和成品销售"两头在外"的运作模式，减少对产品生产地、原产厂家及品牌等的要求和限制。

二是积极引进汽车发动机、关键零部件外资项目，进一步发展船舶发动机、汽车发动机检测维修等业务。适当降低保税检测维修门槛，拓展海关特殊监管区内全球检测维修和再制造业务的经营范围。

三是鼓励发展装备制造业领域系统集成和整体解决方案提供商，汽车产业领域智能移动空间、出行方案提供商，智能技术改造服务、工控安全服务、工业网络建设服务的系统解决方案供应商，做大做强生产性服务业，实现制造业服务化，提高宁波服务贸易的竞争力。

（四）加大政策扶持力度

一是进一步贯彻落实国家鼓励服务贸易、服务外包、对外文化贸易等一系列政策举措，整合宁波现有的服务外包扶持政策，以支持壮大市场主体、支持创新发展模式、支持开拓国际市场、支持建设公共平台、支持防范出口风险等五个方面为重点，研究制定推动全市加快服务贸易的扶持政策。

二是从资金层面对优秀市场主体和重点领域企业给予实质性支持，市、县两级财政按比例每年统筹安排一定资金对服务贸易企业和机构给予一定的补助。

三是谋划开展新一轮服务贸易创新发展试点研究申报工作，争取进入国家服务贸易创新发展试点。

宁波市社科院（市社科联）　谢瑜宇

当前我市消费扶贫存在的问题及建议

消费扶贫是打赢脱贫攻坚战、推动区域协调发展、实施乡村振兴战略的重要举措。近年来，我市重点支持国家和省定对口帮扶、对口支援、对口合作地区（以下简称"对口地区"），以购买消费对口地区的农特产品和服务为主要手段，深入开展消费扶贫，取得一定成效。但仍面临着运行模式不够完善、售后体验不够优化、市场供需不够匹配等现实困难，需要从供应方、需求方、组织方等三方面入手，进一步优化我市消费扶贫运行机制。

一、我市消费扶贫运行机制面临的现实困难

（一）运行模式不够完善

一是渠道市场化不足。目前消费扶贫主要依靠扶贫单位的既有优势，通过单位的集中采购和"包销"等方式来消化扶贫农产品。在短期内能够及时解决农产品积压滞销问题，但长期看面临着一定的市场不确定性。调研发现，在普通菜市场、超市、商场、批发市场等场所的销售仍然很少，基本是在行政机关、企事业单位及其他特定场所的"三专"（消费扶贫专柜、专馆、专区）销售。在每年"双11"等促销活动中，也很少见到扶贫农产品的身影。

二是价格竞争力不强。扶贫农产品价格与市场同类产品价格相比偏高。由于一些单位有扶贫任务，往往以高于市场价来收购贫困户的产品，再加上冷链物流调度销售等运营成本，即使有政府补贴，价格仍然偏高。调研发现，2020年的工会福利，各单位按每人每年500元标准购买贵州省黔西南州、吉林省延边州农特产品，且各单位全年发放节日慰问品总金额的1/3以上用于采购对口地区农特产品。但各类商品单价高于市场价，例如在某消费扶贫App上，500克冷冻牛腩价格是80元，而在宁波菜场的新鲜牛腩价格是41元（数据来源：宁波

市菜篮子网）。

三是宣传广泛性不高。扶贫产品宣传的活动频次不足、时间较短，导致许多品牌知名度低，很多老百姓对扶贫产品不了解，在全社会没有形成消费扶贫的共识。调研发现，扶贫产品在机关、企事业单位开展的宣传活动较多，在普通超市和商场开展的宣传活动较少；政府主导的宣传活动较多，生产商和销售商组织的宣传活动较少；扶贫产品的宣传时间较短，一般在消费扶贫周、消费扶贫月进行。

（二）售后体验不够优化

一是质量把控环节。目前个别蔬菜瓜果、肉制品、坚果干果等扶贫农产品质量参差不齐，尤其是网购农产品，照片光鲜亮丽，但实际外观和质量却与宣传存在一定差距，还有个别"三无产品"借消费扶贫的名义行事，消费者怨言较多。在网络直播带货中，有的扶贫产品退货率较高，个别高达70%，可能会影响一些扶贫项目，如2020年我市消费扶贫月"百场直播"计划被迫中止。

二是发货运输环节。一些贫困地区交通落后，物流不发达，导致发货速度较慢，产生的运输费用较高，如10公斤的水果物流运费是47元，快递运费高达126元，运费甚至比产品本身的价格更贵。

三是沟通投诉环节。网站功能设置不够完善，售后服务制度不够健全。目前，网站上没有退换货通道，只有售后投诉电话。调研中，有消费者反映，打厂家电话要么找不到人，要么就是被挂电话，要么说生鲜不能退货；还有一些机关企事业单位的消费者，在遇到价格或质量问题时，出于"讲政治""献爱心"的心理，不愿意反映。另外，当预售单不能按时发货时，既没有另行通知，也没有对商家处罚，造成消费者购物体验不佳。

（三）市场供需不够匹配

一是产品同质化较为明显。调研发现，不少对口地区出售的基本是五谷杂粮、菇类等初级农产品，种类单一，特色不足，区分度不够，附加值较低。当短时间密集上市时，市场竞争和销售压力较大，容易产生积压滞销。

二是对市场需求了解把握较为滞后。对口地区没有对销售区域消费需求的特征进行调研分析，对市场需求了解不够，产品销售针对性不足。

三是龙头企业带动作用较不明显。甬兴、甬延公司等国有企业，在消费扶贫企业联盟中的引路搭台、集体谈判、抱团营销、对外推介等方面，龙头带动作用发挥得还不够。

二、优化我市消费扶贫运行机制的几点建议

（一）供应方：加强市场化运作机制

一是拓宽销售渠道。在销售渠道上，继续推进实施对口地区农特产品进机关、进企业、进学校、进医院、进社区"五进"对接促销活动，加快落实"农超"对接促销行动，进一步扩大涉及宁波菜市场、超市、商场、专卖店等多种商业形态的数量，更贴近市民的消费需求与购买习惯，从而有利于引导市民购买和体验农产品。积极配合并协助中科同创、中农裕坤、友宝在线、小象商行、蓝巨智能科技等"三专"建设企业，在有条件的院校、医院、商业街、加油站、居民小区、农贸市场等，设立消费扶贫农产品专柜或直销店，扩大批发市场的批发专区数量，建立市级消费扶贫网络直销基地。

二是加强产销对接。强化线上和线下、市场和政府双协同，组织开展产品推介和产销对接活动，加强基地对接，引导农业龙头、农产品批发市场、大型超市、电商企业等到宁波对口地区投资，建立一批农产品供甬基地，特别是"菜篮子""米袋子""果盘子"三基地，保证农产品稳定供应，减少运营成本。

三是加大宣传力度。由市商务局、支援合作局牵头，探索通过支付宝、云闪付等发放面向普通百姓的扶贫消费券，每月定期组织生产商与销售商在超市、商场、居民小区、商业街等，结合夜市等形式，开展消费扶贫购物节或购物活动，增加市民知晓度与参与度。

（二）需求方：提升一体化售后体验

一是加强品质管理。规范农产品认证体系，推进针对扶贫产品的宁波认证计划和特色产业扶贫项目认证计划。加强对宁波对口地区扶贫产品的全面摸排、动态管理，制定宁波市消费扶贫产品名录。发挥市商务局、支援合作局等主管部门的作用，健全政府考核评价机制，加强质量追溯体系建设，倒逼提高品质管理水平。加强全过程管控，事前，加强扶贫产品认定；事中，加强监督，接通投诉"12315"热线；事后，动态调整控制，对不符合条件，经过查证产品质量确有问题的，清退出扶贫产品目录，并进行公示。

二是加快产品供应速度。对全市扶贫企业的运输需求进行摸底调查，根据不同产品属性，统筹搭建物流网络。并以企业联盟形式，与快递物流公司加强

合作，集体谈判物流费用，推进"互联网+"农产品出村进城工程，支持农村物流配送体系建设，进一步提升贫困地区快递网站乡镇覆盖率，降低物流成本。探索项目制供应模式，在扶贫生鲜农产品集中上市时，统一调动人力、物力、设备、资源到产地集中运输、销售。

三是完善升级售后服务。完善网站功能，精心做好产品售后服务工作，特别是健全买卖双方沟通与退换货渠道，提升用户体验，并同步上线手机客户端、微信公众号，方便消费者随时随地在购物中沟通。改进客户服务，对员工进行专业培训，提高客服对问题的处理质量与效率。

（三）组织方：构建精准化组织体系

一是打造更具特色产品品牌。着力筛选特色产品，大力实施科技支援农业行动，引导宁波农科院等专业机构参与对口地区的农产品开发，实施一批科技农产品品牌项目，帮助打造一批特色优势产业和产品。

二是促进供需信息更对称。要做好扶贫农产品信息汇总、资源调度等相关工作，根据消费扶贫推进情况，开展销售培训、网络培训等，指导产地及时调整产业结构，丰富品种、提高质量、增加产量。

三是提升市场平台能级。进一步发挥山丘市集消费扶贫街区一站式市场平台作用，建设10个区县（市）消费扶贫分中心，提升展销体验推介功能，探索发展"扶贫小店"模式，使销售平台规模化、市场化、专业化。

四是重视企业联盟及龙头企业作用。组织消费扶贫企业联盟内相关企业，以市商贸集团等国有企业为龙头，坚持市场主导，加强合作意识，集体谈判、集团销售、抱团营销、合力推介。

宁波市社科院（市社科联）　邵一琼

长三角一体化背景下推进上海等地优质医疗、教育资源对宁波的辐射共享研究

本文阐述了宁波承接上海等地优质医疗、教育资源的重要意义，总结了当前的主要做法和成效，分析了存在的问题和挑战，在此基础上提出了加强顶层设计、拓展合作渠道、创新引进方式等方面的对策建议。

宁波承接上海等地优质医疗、教育资源有助于实现"重要窗口"模范生新目标定位，有助于加快推进长三角一体化进程，有助于补强宁波医疗、教育服务短板。

一、宁波承接上海等地优质医疗、教育资源的现状与成效

（一）医疗领域

一是合作办医院。2018 年 12 月，由国科大宁波华美医院、杭州湾新区管委会与上海交通大学医学院附属仁济医院合作举办的宁波杭州湾医院投入试运营。上海中医药大学附属龙华医院宁波分院拟在镇海破土动工。复旦大学附属宁波医院、复旦大学宁波健康创新研究院等项目已成为复旦大学在上海以外最大的科技孵化平台。

二是共建医联体。沪甬两地医疗机构不断深化合作，如鄞州区政府与上海第九医院集团合作建立医联体，宁波第六医院、宁波眼科医院分别联合上海第九医院新建整复外科和眼整形眼眶病门诊。

三是引进名医工作站。上海中医药大学"名中医工作室"落地海曙区；上海中医药大学附属岳阳中西医结合医院与鄞州区第二医院缔结友好医院，并成立"彭培初名中医工作室"；宁波第一医院与上海第六医院脊柱外科、运动医学、骨质疏松、减重代谢外科、心血管外科五个学科开展对接合作，并成立专家工作

室等，一批上海名中医顺利引进。目前共有 20 余个重点学科与上海交通大学医学院附属仁济医院、复旦大学附属眼耳鼻喉科医院、复旦大学附属华山医院、上海市第六人民医院等上海知名医院的相应学科进行对接。

四是建设健康保险交易平台。2019 年，宁波市政府和上海保交所共同打造了全国首个数字健康保险交易示范性平台。该平台通过应用大数据等技术，整合相关机构数据资源，扩大医疗医保数据的覆盖范围，拓展服务内容，实现商业健康保险、医疗卫生服务和健康医疗大数据的深度融合，打造沪甬大健康生态圈。

五是管理干部交流。如慈溪选派慈溪市人民医院、市妇幼保健院副院长到上海华山医院、上海红房子医院挂职锻炼。

（二）教育领域

一是建立高校校区。2001 年，宁波市政府与浙江大学开展战略合作，成立浙江大学宁波理工学院，由浙江大学负责运营管理；2020 年，学院转制成为公办院校，更名浙大宁波理工学院。2001 年，浙江大学宁波软件学院成立，专注培养软件工程技术领域研究生。近年来，浙江大学启动建设宁波"五位一体"校区，宁波研究院科研大楼项目完成前期工作。

二是合作共建研究机构。2013 年，复旦大学与宁波市政府签署全面战略合作协议，共建复旦大学宁波研究院，落户杭州湾新区，是复旦大学在省内设立的唯一的政产学研机构。此外，宁波已与同济大学、复旦大学、华东师范大学、上海市教育科学研究院等十几所上海高校、科研院所建立了长期稳定的合作关系。

三是引进基础教育资源。近年来，上海、杭州等地以民办教育集团为主的教育机构逐渐进入宁波，在地方政府的大力支持下开展办学实践。如宁海县政府与浙江海亮集团签订合作协议，建设海亮（宁海）公学；江北区政府与上海均瑶集团合作，建成宁波上海世界外国语学校，与上海福山教育集团合作举办的宁波福山正达外国语学校开始招生，上海世外教育附属姚江书院（公办）即将投入使用；杭州湾新区与上海世外教育集团合作，将建成宁波杭州湾世界外国语学校，还将建设上海世外宁波教育集团总部和均瑶国际教育培训中心。

四是开展职业教育合作。2004 年，沪苏浙三地教育部门签订了《关于长三角职业教育与成人教育合作协议》，提出打破三地职业资格准入壁垒，建立长三角职业校长培训班、中职专业师资培训基地、职业教育教材研发中心等。2010
年，三地签订《长三角地区中等职业教育实训基地共享框架协议》，政府、企业、
学校共同参与长三角职业教育合作交流机制初步形成。如上海借助教育部下达
的面向外省市招生计划指标，面向苏浙两省的职业教育合作专业数量达到29
个，合作专业点数量达到53个，在教师培训、课程建设、物资捐赠、实训基地
共享等方面推进合作。2019年，宁波与杭州两地职教教研室共同组织全国职业
院校技能竞赛交流活动，宁波还组织职教教研员、全市中职学校业务校长一行
83人赴杭州培训学习。

五是推行干部教师培养培训交流。长期以来，宁波利用上海高校师资培训
基地优势，推进合作，开展校长、教师培训，加快宁波紧缺人才和高素质人才
培养。早在1986年，宁波市教委就与华东师范大学合作在宁波教育学院设立
华东师大函授站，后来又举办专业硕士进修班并设立华东师大宁波学习中心。
2019年，宁波组织参加"长三角联合师资招聘会"，推出17个教师岗位，引进
长三角地区优秀高校毕业生。另外，还组织2018级市直属高中新教师赴同济大
学浙江学院培训；组织青年教师赴南京参加"使命感"高研班活动；组织中小学
学科骨干教师赴上海、江苏、杭州等地交流学习；通过与省内专家的合作正式授
牌14个班主任工作室；委托浙江大学实施为期2年的"学科教育家培养"计划；
组织直属普高校长学习考察上海交大附中等3所学校，组织22名直属普高教学
副校长赴上海师资培训中心开展为期4周的高端培训；等等。

二、宁波承接上海等地优质医疗、教育资源的问题与挑战

（一）行政区域壁垒限制

行政区域划分的壁垒仍然存在，各省市仍然需要保护地方利益，在合作中
遇到利益受损时必然消极对待，从而导致宁波引进上海等地优质教育医疗资源
难度加大，一体化驱动力不足、稳定性不强。

（二）政策标准不统一

教育领域，各省市教育政策具有很强的区域性特征，高考制度、中招政策、
学生学籍管理政策、政府财政投入的教育经费政策、企业员工培训政策等都有
很强的地域色彩，实现区域间流动与共享还存在一定的困难，区域教育合作办
学具有不稳定性和随意性。师资共享机制尚不健全，柔性流动机制有待建立和

完善，师资培养难以打破地域限制。从医疗看，医疗服务技术标准不统一，各医疗机构使用的信息系统不同，标准化水平低，相互之间难以实现接续健康服务。健康养老服务业专业性较强，而市场尚没有统一的行业技术标准和监管标准，也增加了沪甬对接合作与一体化发展的难度。

（三）联动机制不完善

教育方面，总体来看，宁波的教育机构引进承接上海等地优质资源的内生驱动力还不够强，政府部门动作积极，区域内学校则行动不多，合作以面上为主，真正有实质性明显成效的合作还不多。从医疗看，区域分级诊疗模式、异地看病医保结算等流程仍不便捷，医疗信息资源共享不流畅，临床医护人员、医院管理人员缺乏流动机制和一体化培养培训，无法共享上海等地优质教育教学、规范化培训资源。

（四）环境吸引力不够

宁波城市发展环境和城市竞争力不断提升，但是相比上海等城市，对高端医疗教育人才的吸引力还不够。相比杭州、苏州，无论是快速交通链接、优质公共服务、城市人居环境，还是事业发展平台、团队支撑、学科基础等方面，宁波总体上依然不具备吸引、留住上海高端人才的突出优势，特别是宁波缺乏针对性和定向性强的医疗卫生专项支持激励政策，较难吸引高端医疗人才落户创业。

三、推进上海等地优质医疗、教育资源对宁波的辐射共享的对策与举措

（一）医疗领域

一是实施沪甬医共体建设行动。启动沪甬医疗共同体建设专项计划，成立专题组，负责重点领域对接协调和责任落实，以重点项目建设为突破口，全力推进重大项目、重大平台建设，落实重大改革任务，加快聚集一批高水平团队和平台。大力吸引上海优势医疗资源参与，深化省级医疗中心建设，加快推进宁波第一医院异地（方桥）建设项目，推进复旦大学附属宁波医院、复旦大学宁波健康创新研究院和复旦—宁波生命健康产业园区建设。依托"云医院"平台，围绕医共体建设和医疗卫生服务领域"最多跑一次"改革，建设共享药房、推广即时问诊带教系统、深化在线医保覆盖、拓展护理服务等板块，实现全市域、沪甬医疗机构疑难病会诊等智慧医疗服务。

二是实施沪甬特色专科共建行动。根据宁波市疾病谱及近 3 年外转到上海诊疗的重点疾病排名，宁波已有 20 余个重点学科与上海知名医院进行对接。进一步遴选重点培养对象，主动对接上海医院的儿科、妇产科、血液科、肿瘤科、康复科等一批重点特色专科，加大投入，提升重大疾病临床诊治能力，力争成为区域医疗中心和区域内专科联盟中的龙头单位。整合宁波大学医学院、宁波卫生职业技术学院等宁波院校学科资源，以及复旦大学、上海中医药大学等上海高校品牌和优势学科资源，加强推进国家级医学重点学科建设。深化中医药创新合作，推动建设长三角中医专科联盟。探索实施"双主任制"，重点专科和规划建设的重点专科聘请上海知名专家担任特聘主任，赋予其全面管理受聘科室的权力，包括人事安排和经费开支；选聘本院专家担任执行主任，负责管理日常工作。

三是实施沪甬联合医学科创平台建设行动。加强院士工作站、博士后工作站、重点实验室等医学创新高地与医疗合作平台建设，实质性推进联盟内各高校高层次人才的相互兼聘与合作，提升医学创新和临床研究联动深度。利用区域内的资源优势，探索疑难、罕见、危重急症和重大传染性疾病的联合研究与创新试验，联手突破一批关键性技术，努力打造成临床实验和基础研究相结合、科技创新和人才培养相结合的开放式基地。以打造浙东临床医学和转化医学研究中心为目标，建立联合攻关、学术交流、成果转化、推广应用的开放式平台和医疗科研创新基地。

四是实施沪甬医学人才一体化培养交流行动。通过"跨校学习、学分互认、共享课程、协同科研"，推进沪甬医学创新人才一体化培养。联合推进"新医科"建设，建设高水平复合型医学人才联合培养体系，在规范医学人才培养标准，推进名师互聘、课程共享、学分互认、共建临床教学实践、科学研究基地和培训基地等方面开展广泛合作。建立宁波三级医院骨干医师到上海知名医院接受培训的制度，探索实施卫生健康管理干部和专业技术人员到上海医卫管理部门、医疗机构交流任职制度。加强住院医师和专科医师规范化培训方面的互动，打破行政区域的分隔，使受训对象能够在区域内选择最佳的培训基地，从而为学科发展储备优秀人才。加强健康智库建设与研讨合作，通过举办多层面的卫生健康协同发展研讨交流活动，推进两地三甲医院副主任以上医生，以及大型健康服务机构高级别管理人员流动的柔性管理机制。创新柔性引才体制，柔性引进上海等地高端医学人才，工作内容主要为出诊和手术，实行季节工作制或短期工作制的兼职合作。

五是实施区域内健康信息互通互认行动。推进"互联网＋医疗健康"发展，并推动全民健康信息平台融入长三角区域的跨地区信息平台建设。打破行政区域划分的壁垒，探索与上海等地共建以居民健康档案为重点的全民健康信息平台和以数字化医院为依托的医疗协作系统，实现双向转诊、转检、会诊、联网挂号等远程医疗服务，逐步使健康信息能互联互通，在检验、影像、病理等专科联盟建设和质量"同质化"的基础上，做到同级医院的互认，减少重复检查，降低医疗费用。加快建设远程医疗服务平台，推动各级各类医院逐步实现电子健康档案、电子病历、检验检查结果的共享以及在不同层级医疗机构间的授权使用，实现卫生健康信息平台与上海平台对接联通，促进宁波医疗服务与健康管理信息数据在上海医疗机构及管理部门之间联通共享和业务协同。逐步建立统一的急救医疗网络体系，实现急救信息共享和急救网络联通。推进沪甬、长三角医保目录统一和异地门诊直接结算，提升医保异地结算效率与便利性。

六是实施公共卫生和疫情防控合作行动。统筹长三角地区公共卫生学院的目标布局、培养模式、教材修编，完善建立适配现代公共卫生管理要求的公共卫生教育体系。加强公共卫生医师职业联合培训，联合设立公共卫生与健康安全科技创新工程，开展公共卫生安全的应急技术研究。强化区域公共卫生合作，依托电子健康卡，加强以居民健康档案为重点的全民健康信息平台建设。健全区域重大疫情、突发公共卫生事件联防联控和应急救援机制，推动建立航空医疗救援体系，加强血液联动保障。完善长三角健康码互认通用机制，按照"有码认码、无码认单"的原则，为三省一市复工复产和群众正常生活提供便利。

七是实施康养服务共建共享行动。制定沪甬健康养老服务通用标准、健康服务机构市场进入的统一标准。培育和储备养老护理人才，鼓励上海等地社会资本参与兴办养老服务企业，建设面向上海和长三角地区的康养基地。加快推进健康服务从业人员资格认证一体化，尤其是医学营养、康复保健、介护照护人才。主动对接，与上海等地联合研究制定长期护理制度、标准和长期护理操作规范等，深化长三角长期护理联盟建设，加快建设宁波老年照护与管理学院，共享长期护理优质资源和人才。主动对接"上海服务"品牌建设，在保健食品、老龄生活用品、生态旅游、居家服务等领域培育一批辨识度高、品牌形象优的宁波健康养老产品和服务品牌。

（二）教育领域

一是完善教育合作机制。深化宁波市教育局与上海市教委常态化合作对接机制，每年编制具体合作计划。目前长三角合作以省级层面的合作对接为主要工作形式，并已形成了常态化的工作对接机制，宁波要积极参与省级合作项目，承接相关工作。加强对区县（市）相关教育合作项目的支持与引导，适时给予差异化政策支持与倾斜，提升其合作积极性。发挥学校的主体作用，鼓励各级各类学校充分利用各种平台、信息、政策，选择上海等地优质教育资源"为我所用"。

二是深化高等教育合作。继续吸引上海等地一流高校、研究院到宁波设立分支机构，继续引进建设高水平大学的宁波研究院、研究生院、产业学院，并强化与在甬高校的融合，实现合作互赢。各级政府和高等院校有计划地推出若干合作项目、搭建交流平台及联盟载体，加强宁波高校与上海等地外部资源要素的融合创新，包括校际教学合作、优质师资互聘、学生互换、课程互选、学分互认、共建实验室或科研成果分享转化基地等，共享优质高教资源。借鉴浙江金融职业学院绍兴校区建设的经验，鼓励区县（市）政府积极与对拓展办学空间有迫切需求的高职院校对接，争取吸引其到本地办学。推动建立长三角跨区域高等教育联合实验室，形成需求导向的联合共管机制。

三是推动区域产教融合合作。推动三省一市建立长三角职业教育协商对话机制，积极参与江苏省教育厅牵头的职业教育长三角一体化规划制定工作，完善"优化专业结构、跨区域招生、跨区域共享教师资源"等系列政策体系。积极参与依托温州职业技术学院建立的长三角高职院校应用技术协新联盟、依托浙江工业大学建立的长三角产教融合与职业教育发展研究院建设，积极争取牵头推进长三角地区专业课程与教学合作联盟建设。加强与上海、杭州等中心城市职业院校、龙头企业合作，推动建立区域产学合作职业教育联盟，充分发挥在更大地域范围内有代表性的行业、企业和职业院校在产学合作方面的优势，推动组建代表长三角水平的职业教育集团，在联盟内部进行专业标准、师资、课程、教材、实训基地等方面的合作，从而增强联盟的辐射力和影响力。

四是推动教育信息资源共享。强化智慧学习平台共享，把数字教育资源作为跨区域共享的优先领域，推动"甬上云淘""甬上云校"等公共教育服务平台与上海等地对接,完善数字教育资源。参与长三角地区学分银行共建共享,加快学分银行试点城市建设,参与建设以学习成果认定、积累和转换为主要功能的学习成果认证管理中心和转换服务平台,完善以开放大学为主的学分银行功能,探索地区间学习成果互认机制,探索学生校际流动与培养互认机制,推进地区内课程互选和学分互认,实现学分银行系统间的互联互通和资源共享。探索联合开发"区域教育现代化指标体系""区域基础教育质量评价指标体系"等若干标准体系。

五是强化人才人文交流合作。充分利用长三角师资交流合作的各类平台和项目,包括长三角骨干教师和管理干部跨省交流项目、长三角中小学名校长联合培训项目、长三角联合师资招聘会、长三角教师队伍建设论坛、长三角地区中小学班主任基本功大赛、长三角基础教育年度峰会等,提高师资引进与培养水平。加强与上海、杭州、绍兴等城市的师资培养培训交流,定期召开城市间学校教育教学联盟论坛,大力开展名师、正高级、特级教师师徒结对帮扶活动,建立中小学校长、幼儿园园长的定期挂职跟岗机制,跨区域吸收优秀教师进入名师工作室,构建"影子校长、影子教师"后备人才联合培养机制。推动名师共同开发专业课程,建立教研员专业共进机制,定期组织教研员专题研讨活动。推进"访问工程师"等联合培养项目,共享高端企业开展的考察观摩、技能训练、专题讲解、小组研讨、上岗操作和演练、产品开发和技术改造等形式的研训。以中小学生实践教育为抓手,积极推动与上海、杭州、绍兴等城市学生社会实践教育基地和优质资源的开放共享,联合开展学科夏令营、冬令营等活动,加强城市间青少年学生的爱国主义教育、劳动实践教育和交流互访。

宁波职业技术学院　杨晓波

八

社会建设深化

推广象山社会组织学院经验，以平台建设促进地方治理

　　象山社会组织学院是浙江省乃至我国东部地区第一个党委政府主导，为社会组织及其工作者提供教育培训的校院联合平台，在服务社会组织、打造优质从业队伍、发展社会组织党建、推进社会治理创新方面发挥重要作用，是打造多元参与地方治理共同体的有效探索，其做法经验值得宁波市及相关区县（市）学习借鉴。

一、象山社会组织学院建设的主要经验

（一）加强党建引领，重视思想教育工程

　　学院在加强社会组织党建工作、激发社会组织活力，夯实党的执政基础方面发挥突出作用。学院提供的各类培训中，不仅包括业务能力相关课程，也包括党性教育课程，从而有效提升社会组织从业人员综合素质。除常态培训中的党性教育课程，学院还利用上级党政部门负责人前来调研的机会，组织专题党课，提升社会组织从业者的党性修养。2019 年 7 月，学院就在省委"两新"工委团队调研期间，邀请相关负责同志为本地社会组织党组织负责人及党务工作者上专题党课，结合主题教育集中学习经验和蹲点调研体会，明确党引领下的社会组织高质量发展方向和目标任务，在激发相关人员工作热情、引导相关人员树立服务理念等方面取得良好效果。

（二）提供细分课程，解决能力建设痛点

　　学院在促进县域社会组织能力建设、提供专业化培训方面发挥核心作用。

自 2017 年 11 月成立以来，学院累计开展各类培训班 37 期，受益者 2700 余人。针对不同类型的社会组织和不同需求的从业人员，学院提供有针对性的细分课程，围绕多种主题开展教学培训，通过覆盖内容广泛实用、形式多样的课程服务于社会组织能力提升。针对区域内社会组织内部治理结构不完善和治理能力不足问题，设置"社会组织法人治理""社会组织人力资源财务管理"等课程；针对社会组织资源汇集能力不足问题，设置"政府购买服务和职能转移""公益慈善类组织募捐策略"等课程；针对社会组织对外宣传方面的欠缺，设置"社会组织新闻传播""社会组织服务平台包装"等课程。

针对不同背景、不同来源的社会组织人员，学院能够较为灵活地调整课程设置，提供具有指向性的系列培训班。如针对不同类型组织负责人在从业经验或管理能力上的欠缺，学院设置了社会组织管理人员"领航计划"培训班、行业协会商会负责人研修班、社会组织服务平台负责人培训班、社区社会组织负责人能力提升班等培训周期长短不一的系列课程，重点提升负责人领导力。而针对社会组织一线工作人员，学院也能提供紧急救助员职业资格实务培训班、社会工作师职业资格实务培训班等考前培训，帮助上述人员提升专业技能，顺利获得相应职业资格证书。

（三）拓展对外交流，搭建沟通合作桥梁

作为全市首个社会组织培训基地，学院成为连接市、县两级，提升不同层级间合作水平的抓手。学院已先后主办或承办宁波市新人社会团体秘书长培训班、宁波市民政局干部素质培训班、甬城公益人赋能训练营等市级培训项目，覆盖对象近千人，不仅使市、县两级社会组织增进了解、增加合作机遇，还成功扩大学院在全市社会领域的影响力。2019 年 9 月，学院举办宁波市社会组织负责人培训暨助力对口帮扶地区脱贫攻坚交流班，并现场启动宁波市社会组织助力对口帮扶地区脱贫攻坚慈善项目对接会，完成与吉林、贵州等省贫困地区的资金对接逾 500 万元，成功实现宁波市慈善项目和组织的外向发展。

为了提供更高水准的培训，学院还与外部学术科研机构进行合作，聘请知名院校的社会组织领域资深专家，打造跨界联动的师资队伍。学院先后与清华大学、上海交通大学、浙江大学、宁波大学等高校合作，邀请相关专家莅临授课，并共同开展社会组织理论、发展方面的学术研究，针对象山实际提供社会组织发展建议，实现研究成果转化。

（四）建设媒体平台，推进多元渠道传播

学院在开展线下培训的同时，建立多渠道传播矩阵，实现线上线下的同步发展。学院通过官方网站、微信公众号、百度百家号以及今日头条号，不仅实现了自媒体的自主运营，还在全国顶级网络流量平台上占据一席之地，全方位发布组织活动新闻信息。同时，学院信息也在中国善网、中国发展简报等非营利领域门户网站发布，获得数以万计的阅读量，实现了机构影响力的扩张。

官方网站伴随着学院成立而同步上线，不仅在信息公开与呈现方面发挥重要作用，还成为学院开展活动报名、人员管理等工作的重要平台。网站设置"工作动态""通知公告"等板块，第一时间登载学院重要新闻，发布培训及活动通知；设置"政策法规""行业观察"等板块，提供社会组织领域相关政策全文和行业研究成果，供社会组织从业人员学习参考；设置"培训报名""合作参与"等板块，实现学员、师资和志愿者的在线招募。

二、进一步加强象山社会组织学院建设的相关建议

（一）巩固党建特色，提升党员队伍整体水平

一是继续发扬党建引领特色，打造党建特色品牌。建议与外部学术机构合作，以现有象山特色党建引领社会组织发展模式为范本，调研国内其他地区的社会组织党建先进经验，形成社会组织党建工作开展总结报告及案例集，成为后续指导相关工作的重要依据。在此基础上，可以编写社会组织党建工作指导手册及教材，用于长期教学工作；与相关领域资深专家合作，整理归纳社会组织党建工作的核心理论和概念，创设社会组织党建领域的"象山话语"。

二是加大培训力度，打造专家群体优势。健全培训机制，除党组织负责人和党务工作者培训之外，设计面向社会组织普通党员的相关课程并定期实施。建立社会组织党务工作者专家库，从离退休老干部、老党员等群体中选聘党务教育人才，既可以作为相关课程的讲师，也可以作为党建工作指导员，向有关部门予以推荐。

（二）创新课程模式，扩充培训活动内容规模

一是提升课程内容灵活性与生动性，增加社会组织现场培训。目前，学院提供课程以封闭环境集中授课为主要形式，辅以少量公益沙龙和益园参观活动，课程灵活性不足。建议提升授课内容灵活性，组织学员前往宁波市及周边地区

优秀社会组织观摩学习和考察，实地了解这些社会组织的项目运作流程和内部治理结构，对社会组织运营形成更加直观的认知。同时，增加师资力量中社会组织从业者的比例，邀请国内其他地区县域社会组织负责人及部门主管到象山分享项目设计、资源募集、绩效评估等方面的具体经验，为本地社会组织提供优良模板。

二是设计线上课程，实现培训实时化。为突破集中授课瓶颈，建议利用互联网实现线上授课。可由外部专家学者录制可供反复使用的视频课程，也可购买成熟公益课程平台如益修学院的系列课程，通过微信等渠道在学员内部传播，供学员随时观看学习。对于现有的集中授课培训，也可进行现场录像，积累到一定程度后可在主流视频网站推出系列课程视频，使更多社会组织受益的同时提升学院影响力。

（三）升级对外交流，引进外部智库支持资源

一是承接省级社会组织培训活动，激活省、市、县三级互动网络。在广泛承办宁波市社会组织培训项目的基础上，建议学院更进一步，力争成为浙江省社会组织培训与交流的重点平台。浙江省有较强的社会组织建设基础，尤其是县级社会组织发育情况良好，在全国处于领先地位，但相应的能力建设支持机构则存在缺口。学院应抓住此契机，与浙江省社会组织总会等省级枢纽组织建立联系，或通过宁波市向上申请承接社会组织培训项目，争创省级乃至国家级社会组织教育培训基地。

二是积极引进外部智库资源，为本地社会治理提供支持。学院可在当前初步合作基础上，就近与长三角地区大型社会组织领域智库，如上海交通大学中国公益发展研究院、浙江大学社会治理研究院等单位开展合作共建。一方面，邀请上述单位的知名专家学者参与本地社会组织发展战略设计和管理机制建设讨论，如列席旁听县社会组织管理工作领导小组会议等；另一方面，邀请学者做专题报告，介绍其他地区县域社会组织发展的先进经验，为本地社会组织工作提供参考。

（四）强化平台建设，放大微信平台传播效应

一是加强微信公众号建设，丰富表现形式。当前学院的微信公众号建设稍显滞后，更新频率较低，内容以转载官网新闻为主，可读性和传播性有待加强。建议密切关注网络新媒体发展变化，学习互联网传播新技术和新模式，尤其要积极采用图表图解、音频视频、漫画动画、H5 微杂志等形式，增强传播内容的吸引力。

二是重视平台互动功能，提升传播影响力。积极利用微信公众号的互动交流功能，开展意见征集、网上调查、有奖问答等活动，搭建起学院与社会组织及社会公众之间的对话"直通车"，建立健全对用户意见建议的收集和反馈机制。增强营销意识，可通过与灵析等行业支持机构合作，策划线上线下互动活动，扩大学院微信公众号知名度，引导各相关方添加关注并主动推送信息，借势借力放大传播效应。

上海交通大学　徐家良

（2019 年度上海市哲学社会科学规划第一批专项课题成果）

关于完善和落实我市分级诊疗制度的对策建议

分级诊疗制度是医疗服务体系的一项基础性、长远性、系统性的制度。我市分级诊疗取得阶段性成效，但仍存在基层医疗能力不足、医共体间运行不畅、激励机制落实不够等问题亟待解决。建议以完善城市医疗服务体系和应对重大公共卫生事件为目标要求，提升基层医疗服务能力，促进医共体实质性运行，推动激励机制落地落实，加大社会宣传引导力度。

一、我市分级诊疗制度实施过程中存在的主要问题

（一）基层医疗能力不足

一是硬件设施有待完善。部分城郊、农村、山区、乡镇医疗卫生机构存在硬件设施落后、常规检查设施不完备等问题。与此同时，一些诊疗设施成摆设，如我市远程诊疗设备成为许多基层医疗机构标配，但由于组织过程烦琐、系统易用性不高、收费高等因素，实际使用效率不高。

二是软件实力有待加强。基层医疗机构普遍存在人才引不进、留不住、晋升难等问题。此次疫情中，我市基层医务人员任务繁重，不仅要对村民（居民）进行防控知识宣教、居家隔离指导，还要提供预防性服务、协助疾控部门调查处理等。但在调研中发现，部分地区在疫情前期出现公共卫生与防疫人才储备不够、医护人员自身疾控知识不足、训练普遍缺乏等问题。

（二）医共体运行不畅

一是信息不畅。由于信息系统标准不一、衔接性差等原因，卫健、医保等部门之间、医共体内部之间没有建立统一信息平台，医疗、医药、医保、公共卫生等信息数据无法有效共享和利用，也导致卫健、医保部门对医共体监管存在一定难度。在调研中，我市有部分居民反映，在三级医院就诊后，到社区卫

生院复查时无法查询相关就诊信息，仍需回原医院就诊。

二是转诊不畅。上下转诊已在全市范围内开展，但目前仍存在双向转诊不畅、下转难等问题。调查中发现，一些患者抱怨社区医生未主动提供转诊预约服务，只是简单告知患者到上级医院治疗或检查。

三是用药不畅。上下级医疗机构药物匹配度相差较大，不能满足居民用药需求，甚至出现下转患者到上级医院就诊取药现象。"民生 e 点通"平台上有居民反映，社区卫生院不进不常见药物或介于医保与非医保范围的药物，为了配齐药只能在卫生院和药店来回跑。

（三）激励机制落实不够

从上级医疗机构看，分级诊疗目标之一就是三级医院逐步取消普通门诊，专治疑难杂症。目前宁波市第一医院等多家三甲医院试行取消大内科普通门诊，对专科、专家、专病门诊进行限号。但是由于分级诊疗将影响三级医院服务绩效评价、医保支付、财政补助等利益，可能导致成本、人员等方面问题，造成其推动分级诊疗动力不足。

从基层医疗机构看，随着我市推进分级诊疗，患者刚性需求势必要转移到基层医疗机构，但由于设备落后、全科医生不足、医保支付制度未落实等因素，其推行分级诊疗意愿不足。调研中发现，个别地区基层医疗机构将大多数结余经费用于购买医疗设备和改造就诊环境上，用于人员绩效上较少。

从家庭医生方面看，基层公共卫生和医疗任务异常繁重，社区居民多、村民多，家庭医生、全科医生数量少，我市个别村（社区）的家庭医生存在"签而不约"、健康评估和康复指导不细致、签约服务相互推诿等问题，在调研中有不少群众表示不了解、不认可、不满意。

（四）社会因素影响较大

一是就医习惯有待改变。由于经济文化水平、传统观念等影响，部分居民对基层医疗机构缺乏信任，更相信三级医院诊疗技术，即使是慢性病、常见病，仍然更倾向于选择大医院就诊，基层首诊、向下转诊意愿仍有待加强。在调研中，我市有居民反映，在疫情期间，由于多数人还习惯去三级医院看病，导致医院病患太多，等待四五小时还没有看上病，存在交叉感染隐患。

二是虹吸效应有待破除。我市城镇化加速，大量农村地区人员流动到城市社区居住，加之打工人员常年外出，导致乡镇医疗机构服务人数逐年下降。同时，部分三级医院规模不断扩张，在医疗资源、优秀人才、患者和医疗费用等方面形成虹吸效应，造成"医保资金向上走、基层病人向上转"局面。

二、进一步完善和落实我市分级诊疗制度的对策建议

（一）提升基层医疗服务能力

一是推进基层医疗机构标准化建设。"十四五"医疗卫生体系建设中，重点倾斜乡镇卫生院、村卫生室基础设施，落实基层医疗卫生机构基础建设、设备购置、信息化建设等基本补助政策，有效推进村卫生室和社区卫生服务站示范化、规范化、合格化建设。加快打造以区县（市）为单位的统一检验、影像、心电、病理、消毒供应等医疗资源共享中心。

二是加强基层人才资源可持续发展。加大全科医生规范化培训和转岗培训力度，构建全科医学教学实践体系。建立健全卫生系统"编制周转池"机制，落实"县招乡用"灵活用人机制。市级医院和县域医共体严格落实"双下沉、两提升"要求，将"全年下沉医务人员 500 名以上"人才配置足额到位。启动实施"一村一名大学生村医"工程，通过公开招聘、定向委培等方式，加强村卫生室医疗人才队伍建设。乡镇卫生院组建村医指导员队伍，为村卫生室提供技术指导、业务培训、质控管理、健康教育等服务。

三是打造智慧医疗"一站式"服务。继续完善互联网诊疗和药品配送信息系统，建立健全远程医疗服务纳入医保支付机制，以"云医院"平台为基础，实现网上门诊、远程医疗等医疗服务，促进我市优质医疗资源向基层辐射下沉。

（二）促进医共体实质性运行

一是畅通信息。落实《浙江省县域医共体信息化建设指南（试行）》等相关政策，优先构建 25 个县域医共体医疗信息平台，推行信息标准化建设，实现各级医疗机构之间医疗信息共享。市、区县（市）各级卫健部门与医保部门强化医保等重点信息互联互通，重点加强对医共体的监督、考核和指导。

二是畅通转诊。加快建立健全统一转诊标准，打通预约绿色通道，畅通向下转诊渠道，严格控制向上转诊机制，推行医共体内有继续治疗需求的患者"出院即转诊"，实施转出医疗机构负责制。

三是畅通用药渠道。卫健、医保等部门要加大基层药品目录扩容力度，追加基层用药品种，同步匹配医共体内部药物目录范围。建立健全中心药房制度，

加强全市特别是村（社区）卫生机构用药指导。完善"云医院""共享药房"，健全药物信息共享平台。

（三）推动激励机制落地落实

一是对医院的激励机制落地落实。继续完善"医防结合、按人头总额预付""超支不补、结余留用"支付机制，严格落实在结余基金中一半用于人员绩效上，倒逼医共体内成员单位合理控费并对激励机制进行改革。

二是对医生的激励机制落地落实。卫健、人社部门牵头，进行薪酬绩效分配制度改革，提高基层全科医生薪资待遇。推行院长职业化管理，探索实行院长薪级和目标年薪制，将医共体考核结果与院长薪酬待遇、职务任免挂钩，并纳入医院等级评审、"健康宁波"建设等考核。

三是对患者的激励机制落地落实。为引导患者在基层首诊，对家庭医生签约与非签约村民（居民）就诊实施差异化医保支付政策。加大医疗救助力度，特别是支持基层医疗机构针对低收入人群和困难人群的医疗救助服务。提升家庭医生签约服务质量，将部分医保资金前移为疾病预防经费，将签约管理效果、初诊转诊效率等纳入家庭医生综合服务考核评价体系。

（四）加大社会宣传引导力度

一是加强组织领导。各级政府高度重视，切实将分级诊疗制度建设摆上重要议事日程。严格落实《宁波市人民政府办公厅关于推进分级诊疗制度建设的实施意见》要求，按照疫情防控出现的新形势、新要求，明确市、区县（市）、乡镇（街道）、村（社区）四级医疗机构的时间表与任务书，压实责任，分步实施，尽快形成具有地方特色的分级诊疗格局。

二是建立医疗品牌。基层医疗卫生机构要发挥自身优势和特色，大力开展基层康复中心、慢性病管理中心、健康教育中心建设。努力建设基层优势科室，打造特色品牌，鼓励有基础的基层医疗机构开发中医、针灸等特色项目，吸引相应领域名医定期长期坐诊，从而吸引村民（居民）到基层就诊。

三是加强宣传引导。探索将"甬行码"关联到市民卡、社保卡、"云医院"账号，不断完善医疗数据存储、转诊资料分析等功能，使之成为市民获取医疗卫生服务的"首选码"。通过大数据分析，对分级诊疗制度进行精准宣传，引导医院、医生、村民（居民）践行分级诊疗。

宁波市社科院（市社科联）　邵一琼

关于完善推广江北区"两网融合"做法
提升基层治理能力成效的建议

本文总结提炼 2019 年以来江北区积极探索交警警务网络与"一中心四平台"基层社会治理网络相融合的做法及成效，并建议积极完善推广。

一、江北区"两网融合"主要做法

（一）网格匹配

江北区交警队将全区划分为 54 个交警网格，与原有的 754 个社会治理网格进行叠加，确保网格管理边界统一。根据区位和社会治理实际需求情况，每个交警网格匹配 10 ～ 15 个社会治理网格。

（二）人员互补

江北交警建立"大队—中队—民警—辅警"三层四级网络排查治理勤务模式，在 54 个交警网格内配备 54 名交警、105 名辅警，与 728 名社会治理网格长、1988 名网格员有机融合，与网格内党员、志愿者、群众等形成治理合力，有效弥补基层治理力量不足问题。

（三）信息互通

通过交警入驻社区网格微信群、交警中队开通三级账号、交警大队落实分管领导和联络员，实现基层治理综合指挥体系与交警各层级信息有效对接和互通。社会治理网格长将日常巡查掌握的交通安全隐患信息与交警执勤过程中了解的社会风险隐患信息通过网格微信群及时传递与共享。交警网格长可在社会治理网格长的协助下通过微信群进行民情民意收集、紧急事件联动、交通安全宣传等工作。

（四）处置联动

交警网格和社会治理网格对发现的问题进行密切协同处置。交警网格长或社区网格长发现事件，通过微信群通知，由社区网格长上报至宁波市基层社会服务管理综合信息系统，交通安全领域一级事件由社区网格长联系交警网格长协调解决，二级事件由村（社区）对接各交警网格长协调解决，三级事件自动流转至交警中队处置，交通安全类四级事件自动流转至交警大队处置。非交通安全类，由社区网格长按级上报，按事件等级，分类自动流转至乡镇（街道）各科室及职能部门处置。社会治理网格长在交警的指导下处理部分交通安全隐患问题。

（五）制度保障

江北交警与区社会治理综合指挥中心共同建立了信息双向流转、数据动态传送、案件分析研判、问题流转交办"四大机制"。构建"五会五报"制度，通过每月召开内部工作例会、各业务系统运行例会、主任办公室例会，每周召开疑难复杂事件协调会议和不定期召开"三人小组"会议，推行"日报、周报、月报、急报、专报"，推进各类事件快速流转，提升事件按期处置率、满意率。

二、江北区"两网融合"主要成效

（一）有效提升了基层网格问题发现能力

"两网融合"将基层民警和基层网格、居民群众的力量充分结合起来，有效拓宽问题发现渠道，使发现矛盾问题的渠道覆盖更广泛、触角更灵敏、响应更及时。交警日常巡逻过程汇总发现的各类社会风险隐患点通过微信群及时告知社区网格长，将事件发生地点、照片、问题描述等同步推送，由社区网格长第一时间逐级上报，网格人员和群众将交通隐患和问题及时告知警务人员，同时又扮演着交通安全隐患排查员、宣传劝导员、群众意见收集员角色。

（二）有效提升了基层网格问题处理效率

建立了一体化交通安全综合治理的体系，推进警务力量与网格力量相互促进、相互监督，调动了网格管理员和警务人员处置事件的责任心和积极性，更及时有效地回应群众反映的交通安全类问题，及时将其他问题派遣给相关责任部门，实现了高效率解决问题和精准化治理。自"两网融合"警务模式启动以来，共计受理涉及交通安全隐患案件6606起，办结率100%，聚各方力量落实资金 3500 余万元。在此次防控疫情和保障复工复产战役中，"两网融合"现代警务模式更是发挥了巨大作用。

（三）有效提升了问题风险的研判预判水平

通过自主研发的手机 App，将各类事故、隐患排查等信息上传到数据库，运用大数据分析，制作可视化的热力图，将事故黑点、违法乱点直观呈现出来，进一步优化路面管理勤务机制，同时供各级部门针对重点路段、重点车辆、重点人员精准管控、监管、治理。

（四）有效提升了基层治理统筹成效

建立以交警绩效考核机制与区社会治理综合指挥中心督办考核制度为两个轴心的"双轴化闭环式"考评体系，区社会治理综合指挥中心对江北大队 5 个中队、各乡镇（街道）综合指挥室的事件流转与处置情况进行考评，交警部门将网格化管理工作列入绩效考核范围，定期考评，有效提升了基层治理力量的统筹整合水平。

三、几点建议

（一）加快完善"两网融合"机制

一是健全学习培训制度，进一步规范工作流程，加强对网格员、网格长的交通隐患排查治理业务培训，加强对警务人员的基层治理相关业务培训，不断提升基层治理队伍整体素质。

二是健全互动互联机制，进一步强化"两网"之间人员、信息方面的对接和互动，尤其要强化"两网"重点问题的分析研判。

三是健全监督评估机制，建立健全跟踪问效、定期通报制度，不定期组织对"两网融合"管理工作成效的检查评估，对工作成效不明显的，采取督导约谈、通报、追究责任等措施，推动工作落实。

（二）加快推广"两网融合"做法

对江北区"两网融合"的成功经验进行系统总结，梳理融合的路线图、流程图，开展专家研讨，形成可复制、可推广的经验模式，将交警网向公安网拓展，推动形成基层治理网和公安网"两网融合"局面。通过召开现场会、下发文件等方式，在全市推广"两网融合"做法。及时总结全市推广情况，积极向省里汇报、宣传和推广。

（三）加快构建基层治理"大联动"格局

借鉴"两网融合"做法，推动生态环境、食品药品、劳动监察等部门执法力量实质性下沉，将基层治理的指挥权、执法权、考核权全部交给乡镇（街道），将部门专业力量、乡镇（街道）联村干部包片下沉到网格。乡镇（街道）要加强对包括公安在内的下沉审批服务执法力量与现有力量的统筹整合，推进跨部门跨层级网格一体化治理平台的建设，建立并落实信息联判、事务联处、执法联动等机制，确保"一支队伍、一个平台、一套机制"联动开展审批服务执法，提升快速反应、高效处置能力，形成"多网融合"的基层治理"大联动"格局。

宁波财经学院　陈苗青

关于完善"居民健康素养提升行动"落实机制的建议

本文对宁波提升居民健康素养工作的亮点举措、成效及存在问题进行调研分析，提出完善"居民健康素养提升行动"落实机制的几点建议。

近年来，宁波以《健康宁波 2030 行动纲要》为引领，大力实施"居民健康素养提升行动"，居民健康素养水平监测值从 2013 年的 16.27% 提升到 2019 年的 30.03%，走在全国前列。疫情期间，我市加强应急公共卫生健康教育，有力配合了防疫抗疫工作，但也暴露出一些问题和短板，需加快完善"居民健康素养提升行动"落实机制。

一、疫情防控中宁波提升居民健康素养的亮点举措及成效

（一）健康宣教信息采编更加高效

2016 年以来，依托宁波健康教育云平台，我市逐步建立起了市级健康科普资源库。疫情期间，快速补充应急健康教育资源，确定并完善宁波公众健康防护知识核心信息；第一时间组织专家编制《告全体市民书》、新冠肺炎防控核心信息，及时通过多种途径对外发布。仅今年前两个月，宁波健康教育云平台新增应急健康教育视频 48 部，云平台 2889 个点位，滚动播放新冠肺炎防控知识字幕。

（二）健康宣教渠道更加立体

经过多年开拓，市爱卫办建立了电视、报纸等传统媒体和微信、微博等新媒体相结合的健康宣教渠道。疫情期间，积极探索媒体融合报道的新路径和新方法，针对不同人群采用不同方式全方位宣传普及新冠肺炎防疫知识。如与市电视台合作，共录制播出 21 期防疫专题节目，并在所有频道 24 小时滚动播放防疫知识字幕；通过三大运营商，发送防病健康短信 4000 余万条。调查显示，

居民对新冠肺炎的临床症状、传染源、传播途径等核心知识的知晓率分别达到 97%、65% 和 88%，外出佩戴口罩、回家洗手、打喷嚏、咳嗽掩住口鼻等行为持有率都在 95% 以上。

（三）"健康细胞"建设更加扎实

持续开展"健康细胞"建设，通过健康社区、健康企业、健康学校等"健康细胞"的创建工作提高居民健康素养水平。疫情期间，各村（社区）通过反复宣传，引导居民逐步养成了戴口罩、勤洗手等良好的卫生习惯。各级党员干部、社会组织、志愿者参与到基层疫情防控工作中，承担起义务宣传健康知识和健康技能职责。医务人员配合复工指导部门下企业，指导复工企业做好消毒和人员防护。"健康细胞"建设水平和能力在短期内得到大幅提升。

（四）健康教育部门合作更加紧密

根据《健康宁波 2030 行动纲要》，建立了市爱卫办牵头，31 家成员单位共同参与的工作格局。疫情期间，市爱卫办与各成员单位间的合作联系更加紧密。与交通运输部门合作，在高铁站、长途汽车站、地铁站等重点公共场所紧急开展新冠肺炎专项防控健康教育。通过科协网络，在社区科普长廊等多个平台发布疫情防控科普画板。利用住建部门渠道，向复工企业提供最新版《新冠肺炎防控企业返岗返工防护手册》。通过各单位平台资源的有效整合，实现疫情防控宣教无死角、全覆盖。

二、疫情防控中宁波居民健康素养提升工作存在的问题

虽然我市居民健康素养总体较好，但与先进地区相比仍有差距，以 2018 年居民健康素养水平监测值为基准，宁波为 27.6%，北京、上海、杭州分别为 32.3%、28.4%、33.9%。此外，疫情防控也暴露出我市部分居民尤其是农村居民、老年人群、外来人口群体，存在健康知识匮乏、健康行为失范、心理健康素养低下等问题。这与《健康宁波 2030 行动纲要》的目标要求有差距，反映出居民健康素养提升工作仍存在一些问题。

（一）应急健康教育工作体系运行不够顺畅

疫情的突发性对应急健康教育工作体系构成了巨大挑战。浙江省启动重大公共突发卫生事件一级响应后，市卫生部门虽然立即启动了应急健康教育宣教工作，但初始阶段因缺少日常的互动应急演练，其他相关部门与其配合、互动

不够，工作开展不顺畅。

（二）信息传播机制不够完善

传播者以预防医学教育背景的专业技术人员为主，缺乏专业的新闻媒体传播能力。传播渠道有待巩固，传统宣传阵地因经费问题不够牢固，疫情期间相关运营商虽给予了一定的公益支持，但平时的健康教育宣传合作项目都需要收费。新的宣传阵地有待拓展，宁波健康教育云平台涵盖场所局限于基层医疗机构，尚未覆盖到车站、旅客集散中心等人流量较大的公共场所。传播方式多为单向灌输，互动交流少。

（三）基层工作网络不够健全

专职教育机构人员配备不到位，2018年，宁波市疾控中心增挂市健康教育与促进中心牌子，增加编制3人，但由于机构改革等原因，人员仍未到位。基层推进机构职责不明确，乡镇卫生院、社区卫生服务中心防保科的健康教育工作常因科室人手不足而被忽视。健康指导员队伍未落实，离《健康宁波2030行动纲要》中提出的"到2030年，每千人常住人口健康教育指导员达到10人"的预期目标差距较大。家庭医生没有切实发挥作用，签约率虽高，但"签而不约"的现象十分突出。

三、推动"居民健康素养提升行动"落实机制的几点建议

（一）建立卫生应急素养提升机制

一是建立应急健康教育快速反应机制。编制《宁波市突发公共卫生事件健康教育工作应急预案》，明确应急健康教育的组织架构及工作职责、工作流程，制定针对不同类别、不同发展阶段的突发公共卫生事件的健康教育策略，并定期开展应急健康教育演练。

二是建立卫生应急素养全民教育长效机制。加大全社会全方位的倡导和重视力度，将健康素养教育纳入国民教育体系，适度增加传染病防治等应急素养内容。对全人群尤其是老年人群、患病人群和环境暴露人群，开展应急素养提升项目。依托市红十字会，深化实施"公众应急救护服务工程"，构建公众急救培训网络。

（二）推进分层分类精准落实机制

一是针对中小学生群体，结合健康教育进校园活动，分学段开展健康素养教育。落实校医（保健医生）和健康教育师资配备要求，中小学健康教育开课

率达 100%。

二是针对农村居民，学习北京等地先进经验，出台专门的《农村地区居民健康素养提升三年行动方案》。将健康素养提升融入所有农村宣教活动，完善农村文化礼堂健康锻炼设施，进一步深化健康素养教育进农村文化礼堂活动。

三是针对中老年群体，在健康科普资源库下增设中老年专题，收集编制针对不同疾病、不同健康问题的中老年人健康教育核心信息。针对部分老年人沉迷保健品、盲从"微信养生"等突出问题开展专题教育活动，提升中老年人的互联网行动能力。

四是针对外来人口，在流动人口聚集地开展有针对性的集中健康宣教工作。以健康企业创建为抓手，倡导企业完善健康锻炼设施、培育职业健康安全意识、组织健康教育活动，开展健康指导员进楼宇、进工厂活动。

（三）创新健康宣教平台建设机制

一是做大做强信息化平台。全面提升健康教育云平台，将之打造成为全国先进的健康宣教平台。完善系统功能，增强互动性，及时获知用户的评价与需求。扩大平台试点范围，向学校、楼宇、家庭等"健康细胞"扩展，实现"一网到底、全市同步"。加大健康科普资源库建设力度，导入国家级、省级资源库内容，结合本市居民关切的主要健康问题，与时俱进地开发、整理有地方特色的健康科普资源。

二是创新与媒介平台的合作方式。构建全媒体健康科普知识发布和传播机制，进一步做好健康信息的分众化传播。引导和鼓励大型国有文化传媒集团与网络运营商，每年免费提供一定数量或时长的公益宣传。与科普机构合作开展宣教活动，如联合市社科联开展以提升居民健康素养为主题的"社科普及月"活动等。

（四）落实健康教育服务人才队伍建设机制

一是打造社区健康教育工作队伍。健全乡镇（街道）健康教育组织机构网络，明确乡镇卫生院、社区卫生服务中心防保科在健康教育和促进中的职能，确定岗位职责和分工，并纳入医护人员考核与管理。

二是落实家庭医生制度，打造健康指导员队伍。探索对签约家庭医生制倾斜的医疗保险政策和支付机制。加强全科医生培养，完善家庭医生的准入标准、管理办法和激励政策，建立一支稳定高效的社区家庭医生队伍。加大健康指导员的招募力度，组建一支以社区家庭医生、计生专干等为主体，退休医疗卫生工作者、健康科普志愿者等积极参与的健康指导员队伍。完善从招募、培训、认证到考核、评价的健康指导员管理机制。

三是建立健康教育专家库。遴选本市医疗机构、高校具有丰富专业理论知识和临床经验的专家与学者，建立健康教育专家库。负责提供针对健康教育工作的专家咨询服务，参与健康专业知识培训授课及健康教育相关项目的设计和论证。

（五）完善健康素养提升投入保障机制

一是落实人员编制。尽快将市健康教育与促进中心的3个编制落实到位，保证机构正常运转。

二是调整卫生服务投入结构。破解"重治疗、轻预防"顽疾，政府投入应确保向社区卫生服务、农村卫生服务倾斜。

三是完善评估机制。持续编制《宁波市居民健康素养监测报告》，强化评估，做好数据分析和利用，及时制定有针对性的干预措施。

宁波市社科院（市社科联）　陈珊珊　陈建祥　张英　李广雷

进一步深化宁波市中小学教师"县管校聘"改革的对策建议

宁波市被列为"县管校聘"管理改革试点以来，工作取得明显成效，但也面临教师资源总量与结构不够理想、改革合力不够、区域间不够均衡、教师参与动能不足、机制建设不够健全等问题。建议从完善多方力量整合建设、完善教师配置机制建设、完善教师队伍梯队建设、完善激发教师参与改革动能的机制建设及强化乡村教师待遇吸引力的制度建设等方面深化改革。

"县管校聘"指公办义务教育学校教师和校长全部实行县级政府统一管理，要求教师和校长交流轮岗到县域内的义务教育学校，即教师和校长从过去的"学校人"变成了"系统人"。浙江省积极落实教育部关于"县管校聘"的相关工作部署和要求，在全省推进改革试点。宁波市在 2017 年被列为试点后，各区县（市）积极探索、大胆尝试，课题组在数据分析和实地调研的基础上，总结经验与问题，对制度的进一步完善和改革的全面铺开提出建议。

一、宁波市中小学教师"县管校聘"改革举措

宁波市被列为试点后，"县管校聘"改革涉及 738 所学校和 4.69 万名中小学教师，学校覆盖率为 85.7%，教师覆盖率达到了 88.98%。截至 2019 年底，全市符合交流条件教师的交流比例达到 30%，其中具有一级以上职称的教师达 848 名，48 名校长和 220 名骨干教师交流到农村和薄弱学校。改革试点的覆盖、轮岗交流的畅通、均衡化的配置等得以实现，都得益于一系列改革举措的实施。

（一）注重统筹协同，形成改革合力

市本级、鄞州区、慈溪市、余姚市、象山县等都把教师"县管校聘"改革写入政府工作报告，并作为政府重点改革项目。区县（市）均加强了教育、编办、人社、财政等部门的统筹协同，明确了各自在"县管校聘"工作中的职责和

任务分工，基本建立了政府部门之间的沟通协调机制。以余姚市为例，成立了由分管副市长任组长，市府办、教育局、编办、人社局、财政局等单位负责人组成的领导小组，统筹全市教师"县管校聘"改革工作，并建立了工作联席会议制度。

（二）强化制度配套，系统开展改革

在推进"县管校聘"工作中，政府部门、学校明确各自职责，加强配套制度的改革，不断探索完善教师补充、考评聘用、绩效考核、退出机制、培养培训、交流轮岗和发展激励等配套制度。全市各地明确要求逐步压缩非教学人员编制，尝试将一般性教学辅助岗位、工勤岗位等不再纳入编制管理范围，提倡服务外包。例如，余姚市规定对由教学一线或其他专业技术人员转岗至管理或工勤岗位的，实行"岗变薪变"，按新聘岗位重新确定工资待遇，并对各学校中高级专业技术岗位空缺数由市教育局实行集中调控和管理，用于名优教师的培养、教师交流工作中岗位的聘任。

（三）创新聘用管理，注重队伍稳定

各地注重岗位竞聘管理，例如，镇海区规定所有岗位必须竞聘上岗，先进行区域竞聘再进行校内竞聘、组织统筹调剂，减少行政指令性的竞聘，给学校与教师提供双向选择的机会。凡主动申报竞聘到班主任岗位的教师，实行优先聘用。同时，为确保稳定，一方面，对老弱病残孕教师、组织选派正在交流或支教的教师，原则上由原聘任学校直接聘任；另一方面，对竞聘工作中出现的矛盾和纠纷及时进行调解，如北仑区、江北区等地学校在成立竞聘工作小组的同时，建立了人事争议调解小组，负责收集意见并及时处理，确保改革稳步推进。

二、宁波市中小学教师"县管校聘"改革存在的主要问题

（一）教师资源总量与结构不够理想

2018学年，北仑区、象山县、宁海县、东钱湖旅游度假区的小学师生比分别为1∶18.6、1∶18.9、1∶19.3、1∶20，海曙区、鄞州区、东钱湖旅游度假区的初中师生比分别为1∶13.6、1∶13.8、1∶15.5，与《关于统一城乡中小学教职工编制标准的通知》（中央编办发〔2014〕72号）提出的要求存在一定差距。同时，全市教育适龄人口逐年呈增长态势，2019学年与2018学年相比，全市小学生、初中生分别增长2.7%、5.1%，各地教师资源明显趋紧，致使有些地区、学校出

现"有岗无人"或"岗多人少"的困境。另外，截至 2019 年底，全市有市级名校（园）长和骨干校（园）长 158 名、市级名师和骨干教师 789 名，基本上在城区学校或乡镇（街道）学校任职，县级名优骨干校长、教师也大多分布在城区学校或乡镇（街道）学校。从学历上看，全市义务段教师中研究生比例偏低，小学和初中教师研究生学历教师分别仅为 1.8% 和 3.3%。

（二）改革合力不够

"县管校聘"改革是一项综合性改革，需要政府各部门与学校共同配合、相互协调。余姚市以市政府办名义下发"县管校聘"改革实施文件，成立由分管副市长任组长的工作领导小组，建立联席会议制度，但其他各地的实施文件未由教育、编办、人社或财政联合发文，相应的领导小组、联席会议制度尚需建立健全，部门间的协调联动仍然不够，缺乏常态化的协调处理机制。

（三）区域间不够均衡

调研发现，各区县（市）在实施范围、覆盖对象、跨校竞聘比例等方面存在不均衡。在实施范围方面，镇海区、北仑区、象山县的改革覆盖了区域内 100% 的教师和学校，而慈溪市、余姚市则在 50% 左右。在覆盖对象方面，国家推行改革的重点在义务段教师，而部分区县（市）则扩大至高中段教师，但高中段教师尤其是职业高中教师中，文化课教师如果落聘，可以去义务段学校，专业课教师则缺乏"延伸池"。

（四）教师参与动能不足

调研结果显示，一些名优骨干教师担心跨校竞聘后能力得不到发挥、发展机会变少或难以适应新学校环境；还有些教师担心影响家庭生活、子女教育和收入待遇；对女教师来说，特别是二孩养育压力较大者，更是对跨校竞聘、交流的积极性不高。虽然各地每年都推出了一定数量的跨校竞聘岗位，但实际应聘者仍然较少，导致"有岗无人"。

（五）机制建设不够健全

在科学设置教师岗位、公平公正地实施教师竞聘、科学评价教师以及聘后培养管理使用等方面，相关的配套机制还不够完善。教师竞聘是改革中比较重要的环节，需要对竞聘者的履职表现、竞聘演讲实行量化打分，但由于评价指标的非客观性，难免存在一定的主观成分，导致教师对改革接受度较低。整体而言，跨校竞聘的推进力度较小，全市教师跨校竞聘的比例不足3%，有些地区仅为1%。甚至在有些地方，"县管校聘"在一定程度上演变成了"末位淘汰"，这对教师跨校竞聘形成负面影响。

三、进一步深化宁波市中小学教师"县管校聘"改革的若干建议

按照"抓好试点、以点带面、稳步推进、不断完善"的工作步骤，浙江省将全面推开"县管校聘"改革，建议从以下几方面深入推进全市的此项工作。

（一）进一步完善多方力量整合建设

政府各行政部门和学校在改革中各司其职、密切配合、统筹联动，形成强大合力。建议各地建立健全由党委教育工作领导小组牵头，由教育、财政、人社、编办等部门参加的教师工作联席会议制度，分析研判区域教师队伍建设、改革中出现的问题；建立具体负责协调处理"县管校聘"日常事务的工作机构，承担教师资源库建设、动态分析和评价各学校岗位设置、教师管理使用和竞聘交流等职责。

（二）进一步完善教师配置机制建设

强化编制统筹调配，在科学预测发展规模前提下，动态确定区域内教师编制总量，重点加强义务段教师编制统筹。合理确定附加编制，争取附加编制达到10%上限，构建编制"周转池"；确保向农村学校编制适当倾斜，适当调剂编制、加强人员配备；加强专任教师配备，满足音、体、美、劳学科专任教师配备的需要；努力盘活编制存量，严格控制非教学岗教职工在编制中所占比例，对于教辅、工勤等岗位，实行购买社会服务方式，优先满足专任教师用编需求。

（三）进一步完善教师队伍梯队建设

始终把壮大教师资源特别是优质教师资源，作为改革深入推进的资源基础。坚持把建设一支数量足够、结构合理、质量优秀的教师队伍，作为"县管校聘"改革的目标。从市级和区县（市）层面都加大教育类人才的吸引力度，先把人才"引进来"，再把人才"培养好"，完善教师队伍梯队培养制度，实施分层培养、分类培育，形成梯次培育格局。

（四）进一步完善激发教师参与改革动能的机制建设

一是要加大政策宣传的力度，营造积极健康的环境，让教师从内心深处真正理解并接受改革。

二是要加强对教师工作的科学考评，真正形成"能上能下""能进能出""岗变薪变"的动态管理机制。

三是要把"跨校竞聘"与交流轮岗有机统一起来，把交流轮岗纳入跨校竞聘范畴。教师交流可以采取目标导向形式，如让优秀教师带着目标任务到交流学校，也可建立名师工作室等，帮助薄弱学校教师团队建设。

（五）进一步强化乡村教师待遇吸引力的制度建设

鼓励优秀教师向乡村和偏远地区学校竞聘、流动，使竞聘或交流到乡村学校的教师"下得去、留得住、发展好"。

一是要进一步完善乡村和偏远地区教师生活补助政策，增强乡村特别是偏远地区学校教师待遇的吸引力。

二是要进一步完善乡村教师荣誉制度，除国家已有的乡村学校教师荣誉外，建议设置地方性的乡村教师荣誉制度。

三是要进一步完善乡村教师职业发展保障机制。增加乡村学校教师中高级专业技术岗位比例，职称评聘向乡村学校倾斜，探索名优教师评选实行城市教师与乡村教师不同的考核评价标准。同时，增加乡村教师参加高端培训的机会。

宁波市基础教育发展研究基地　黄全明

宁波市社科院（市社科联）　谢磊

推进我市失智老人长期照护服务体系建设的对策建议

随着老龄化持续加深，我市失智老人长期照护问题日益突出。课题组通过长期、深入调研，梳理分析了失智老人长期照护服务体系建设中的体制机制问题，建议优化政府政策供给、加强社会服务保障。

2019 年，我市 60 岁及以上老年人口 155.96 万，老龄化率达 25.6%，比全国、浙江省分别高 7.2%、2.6%。其中，按 5% 占比预测，我市的失智老人约有 7.8 万人，其长期照护问题亟待重视。

一、我市失智老人长期照护存在的主要问题

（一）失智症早发现、早诊断、早干预的机制不健全

失智症的早发现、早诊断和良好的照护对延缓病情发展、降低诊治费用至关重要。对失智症的社会认知度低，导致病耻感和歧视现象普遍存在；对失智症筛查评估和早期诊断标准不统一，导致误诊或漏诊较多；失智老人照护的职责不明确，导致部分失智老人既得不到及时治疗，也无法获取科学的照护。多数患者被确诊时，已错失了最佳治疗期，严重影响失智老人的照护质量。

（二）失智老人长期照护社会支持系统不完备

失智老人的长期照护支持主要来源于政府、家庭、社区和专业机构，但照护要素与失智老人的需求之间仍存在较大差距。

一是支持政策碎片化。《健康中国 2030 规划纲要》提出要加强对失智症等的有效干预，但国家层面尚未出台关于失智症的指导性政策、计划或战略措施。我市相关部门在对失智老人提供资金和政策支持方面也进行了积极探索，但因信息不对称、缺乏整体照护服务规划，导致部门服务政策碎片化，服务效率偏低。

二是对部分养老机构的刚性补助尚未落实，公办公营机构亏损严重。宁波市样本养老机构 2018 年平均总收入为 2356.15 万元，总支出为 2394.28 万元，总收支结余率为 −1.62%，主要是公办公营的养老机构中，总收支结余（院均值）呈现出明显亏损状态（见表 1）。

表 1　2018 年宁波市部分养老机构总收支结余情况（院均值）

机构类别	调查单位数（家）	总收入（万元）	政府财政补助	财政补助/总收入（%）	总支出	总收支结余率（%）	业务收支结余	业务收支结余率（%）
公办公营	3	4254.07	1237.74	29.10	4376.37	−2.87	−135.95	−4.73
公办民营	4	1146.75	41.79	3.64	1136.29	0.91	382.55	35.33
民办民营	1	1500.00	82.00	5.47	1480.00	1.33	0	0
合计	8	2356.15	495.30	21.02	2394.28	−1.62	140.30	7.82

三是家庭照护的经济和精神负担重。由于照护精力有限和照护知识、技能缺乏，家庭照护者在应对失智老人出现的各种生理和精神症状时，其自身也面临严重的生理和心理负担，照护者心理疾病发生率高达 40% ～ 75%。调研显示，家庭照护者每天照护失智老人平均时间达到 10 小时以上，94% 的家庭照护者反映精力不够用，易患社交障碍。此外，失智症尚未列入我市政府管理的慢性病扶持名单，平均每个失智症患者家庭每年需承担 1.1 万元的药物支出和 1.5 万～ 2.4 万元的特殊照护支出，给家庭带来沉重负担。

四是社区照护困难多，照护积极性不高。我市虽已出台居家养老服务条例，但由于政府支持政策碎片化、信息不对称和整体照护服务规划缺失，激励约束机制不健全，部分街道社区特别是农村地区的社区照护机构设施设备缺乏、质量不高，人员配置明显不足、技能较低，尚不能满足失智老人社区照护需求。

五是专业照护机构资源有限。目前，我市面向失智老人的养老机构、医疗卫生机构和康复护理院等专业性机构性质单一、数量不足，职责定位不明确，服务内容和路径不清晰，导致失智老人专业化服务严重不足。养老护理人员总量配置不足，护理员和护工普遍年龄偏大且以女性为主、学历偏低、专业化程度较差、职业稳定性不强、服务能力较低。护工职业资格证书获取率仅为 59.44%，且以初级为主（占 87.84%）。加之失智老人照护风险较一般失能老人更大，容易发生走失、跌倒、坠床、噎食等事件，多数机构不愿接收失智老人。

（三）长期护理保险等社会保障制度不完善

现行医保政策对失智症的用药规定欠合理，自付比例过高，使用范围过窄，老年医保覆盖面与报销项目有待进一步完善。我市于 2017 年 12 月启动长期护理保险制度试点工作，但试点范围仅限在市本级及海曙区、江北区、鄞州区参加本市职工基本医保人员（不含参加住院医疗保险人员），保障范围为重度失能人员，轻度和中度的失智（失智未失能）老人尚未纳入保障对象，保障范围与程度明显不符合日益增长的照护需求。

二、推进我市失智老人长期照护服务体系建设的对策建议

鉴于失智症长期照护面临的严峻形势和沉重的经济社会负担，建议根据世界卫生组织（WHO）发布的《失智症公共卫生应对策略的全球行动计划（2017—2025）》提出的目标要求，参照发达国家的有益经验和做法，把失智症照护政策纳入国家长期发展战略规划，出台相应法规，不断提升失智症患者及其照护者的生活质量。

（一）优化政府政策供给

一是制定失智症长期照护发展规划。进一步强化大卫生、大健康理念，结合世界卫生组织发布的《失智症公共卫生应对策略的全球行动计划（2017—2025）》，以及党的十九大报告、《健康宁波 2030 规划纲要》等文件精神，加快制定到 2035 年乃至 2050 年我市失智症长期照护发展规划，围绕失智症预防、筛查、干预、治疗、照护等重点环节，确定具体目标和行动计划、措施，明确各部门职责，动员全社会力量共同推进。

二是把失智症防治纳入公共卫生重点工作领域。在提高失智症优先关注度的同时，把失智症纳入社区重大慢性病防治范围，统筹各方资源，为失智症患者提供集预防、筛查、诊断、治疗、健康促进和安宁疗护等于一体的长期照护服务，不断提高失智症患者及其照护者的生活质量。

三是建立健全政府主导下的失智老人长期照护服务多元筹资机制。失智老人长期照护涉及人的基本生存权利和健康权益，具有公共产品属性，政府应承担起提供基本照护服务的兜底保障责任。密切跟踪失智老人长期照护服务需求发展趋势，建立完善公共财政税收、长期护理保险、商业健康保险以及使用者付费等多种支付模式与动态调整机制。

四是研究建立失智专业评估体系和标准。建立适用于失智老人失能程度或照护需求的评估标准，为照护管理计划的制订，家庭、社区、机构之间转介及照护服务补贴政策的制定奠定基础。加快制定出台全市统一的、与失智等级相对应的分级照护服务标准，从生理、心理和社会伦理等角度，最大限度满足失智老人在生活、医疗、护理、康复、保健等方面的多层次照护需求。组建专业化评估队伍，鼓励发展第三方评估机构。根据评估标准，制定综合评估技术规范，遵循"提出申请→资料审核→现场评估→结果与公示→复核评估"流程开展评估，确保过程可控、结果科学。

五是健全长期护理保险制度。在现行长期护理保险制度试点基础上，探索建立政府、雇主和雇员或个人等多方共担的长期护理保险制度，并将失智老人（含轻度、中度、重度）明确纳入保障范畴，与正在实施的医疗保障、养老津贴等福利制度紧密结合，完善老年人社会救助和公益慈善制度，共筹共享，形成统一协调的社会福祉制度性安排，逐步实现失智老人长期照护服务全覆盖。

（二）加强社会服务保障

一是探索建设失智症友好社区。积极参与全球失智症防治行动计划，建立完善以失智老人为中心，医疗机构、养老机构、社区、家庭和社会志愿组织协同参与、分工合作的失智老人友好社区，健全社会关怀网络。加强宣教，把失智症防治知识、技能纳入健康教育体系，在全社会推动形成善待失智症的氛围，全面转变公众负面认知，强化"全人照护""全家照护""全队照护"理念，积极消除病耻感和歧视。探索建立本土化失智症友好社区及早期干预计划和工作团队，不断提高公众和照护者的照护知识水平与服务技能水平，提升照护获得感。

二是积极培育失智症专业照护机构。有效整合现有失智症照护相关资源，完善分级照护体系，建立健全整合型长期照护服务体系。在养老机构和社区照护机构，鼓励发展失智症专区，配备专业照护人员与设备设施，为失智老人提供安全规范的专业照护。充分发挥社区卫生服务机构功能，将失智老人作为家庭医生签约服务重点人群，充分发挥主动预防作用，强化防治关口前移，建立失智症患者及高危人员健康档案，开展筛查诊断、治疗支持、康复服务、长期照护等服务，逐步形成失智症早筛查、早诊断、早干预的机制。在综合医院、精神病专科医院等医疗机构，开设失智症专科门诊，为失智症患者提供专业诊疗。积极发展移动性照护服务，由专业照护机构派遣专业人员到社区或失智老人家中提供治疗、康复等服务，促进专业照护机构、社区与居家照护服务功能协同。

三是大力加强失智症照护人才队伍建设。鼓励高校培养老年照护相关专业人才，并以"1+X"证书制度试点为契机，坚持学历教育与职业培训相结合，积极开设失智症照护课程和培训项目，为我国失智老人长期照护事业储备更多、更优的人才队伍。此外，要支持高校为老年照护从业者提供专业化社会培训，鼓励低龄老人、亲属、城市待业人员、乡村妇女等群体加入失智老人照护行业，经业务培训转型为老年照护专业人才。

四是探索建立失智老人基本照护服务包。根据经济社会发展情况，结合失智老人照护需求，建立分级照护服务包，为失智老人及其家庭照护者提供可选择性服务项目清单，厘清政府、社会、非政府组织及个人等照护主体的责任范围，明确服务内容、项目价格、服务频次等信息。

宁波市卫生职业技术学院　贾让成　董晓欣　孙统达

加快我市社区治理共同体建设的对策建议

本文根据当前社会治理存在的突出问题，建议宁波借鉴先进城市做法，强化党建引领，打造平台载体，创新体制机制，加大支持力度，加快推进社会治理共同体建设。

一、加快我市社区共同体建设的重要性和紧迫性

（一）上级有要求

党的十九大报告指出，"要进一步加强社区治理体系建设，推动社会治理重心向基层下移"，并强调"打造共建共治共享的社会治理格局"。2019 年初，习近平总书记在中央政法工作会议上首次提出"社会治理共同体"，党的十九届四中全会明确指出"建设人人有责、人人尽责、人人享有的社会治理共同体"。

（二）市里有部署

作为我国推进社会治理创新起步较早的城市，近年来，我市先后出台《关于创新社会治理全面加强基层基础建设的决定》《关于高水平推进市域治理现代化的决定》等文件，提出要"加快建设社会治理共同体""完善社区治理架构"。疫情期间，我市出台《关于高质量推进未来社区试点建设工作的实施意见》，更是将建设"社区治理共同体"作为未来社区试点建设的重点内容。

（三）现实有需要

面对越来越复杂的社会治理局面，尤其是疫情以来，经历社区治理应对重大公共卫生突发事件的实战，社区治理体系运行暴露出短板和不足，如社区行政职能转变不到位，社会组织发展滞后，公众参与意识不强、共同体精神缺失等，需要进一步构建社区治理共同体。

（四）群众有呼声

随着社会经济不断发展，群众主体意识逐渐增强，权利诉求不断增加，社区治理越来越受到人们的关注。社区治理是一项重要的民生工程，治理水平与每个社区居民的切身利益息息相关，只有加快社会治理共同体建设，才能确保人民群众的美好生活期盼在社区共同治理实践中得到充分满足。

二、我市社区共同体建设面临的问题和困难

（一）参与共同治理的意愿有待激发

居民对自身在社区治理中的角色认同感和主体意识普遍不强，认为事不关己、多一事不如少一事，参与治理的意识较弱、意愿不够强。即便是党员，大多都不会主动亮身份，参与社区治理的积极性不够。大多数社会组织还处于发展的初期阶段，参与社区治理的能力有限。

（二）参与共同治理的能力有待提升

受制于技术手段、人员素质等因素，相关主体参与社区共同治理的"能力危机"还比较突出。如在这次疫情中，社区的工作人员非常有限，几乎每个人都是连轴转、超负荷工作，社区医护人员力量也比较薄弱，防控力量严重不足；社区信息化、智能化治理水平普遍不高，治理手段还比较传统。

（三）参与共同治理的渠道有待拓展

调研表明，目前社区治理主要还是居委会、物业等主导，几个主体之间缺乏沟通协调，缺乏共同治理的平台载体，居民代表会与说事会等社会组织、居民参与共同治理的渠道较少。

（四）参与共同治理的组织有待强化

此次疫情暴露出社区治理中的一个突出问题——社区治理的几个主体联动不够、未形成合力。社区居民委员会总体上尽心尽力，但是组织协调和统筹能力不强，作为居民自治组织的业委会发育不完全，部分物业公司责任感不强，市民普遍反映所在小区不同治理力量协同不够，特别是在防疫物资的筹集和调配、防疫志愿者队伍组织方面难有作为。

三、加快我市社区共同体建设的对策建议

（一）提升党建引领实效，构建"一核多元"社区共同治理组织体系

全面加强社区党建工作，探索推行社区"大党委"，打造以社区党支部为核心，居委会、业委会、物业服务企业、社会组织、驻社单位、居民等共同参与的区域化治理联盟，推动建立由"3+X"为成员的社区共同治理组织架构体系，"3"代表由社区、业委会、物业等成员担任核心议事员，由居民代表、业主代表、网格员等担任居民议事员，而根据治理主题的不同，"X"的成员会由流动人口代表、共建单位代表、辖区民警以及事件相关人员等组成。切实落实党建引领机制，借鉴先进地区做法，将社区划分成若干片区，每个片区设立社区治理党员"小分队"或党小组，由社区"大党委"选配小组长，制定党小组社区治理专项方案，用"党小组"管理手册记录治理情况。

（二）拓展平台载体形式，构建"虚实结合"社区共同治理平台体系

搭建"线上＋线下"社区共同治理平台，让各治理主体都拥有畅通表达意见的途径，激发治理活力。线上，建议学习杭州的经验，在"城市大脑"的设计中设立基层社区治理分平台，以"基层治理四平台"为主干，向上对接省市相关业务部门，向下对接区级各部门，实现数据互补、功能扩展和智能提升。同时，社区设立微信网络议事群，加强微信群管理，建立日常商议回复机制。线下，推动各社区"党群服务中心""居民议事厅"标准化建设，深化社区一站式服务大厅"一窗受理、全科服务"模式改革，建立定期议事会议制度，规范会议程序，让各方力量更广泛、更便捷、更高效地参与到社区治理中来。

（三）突出长效有效机制，构建"上下衔接"社区共同治理制度体系

社区共同治理要长效有效运行，必须建立一系列体制机制，要在宁波各社区因地制宜建立社区治理问题发现机制、问题流转解决机制、矛盾纠纷化解机制、项目推进机制、共同决策机制等，建立并落实社区党员"双报到""双报告"制度。探索制定落实社区居民公约，提高知晓率，强化执行力，营造"我制定、我承诺、我执行"的良好氛围。创新构建社区共同治理的激励、督察和考核机制，对典型社区进行通报表扬。

（四）加大支持保障力度，构建"内外联动"社区共同治理保障体系

逐步加大社区建设资金投入力度，稳步提高基层社区工作人员待遇水平，

探索创新社工的成长路径，加大社区人才培训力度，拓展职业发展空间，完善考核奖惩制，完善在应对重大突发公共事件中的补助制度。社区治理共同体充分发挥枢纽作用，整合政府、社会、企业等各种资源，有效动员各方力量，积极争取社会资金，探索承接举办优秀社区公益项目，切实履行链接资源、引领发展、搭建平台的职能。

宁波城市职业技术学院 沈金辉

进一步激发我市社会领域投融资活力的对策研究

研究表明，我市在社会领域 PPP（政府和社会资本合作）项目示范、养老和社会领域产业专项债使用、地方融资平台市场化改革以及灵活合规使用投融资方式等方面仍可进一步完善。

一、当前我市社会领域投融资存在的主要问题

（一）社会领域投融资活力偏弱

近几年，深圳、杭州与长沙等城市社会领域中固定资产投资呈逐年稳定增长态势，但宁波除教育领域在 2018 年大幅增长外，其他领域投资增长较为乏力。主要原因在于资本的趋利性和社会领域投融资的准公益性之间存在天然的矛盾，比如，社会资本青睐高度市场化的在线教育、中高端养老等领域，而对民办教育、托底养老等准公益性项目投资意愿不强，我市尚未建立健全合理的投资补偿机制。

（二）社会领域专项债发行工作进展偏慢

2015 年国家就推出了养老产业专项债，2017 年又推出了社会领域产业专项债，这两类专项债是"加快和简化审核类"债券，具有多项指标不受限制或大幅度放宽、支持发行长期限债券等优点。2017 年至今，我市发行政府专项债主要用于土地储备、棚户区改造、定向置换和再融资等。这与社会领域专项债发行存在的客观问题有较大关系，如公共服务领域项目长期经营现金流不确定、社会领域部分卡点堵点的政策趋向不够清晰等。

（三）社会领域 PPP 项目数量偏少

PPP 是当前各级政府在社会领域着力推行的融资方式。根据全国 PPP 综合信息平台项目管理库统计，我市现有项目在库 50 项，居全省第 5 位，主要集中

在市政（13项）、交通（14项）等基础设施建设上；社会领域仅4项，文化与教育各占其半。社会领域PPP项目少的原因在于：社会领域项目往往前期策划论证专业性较强、操作复杂、建设周期长、回报慢，项目资金平衡难度较大，且对社会资本方规模、资质、征信要求较高；社会资本方因体制机制或自身能力所限，难以扮演核心运营的角色；项目储备有限，缺少高质量的专业筹划和有组织的示范推广等。

（四）地方融资平台公司参与度偏低

我市市级融资平台所融资金主要投向为市政建设、保障性住房、棚改、土地储备等项目，仅少量投向文化与教育领域，其中一个重要原因是缺乏专业的项目策划设计人才。而区县（市）级融资平台公司的信用等级普遍不高，市场融资能力有限，基本无法运用债券、信托、资本市场直接融资等工具。以余姚为例，根据2019年数据，其具有融资平台公司性质的国有企业有29家，仅1家信用评级为A+，5家为A，其余无信用评级。此外，在严控政府债务、加快融资平台市场化转型的背景下，融资平台参与投资周期长、收益低的社会领域项目的意愿及动力不强。

二、我市社会领域投融资较为乏力的原因分析

（一）国家投融资政策趋严

一是从严规范地方政府融资。近年来，国家出台了《关于进一步规范地方政府举债融资行为的通知》等一系列文件，不断收紧地方政府融资渠道，规范融资行为。比如，禁止地方政府以国有资产或社会公益设施进行抵（质）押融资，不得以政府投资基金、政府购买服务等名义变相举债或进行融资，强调政府投资项目开工建设的合法合规性，新增债务的唯一渠道是发行地方政府债券，且中央政府对其所举借债务实行不救助原则等。此外，今年7月，国务院常务会议通过了《中华人民共和国预算法实施条例（修订草案）》，进一步细化强化了政府债务管理，这些都对我市社会领域投资带来一定影响。

二是从严规范金融机构政府类业务。近年来，国家出台了《关于规范金融企业对地方政府和国有企业投融资行为有关问题的通知》等文件，规范金融机构政府类业务。比如，要求国有金融企业除购买地方政府债券外，不得以任何渠道为地方政府及其部门提供任何形式的融资，不得提供债务性资金作为地方建设项目、政府投资基金或 PPP 项目资本金；与地方政府及其部门合作设立各类投资基金，不得通过结构化融资或多层嵌套等方式将投资基金异化为债务融资平台等，一定程度影响了社会领域投资增长。

（二）地方政府融资平台投融资压力趋大

一是国家持续规范各类融资平台。近年来，国家不断规范地方各类融资平台公司融资行为，推动市场化转型。比如，明确公益性资产、储备土地资产不得注入国有企业；国有企业或地方政府融资平台公司不得代表政府方签署 PPP 项目合同，融资平台公司不得作为社会资本方；地方政府无权新设各类融资平台公司，平台公司需尽快向市场化运营的国有企业方向转型，融资平台债券、非标融资全面收紧，平台企业仅能依托自身信用举债，承担建设方与运营方角色等。只有经营能力强、信用等级高、融资渠道与手段丰富的平台公司才能在这一轮市场化改革中脱颖而出，这对我市融资平台向社会领域投融资能力造成了一定的影响。

二是我市融资平台市场竞争力不强。在有关部门发布的 2019 年度中国地方政府投融资平台（省级、市级、县级）中，我市有 1 家入选市级 80 强，但排名靠后，且我市无一家入选县级 80 强，杭州则有 6 家入选。此外，我市的区县（市）以及乡镇层面存在着各行各类的融资平台公司，这些平台公司大多信用等级不高，经营业务狭窄，缺少融资项目，较难开展社会领域投融资这样的专业领域投融资。

三是我市部分融资平台历史包袱较重。由于在较长时期里平台公司充当举债发展的平台，大多数平台公司负债率较高，而且大部分依靠财政资金补助以及金融机构贷款，以非竞争类业务为主，导致造血能力不足。平台公司法人治理结构还不完善，经营管理人才流失现象比较严重，尤其缺乏对社会领域项目遴选、研究、决策的专业人才，影响了平台公司对社会领域的投资。

（三）社会领域投融资体制障碍趋多

一是投资准入和回报机制有待完善。从实践来看，国家大力推进 PPP 项目模式，但相对于生态环境、市政工程等领域，社会领域 PPP 项目仍在探索试验期。一方面，准公益属性的 PPP 项目的经营现金流、资金回报率普遍偏低，需要政府运营补贴；另一方面，某些社会领域的 PPP 项目建设仍存在制度性融资障碍。

二是监管机制有待完善。当前社会领域投融资监管体制还存在一些限制，如社会领域机构往往缺乏可抵押的固定资产，以不动产、知识产权等进行抵押融资还需进一步探索。此外，某些社会领域改革如医疗、教育等面临着政府监管不断趋严的形势。社会领域事关国计民生，建立健全监管体制势在必行，如何在"放"与"管"之间寻找到一个最佳平衡点成为重大考验。

三、进一步激活我市社会领域投融资活力的对策建议

（一）建好投融资调度的"总枢纽"

一是加强组织领导。各级各部门要把激发社会领域投资活力作为社会事业补短板的重点工作。要根据资源条件和产业优势，科学规划建设社会领域相关产业创新发展试验区，在准入、人才、土地、金融等方面先行先试。

二是加强监管服务。深化"放管服"改革，深化社会领域投资"最多跑一次"改革。相关行业部门要统筹事业与产业发展，完善协同监管机制，强化全行业监管服务，把引导社会力量进入本领域作为重要职能工作，建立健全考核评价机制，加强监督检查。

三是加强规划引领。以国民经济和社会发展规划纲要为统领，科学编制社会领域各行业"十四五"规划，并将激活社会资本投资作为重点方向，切实发挥规划对调控投资规模、引导投资方向的重要作用。

四是加强项目储备。按照扬优势、补短板以及不断完善社会领域民生保障设施的要求，着重谋划一批对我市经济社会高质量发展具有基础性、全局性、战略性意义的社会领域重大项目。

（二）摆好 PPP 项目建设的"大战场"

一是创新完善社会领域 PPP 项目合作机制。每年梳理和筛选一批具有一定现金流、边界清晰、可合规使用的社会领域存量资产，重点推广社会领域 PPP 项目。

二是建立完善投资回报和资金平衡机制。通过捆绑盈亏状况不一的公共产品与服务、搭配增值产品、增补资源开发权、授权社会资本向公众提供增值服务、允许社会资本开发副产品等多种模式，促进 PPP 项目落地。

三是强化预算和风险控制。加强 PPP 项目绩效预算管理，根据绩效考评结果来支付相关费用。防范 PPP 项目合同履约风险，健全 PPP 法规体系，建立畅通的沟通协调机制，践行、推广多元化纠纷解决机制。

（三）用好专项债发行的"新利器"

一是用足用好专项债发行政策。结合融资平台市场化改革，探索符合我市实际的养老和社会领域产业专项债券发行模式。积极培育发债主体资源，指导相关企业科学申报社会领域专项债券以及养老产业专项债券。

二是加强专项债发行的培训与示范。组织开展养老产业专项债券和社会领域专项债券发行的培训，加强政策辅导。定期宣传推送各地相关专项债发行经验，做好典型示范。

（四）抓牢平台市场化改革的"牛鼻子"

一是推进社会领域融资平台改革。坚持将融资平台公司作为激活社会领域投融资的主要载体，将社会领域投融资工作与融资平台公司整合重组、企业定位、资产资源注入等统筹谋划。

二是创造条件支持平台公司做大做强。开展社会领域资产摸底，积极发展混合所有制经济，依法合规将有关资产资源、经营性企业注入平台公司。支持企业创新融资模式，提高信用评级，拓展发行债券。

三是坚持市场化方式参与社会领域项目。鼓励平台公司积极尝试直接性融资渠道，开拓资产证券化等新型融资工具，建立运用PPP、专项债、政府投资基金、企业债券、贷款等规范化的融资方式，支持企业投资、建设、经营一体化发展。

（五）打通政策体制不畅的"堵卡点"

一是打通体制卡点。着重围绕社会力量投资建设的难点、卡点问题，开展改革攻坚，打通社会资本进入社会领域的堵卡点。

二是补齐政策短板。充分利用地方立法权等优势，在社会领域管理和服务规范与指南、整合改造闲置资源发展养老服务、家庭养老夜间照护床位建设运营管理等方面制定具体实施办法。

三是强化要素保障。在"十四五"规划、土地利用总体规划等重要规划编制或修编时，统筹考虑并合理布局医疗、养老、教育、文化、体育等领域用地，有序适度扩大用地供给和调整土地供应结构。完善财政投入稳定增长机制，重点保障社会民生领域投入。大力引进教育、医疗、文化、养老等领域的创业创新人才。

宁波市社科院（市社科联）课题组

湖州基层社会治理的创新经验及启示

　　湖州是基层治理现代化的先行地、排头兵，近年来进行了卓有成效的探索与实践，走出了一条具有湖州特色的创新之路。2020 年 3 月，习近平总书记到浙江考察，专门视察了安吉县社会矛盾纠纷调处化解中心（下文简称矛调中心）。课题组到湖州吴兴区、长兴县、德清县、安吉县就基层社会治理创新工作进行专题调研，总结了做法与成效，并提出几点建议。

一、湖州创新基层社会治理的做法与成效

（一）创制标准，提升基层治理规范化水平

　　湖州充分发挥标准的引领和规制作用，围绕推进"标准化＋"基层治理，不断输出全国领先的"湖州标准"，夯实基层治理的制度根基。2017 年 11 月，市司法局、安吉县司法局联合发布市级地方标准《美丽乡村民主法治建设规范》。2018 年 2 月，湖州在总结推广全国城乡社区治理和服务创新实验区"德清经验"基础上，发布地方标准《幸福邻里中心建设与服务管理规范》。2018 年 9 月，安吉县以"余村经验"为蓝本，制定《乡村治理工作规范》，内容包括乡村治理的组织架构、工作方法、运行流程、评价指标等，成为全国首个乡村治理地方标准规范。2020 年 8 月，湖州发布《县级社会矛盾纠纷调处化解中心运行与管理规范》，成为全省首个关于县级矛调中心工作的市级地方标准。2020 年 9 月，《湖州法治乡村建设条例》批准通过，成为全国首部设区市法治乡村建设的创制性立法。

（二）整合资源，推进矛调中心实体化运行

　　湖州坚持和发展新时代"枫桥经验"，以"最多跑一次"改革为牵引，高标准谋划、高质量推进县级矛调中心建设。2016 年 3 月，吴兴区率先建成全省首个

县级矛调中心，并于 2020 年 5 月搬迁新址。中心整合区诉讼服务中心、区公共法律服务中心等工作平台，区政法委等 4 家机构整体入驻，另有 19 家机构部分入驻。中心设 10 个行业类调委会、10 个品牌工作室，并吸纳司法鉴定、公证、心理服务等第三方社会力量进驻。目前，除南太湖新区因区域调整加紧重建外，全市 5 个县区的县级矛调中心均达到省定一类标准，并已实体化运行。其中，安吉县矛调中心整合度高，"一个窗口"为群众提供优质高效服务，受到习近平总书记的肯定。全市 74 个镇级矛调分中心全覆盖，实现矛盾纠纷"一站式受理、一条龙服务、一揽子解决"。

（三）数字赋能，打通基层治理"最后一公里"

2018 年底，湖州提出政府数字化转型和现代智慧城市建设，"湖州城市数字大脑"应运而生。依托"数字大脑"开发建设，围绕基层社会治理要素，全市构建起村社人员基础信息库，推动重要事件闭环处置。2019 年起，德清充分发挥独有的"地理信息＋人工智能"基础优势，将数字技术运用到基层社会治理的方方面面。依托"综合信息指挥中心＋基层治理四平台＋全科网格"治理体系，以莫干山镇五四村为试点，在全省率先实现"数字乡村一张图"全域覆盖，探索出一条以数字赋能撬动乡村全面振兴的发展新路子。2020 年 2 月，长兴县法院推出"解纷码"平台，以二维码作为矛盾纠纷的受理端口，通过智能交案、分层过滤、网格排摸、法官指导等特有功能，实现矛盾纠纷一码受理、一码分流、一码过滤、一码共享。截至 2020 年 10 月 23 日，平台共登记纠纷 2790 件，调解成功率达 90.3%，并获得 2020 年度全国信息化数字政务创新奖。

（四）织密网格，确保风险隐患全方位整治

湖州以防范重大风险隐患为重点，全力打造乡镇、村居治安防控网，构建立体化基层治安防控体系。2017 年，市公安局实施"家园卫士"工程，全市万余名公安民警分赴 67 个原籍地、现住地充当家园卫士。平安大姐、平安骑手、德清嫂、平安家园卫队等 37 万名志愿者在家园卫士带领下，共同参与到基层社会治理中。2018 年，吴兴区将全区 538 个网格划分为 46 个管理片区，每个片区设立片区社会治理工作站，统筹公安、综合执法、应急管理、市场监管等力量下沉片区。吴兴区法院创设覆盖 46 个片区的"理法官工作室"，将审判执行工作与基层治理深度融合。同年，长兴县以省公安厅"云上公安、智能防控"大数据战略实施为契机，推出出租房屋智能门锁项目，配套建立 25 个"旅馆式"管理总

台，全面深化流动人口管理服务工作。

湖州的基层社会治理成功实践，背后蕴含着一定的内在规律，那就是始终沿着治理思维的精细化、治理主体的多元化、治理手段的技术化和治理单元的空间化四条主线来开展治理工作。推广借鉴"湖州经验"，需要在把握规律基础上，结合地方具体实际，积极探索，变革创新。

二、当前宁波基层社会治理存在的问题

近年来，宁波市委、市政府高度重视基层治理创新完善，"一中心四平台""村民说事""小微权力清单""社会矛盾纠纷调处化解中心平台"等成为响亮品牌，但也还存在一些问题和短板。

（一）多元主体统筹有待强化

当前的基层社会治理体系，其运转主要依靠自上而下的层级"势能"推动，依靠党政力量多、发动社会力量少，采取行政手段多、运用市场手段少。各治理平台、专业部门、业务条线之间统筹和联动不够，特别是现代社会组织参与度较低。就目前情况而言，社会组织参与基层社会治理的类型有两种：一是文化娱乐类，以组织活动、成立兴趣小组的形式满足群众的文化需求；二是专业服务类，以培育发展志愿服务、政府购买服务等形式，为特定群体提供专业化服务。然而，社会组织大多面临场地缺乏、资金不足、人才短缺等困境。因此，探索社会组织参与社会治理的可持续发展路径，对提高社会治理效能尤为重要。

（二）基层基础力量有待夯实

现阶段，基层社会治理的主要资源和力量集中于县区一级，对镇、村两级的基层基础建设尚未同等重视。基层矛盾排查不见底、基础信息收集不全面、乡镇群众办事不方便，导致基层社会治理面临的风险隐患增多。以湖州矛调中心建设为例，镇级矛调分中心已实现全覆盖，但各分中心的建设水平参差不齐，74 个分中心仅 30 个功能相对完备，部分乡镇存在简单地加牌子、换牌子的情况，没能有效整合现有资源。在村级层面，一些村社自主探索出一套矛盾纠纷排查化解体系，如余村的"两山"议事会。但宁波很多地方还欠缺系统的工作机制，从事基层社会治理工作的调解员、网格员等人员普遍存在专职偏少、年龄偏大、专业知识不足、职业保障不够等问题，导致基层容易出现"小马拉大车"困境。

（三）治理政策体制有待加强

基层治理的政策体制不够完善，特别是长效机制较为欠缺。个别政策在制定过程中，未全面问政问计，出现"政府拼命干、百姓不买账"的局面。基层治理参与部门的权责不明，局限于自己的"一亩三分地"，条条、条块难以实现一体化，甚至"各自为战"，制约了治理整体效能的提高。各部门之间数据互通存在障碍，存在数据壁垒和数据孤岛，跨部门之间的数据互通共享缺乏协助机制，基层工作人员难以在一个系统中完成全科网格工作。考核机制重结果轻过程，导致基层工作人员机械式、应付式心态大量存在，影响考核实际效果。村级民主议事制度不健全，群众参与渠道不够畅通，存在村民会议召开不经常、村务监督流于形式等问题。

（四）治理水平有待提升

当前，各种社会问题大多发生在基层，群众日益增长的美好生活需求与基层治理发展不平衡不充分的矛盾突出。随着各地的标准化建设和"一站式"服务要求的普及，基层工作人员在服务大厅固定坐班，前台受理窗口多，后台办事"作坊"少，深入基层一线及服务群众显得不足。各地的服务平台建设规模、智能水平、集成程度存在差异，一些服务中心场地面积过小，功能布局不尽完善；一些服务中心位置偏僻，不便于群众前往；部分智能化平台操作不够简便，平台利用率不高。治理技术手段还比较传统，信息动态采集监测、大数据排查等新技术运用不够，对社会治理大数据的挖掘分析能力不够强。个别地方重视硬件投入而忽视软件提升，服务缺乏人文关怀，引导、咨询、答疑等为民服务举措不全面不到位。突发事件应对能力不强，对疫情这样的突发事件应急预案准备不足，存在组织混乱、物资缺乏等问题。

三、新形势下宁波创新基层社会治理的几点建议

（一）统筹联动：发挥社会组织协同作用

现代治理理念认为，社会系统的各部分相互依存，只有保证各部分有机整合，才能促进社会良性运行与协调发展。基层社会治理必须整合资源要素，充分发挥社会组织的纽带作用，着力推进多元主体协同治理。

一是明确社会组织在基层治理中的定位。社会组织作为基层治理的横向纽带，通过职能优势、全民参与，可以满足群众个性化、多样化的服务需求，推

动行政管理与社会自治的良性互动。

二是促进社会组织健康有序发展。健全社会组织培育管理和动态赋权机制，推进社会组织规范化建设。积极发展枢纽型、支持型社会组织，健全政府向社会组织购买服务制度，提升社会组织自我监督管理、承接公共服务的能力和水平。

三是营造社会组织参与基层治理的文化氛围。通过宣传、引导，推动志愿服务常态化，积极发挥乡贤带动作用。

（二）强基固本：加强镇村基层基础建设

基层基础工作，事关社会和谐之基。只有把镇、村两级的基层基础工作做扎实，稳固根基，才能真正实现"小事不出村、大事不出镇、矛盾不上交"的治理目标。

一是推动社会治理重心下移、力量下沉。要推动人、财、物对称下沉到镇、村两级，把更多资源和服务充实到基层一线，完善矛调分中心、人民法庭、派出所、司法所、便民服务中心、村社代办点的布局和标准化建设。

二是调整优化乡镇、街道社会管理职能。制定赋权清单，明确乡镇、街道的执法主体地位。落实乡镇、街道对事项办理的协调权和督办权，确保基层事项基层办、基层权力给基层。

三是基层治理触角延伸到户。优化网格划分，升级网格管理，将全科网格工作作为基层治理的"地基"打到村级以下，延伸到每个楼栋、每户家庭。

（三）技术支撑：打造智慧治理横向网络

在大数据、云计算、人工智能的时代，谁主动拥抱技术，谁就掌握主动权。因此，要进一步深化认识，强化技术支撑，为基层社会治理智慧化赋能。

一是构建融会贯通的数据共享体系。推进跨部门、跨层级、跨领域信息互联互通，稳步推动公共信息资源开放，将政务民生、基层治理、平安指数、网格信息、政法信息等数据进行融合。

二是打造精准高效的风险防控体系。建立以数据为核心、业务为牵引、决策为目标的信息数据资源池，为风险"精准画像"，确保见事早、看得准、下手先。

三是强化信用基础建设和功能应用。建成全省一体化公共信用信息平台，完善公共信用指标体系、综合监管责任体系、评价及联合奖惩体系。加强信用档案建设，完善信用运用机制，弘扬信用文化。

（四）规范管理：创新基层治理制度体系

治理效果的优劣，根本上取决于制度是否科学与完善，而制度的完善没有最好只有更好。基层社会治理是一个"永远在路上"的过程，需要不断进行制度创新，推动制度优势转化为治理效能。

一是完善党建统领的领导体制。县级党委担负第一责任，强化抓乡促村。加强区域化党建，探索做实村社"大党委"制，发挥镇级监察办公室、村务监督委员会作用。

二是创新基层治理工作机制。厘清基层治理各参与部门的权责关系，完善会商研判、协调办事、公开监督、考核管理、工作保障等运行机制。鼓励基层先行先试、探索创新，形成基层治理经验及时总结推广机制。

三是完善防范化解各类风险的体制机制。健全风险研判、应急决策、协同处置等全过程风险防控机制，健全重大舆情和突发事件舆论引导机制。

（五）以人为本：坚持人民群众主体地位

从"织里之治"到"余村经验"，事实证明，群众的聪明才智是基层治理创新的不竭源泉，因此务必要发挥好群众力量，更好体现群众主体性。

一是充分发动群众参与社会治理。拓宽新社会阶层、社会工作者和志愿者参与社会治理的渠道，加强组织化管理和联络动员，加强流动人口、网络空间以及自由职业者等新兴群体的群众工作，构建"社会共治圈"。

二是强化"自治为基"的基层治理方式。搭建协商议事平台，广泛开展村民说事、民情恳谈等协商活动，有效通达社情民意。明确政府管理权和村民（居民）自治权的边界，把不必要的行政事务剥离出去。

三是增强服务意识，提升群众满意度。深入纠治形式主义、官僚主义，切实提升基层党员干部服务能力和水平。持续优化智慧平台功能和操作，方便群众网上办事。

"2020 省委党校习近平新时代中国特色社会主义思想进修三班"课题组

课题组成员：浙江省自然资源厅胡晓东、浙江省科技厅鲁文革、浙江广电集团汤伟军、宁波市社科院（市社科联）徐方、宁波军分区唐永江、宁波市财政局黄焕利、湖州长兴县法院潘轶华、金华市人民检察院徐洪彬、舟山市退役军人事务局刘涛、衢州市金融办丁丽霞、丽水市台办沈丽珺

执笔人：潘轶华

深圳地标性文化设施建设主要做法及对宁波的启示

文化设施建设是传承历史文脉的重要载体、提升城市品质的重要抓手、增强群众获得感的重要举措。宁波市存在标志性文化设施数量不多、布局不均衡、门类不齐全、品质待提升等问题。建议借鉴深圳经验，加强顶层规划设计、谋划精品建设项目、增强要素供给，建设一批符合城市特质、展现城市风貌、蕴含城市精神的地标性文化设施。

地标性文化设施是城市文明典范的重要载体。建设符合城市特质、展现城市风貌、蕴含城市精神的地标性文化设施，符合更有品位文化强市建设和市域治理现代化要求。

一、深圳地标性文化设施建设的主要做法

深圳依托独特的历史底蕴、资源禀赋和区位优势，持续推进地标性文化设施建设。2018 年 12 月，以全球城市定位未来，着眼打造时代精品、城市杰作和湾区地标，提出加快建设"新时代十大文化设施"（深圳歌剧院、深圳改革开放展览馆、深圳创意设计馆、中国国家博物馆深圳馆、深圳科学技术馆、深圳海洋博物馆、深圳自然博物馆、深圳美术馆新馆、深圳创新创意设计学院、深圳音乐学院）。项目总投资约 203 亿元（含社会投资），规模达 100 万平方米，计划 2024 年前后建成。大手笔推进文化设施建设，彰显了深圳的文化自信和国际一流的前瞻性文化布局。本轮建设具有四个特点。

一是政府主导。成立由市长任组长，市发展改革、财政、规划、教育、文化及建筑工务等职能部门为成员单位的领导小组，明确9位市领导分别挂点"新时代十大文化设施"。坚持政府投资为主，同时积极探索政府与企业合作建设、社会资本投资建设等多元化投融资模式，鼓励社会力量参与运营管理。

二是分步实施。编制全市重大文体设施建设专项规划，建立重大文体设施项目库，重点建设"新时代十大文化设施"，提升改造"十大特色文化街区"，结合实际分期分批投入建设。

三是合理布局。参照国际做法，标志性文体设施相对集中在前海新城市中心、后海深圳湾片区、福田中心区、国际会展城海洋新城片区、北站片区、大运中心区等区域，以发挥文化聚合效应及影响力，打造现代化、国际化城市文化核心区。在原特区外也均衡布局一批基础性公共文化设施，保障市民的基本文化权利。

四是锚定一流。对标纽约、伦敦、巴黎、东京等全球先进城市，以及北京、上海、广州、杭州等国内公共文化服务发展较好的城市，坚持高起点规划、高标准建设、高品质配套、高水平运营，打造时代精品、城市杰作和湾区地标。

二、宁波地标性文化设施建设问题分析

改革开放初期，我市城市空间一直囿于三江口。2000年后，城镇化进入快速发展期。"十一五"期间，以"三江文化长廊"为核心，集中力量启动建设文化广场、宁波书城、宁波博物馆等一批重点文化设施。"十二五"期间，改建市艺术剧院，实施天一阁博物馆陈列改造、保国寺古建筑博物馆整体提升两大工程，新建宁波·中国港口博物馆、宁波·中国大运河出海口博物馆。"十三五"期间，建成奥体中心、市图书馆（新）、市城展馆等。这些设施的建成完善，使我市城市文化空间拓展到"一城双心"和其他重要功能节点，城市文化内涵和外延也有了质的飞跃。

随着城市空间形态向"拥江揽湖滨海"拓展，在长三角一体化大背景下，我市设施建设短板日渐明显。

一是代表城市形象的标志性文化设施缺乏。一些新建大型文化设施风格单一，作为城市地标及体现城市文化品质的不多。

二是空间分布不均。文化设施相对聚集在海曙、鄞州等城市核心区，外围地区发展不充分。

三是赋能产业发展的功能设施建设滞后。缺乏可将各种文化设施有效整合起来的超级文化中心区，以及具有较强支撑力、影响力、辐射力的文化创新要素集聚平台。

四是文化缺乏统领，品质有待提升。高质量公共服务水平与南京、杭州等长三角核心城市有较大的差距，高质量的公共空间有待增加。据省委宣传部、省统计局等部门编制的 2018 年度浙江省文化发展指数（CDI），我市为 112.91，列杭州（131.82）、金华（113.29）之后，居第 3 位；分项指标"公共文化服务力"指数增长贡献度为 20.15%，居全省倒数第 2 位。

五是专业水平不高，门类不齐全。杭州有国家一级博物馆 4 家，我市只有 1 家；此外，在全国有较大影响的专题博物馆数量不多，没有比较著名的科技馆。

三、加快宁波地标性文化设施建设的建议

《宁波 2049 城市发展战略》提出，宁波应成为文化魅力名城，发挥文化特殊优势，提升国际影响力，打造亚太文化交流中心。在推进长三角高质量一体化发展和"大湾区大花园大通道大都市区"建设（简称"四大"建设）背景下，需以全新理念诠释文化建设和城市发展的关系，发挥其对扩大有效投资、提升城市能级、增加民生供给的关键作用，打造一批彰显现代文明之城的地标性文化设施。

（一）做好顶层规划设计

一是加强空间统筹。围绕主动融入长三角高质量一体化发展和浙江省"四大"建设要求，结合人口结构、需求变化、技术革新以及面向未来的设施建设新趋势，做好宁波市区文化设施规划，与国土空间规划总体部署相对应，从宏观、中观、微观三个层面，对市六区以及东钱湖、高新区文化空间结构进行整体把握。

二是加强资源评估。开展属地文化资源专项调查，建立系统完备的数据库，为挖掘文化价值和发展潜力奠定基础。开展行业所属文化设施专项调研，结合国情普查 POI 数据、百度城市人口时空分布数据等，准确评估文化设施承载力、包容度，为开展趋势研判、把握需求导向提供依据。

三是明确建设标准。高起点规划、高标准建设、高品质配套、高水平运营，

打造时代精品、城市杰作。充分考虑项目后续运营需求，提供相适应的配套条件。

（二）谋划精品建设项目

将地标性文化设施建设纳入"拥江揽湖滨海"空间发展战略和"五个千亿"投资工程，统筹未来 10 ～ 15 年发展预期，分类分批建立项目储备库。

一是强特色项目。深入挖掘城市文化底蕴和资源禀赋，改造提升传统地标性设施，通过城市更新和场景培育，全方位复兴核心文化标志区。如借鉴国家文化公园建设体例，探索新时代宁波文物和文化资源保护传承利用新路，以月湖天一阁等主题明确、内涵清晰、影响突出的文物和文化资源为主干，创建"国家藏书文化公园"，形成主题展示、文旅融合、传统利用等主体功能区，呈现中华藏书文化的独特创造、价值理念和鲜明特色。改造提升老外滩等历史文化街区，以"移民之岸""通商之埠""传承之地"为展示重点，建设"一带一路"国际交流门户区和时尚文化核心区，激活城市历史文化资源。

二是补短板项目。注重产业赋能，建设具有较强拉动作用和辐射能力的功能型设施，提供空间集聚、配套完善的高端载体。如依托宁波文创港，建设"宁波设计博物馆"，形成创意展示、产业聚集、人才培养、成果转化的示范先导区和"万亩千亿"新产业平台，服务长三角城市群文创领军企业和文创联盟。依托中国港口博物馆，建设"中国海上丝绸之路博物馆"，打造海上丝绸之路"活化石"城市品牌，推进"一带一路"文化产业和旅游产业国际合作。

三是促均衡项目。客观评估文化配套设施承载能力，着眼空间均衡、结构均衡等，打造立体化的公共文化服务空间。比如，以"三江六岸"为核心的城市建成区，重点做好存量设施改造提升，满足市民对更高品质文化生活的诉求；东部新城、南部新城、镇海新城、姚江北岸等新区，则以展现城市魅力、激发市民情感认同为目标，构筑文化新空间，形成城市新增长极。在东钱湖板块，依托得天独厚的资源禀赋、深厚的文化底蕴，以及宁波国际会议中心等设施节点串联形成的集聚效应，建设高能级公共文化空间、文化艺术空间和旅游文化空间设施群。

（三）强化要素支撑

一是建立跨部门、跨层级的工作协调机制。成立规划建设领导小组，统筹研究城市更新领域的重点难点问题。建立规划制定、项目立项、土地整备时间表，明确推进路线图，形成倒逼机制。

二是建立全方位、高质量的决策咨询体系。将公众参与贯穿于计划制订、规划编制、项目实施与监管的全过程。引入高水平技术单位提供咨询服务，结合项目特点，采取设计方案国际招标或直接委托行业顶尖专家等方式，甄选最合适方案，做到不留瑕疵、不留遗憾、不留败笔。

三是创新融资机制。强化政府投入主体责任，发挥财政资金引导带动作用，地方政府专项债资金要向地标性文化设施建设倾斜；用好开发性、政策性金融等工具，引导金融机构加大中长期贷款支持；注重运用市场化办法，推广应用 PPP（政府与社会资本合作）等方式，吸引更多社会资本参与建设运营；鼓励项目法人和项目投资方通过发行权益型、股权类金融工具，筹集建设资金。

四是创新用地思路。将文化设施用地纳入城市总体规划与土地利用总体规划，完善用地计划指标安排机制，优化用地供地方式，对东部新城、南部新城、镇海新城、姚江北岸等区块，采用空间腾挪、功能整合方式，提供规模较大的集中连片用地。

宁波市社科院（市社科联）　李广雷

关于深化实施"宁波文化研究工程"的建议
——基于历年"宁波文化研究工程"项目的梳理总结

为深入挖掘宁波优秀传统地域文化资源，提升宁波城市文化软实力，推动宁波文化研究高质量发展，并进一步提高财政资金使用绩效，市社科院（市社科联）对2006年以来立项的"宁波文化研究工程"项目及产出成果进行了系统梳理，并就深化实施"宁波文化研究工程"提出了相关建议。

一、2006年以来"宁波文化研究工程"实施总体情况

2006年，时任浙江省委书记习近平亲自谋划推动实施了文化建设"八大工程"的"浙江文化研究工程"，并担任指导委员会主任，宁波也同步启动文化研究工程。13年来，"宁波文化研究工程"共立项170项，已形成以各类出版物为主要形式的研究成果136项，涌现出一大批优秀社科研究人才。

（一）类型丰富，体现研究层次的多样性

从立项方式看，包括年度项目、重点项目、重大招标课题、专项课题等四大类。一是年度项目，共组织申报8次，立项157项。二是重点项目，2015年组织重点项目申报1次，共立项3项，分别为"宁波文化丛书"系列、"宁波区域文化资源概览"系列、"浙东学术史研究"系列（因未能如期完成，已撤项）。三是重大招标课题，2018年组织申报"阳明心学研究和佛教文化研究"重大招标课题1次，共立项9项。四是专项课题，2019年组织申报阳明文化专项课题1次，立项1项。

（二）内容厚实，体现研究领域的广泛性

"宁波文化研究工程"以当代情怀贯通古今，可分为"古、今、人、文"四大板块。一是"古"，即历史文化板块。8次年度申报均涉及历史文化研究板块，

共立项 48 项。其中包括"宁波经济史研究""宁波农业史研究""浙东心学史"等在内的专门史研究系列 29 项，"《四明丛书》编纂方案研究""宁波灵桥史料整理研究""《邵廷采全集》整理"等历史文献整理系列 14 项，"奉化布龙传承研究""'宁海平调'曲牌考略""宁波泥金彩漆的传承与保护研究"等非物质文化遗产保护研究系列 5 项。

二是"今"，即当代文化板块。分别于 2007 年、2011 年、2013 年、2015 年、2018 年各组织申报 1 次，共立项 12 项。包括"改革开放三十年"系列的 8 个课题和"宁波在长三角中的地位演进及提升研究""宁波现代海洋产业的选择与发展研究""现代社会组织与社区社工实践研究"等项目。

三是"人"，即名人文化板块。8 次年度申报均涉及历史名人研究板块，共立项 35 项。其中包括"李邺嗣研究""郑清之传""姜宸英研究"等名人研究系列 19 项，"鄞州史氏家族""余姚王氏家族研究""镇海柏墅方氏家族研究"等名人家族研究系列 16 项。

四是"文"，即特色文化板块。8 次年度申报均涉及特色文化研究板块，共立项 30 项。其中包括"红帮裁缝研究""'宁波帮'文化与家族企业制度构建及传承的关系研究""宁波地名文化研究"等。

二、深化实施"宁波文化研究工程"的若干设想

宁波文化研究的总体思路是，遵循宁波文化发展历程和脉络，发掘宁波文化底蕴，以浙东文化、阳明文化等为重点，打造地方文化研究特色和品牌，提升宁波文化发展的知名度和影响力。

根据目前财政经费预算，每年大约可以安排开展 8 个"宁波文化研究工程"项目。下一步，我们将继续按照"古、今、人、文"四大板块的布局，把浙东文化、阳明文化、"宁波帮"文化等特色文化研究作为宁波文化研究的主打品牌，统筹开展特色文化、历史文化、当代文化和名人文化 4 个方面研究，力争通过几年的努力和积累，形成系列化、分量十足的宁波文化研究成果。

（一）宁波特色文化研究

凸显浙东地域文化特色，重点围绕浙东文化、阳明文化、海洋文化、商帮文化设置课题。一是浙东文化，着重围绕浙东文化的内涵、价值、整理、保护、比较等方面开展研究。二是阳明文化，着重围绕阳明文化的内涵、渊源、价值、应用等开展研究。三是海洋文化，着重围绕宁波海洋民俗文化、海洋渔文化、海防历史文化、航海文化、港口发展、海上丝绸之路、海外贸易、海岛开发、海洋文化产业等方面开展研究。四是商帮文化，着重围绕宁波商帮的渊源、历史沿革、人物、价值等方面开展研究。

（二）宁波历史文化研究

追溯宁波历史，梳理宁波文明传承脉络，重点围绕各类专门史、文献整理、宗教文化和"非遗"文化设置课题。一是各类专门史，开展经济、社会、文化等各领域的专门史研究，如宁波金融史、宁波商业史、宁波水利史、宁波桥梁史、宁波建筑史、宁波人口史、宁波家族史、宁波知青史、宁波慈善史、宁波文学史、宁波书法史、宁波陶瓷史、宁波茶文化史、宁波酒文化史、宁波地名史、宁波武术史等。二是文献整理，收集整理重要历史文献与档案史料，如历代宁波籍学人的重要文集或著述、宁波望族的族谱及家谱、反映宁波历史的重要志书等。三是宗教文化，对宁波宗教发展历史开展研究，如宁波佛教史、基督教史、天主教史、道教史等项目，以及宁波宗教教派、宗教建筑、宗教艺术、宗教人物等方面的项目。四是"非遗"文化，对宁波列入国家级非物质文化遗产的代表性项目进行研究，如梁祝传说、徐福东渡传说、奉化布袋和尚传说、宁波前童元宵行会、象山渔家号子、余姚土布制作技艺、宁波金银刺绣、奉化布龙、宁海平调、朱金漆木雕等。

（三）宁波当代文化研究

紧贴新时代文化高质量发展导向，重点围绕社会主义核心价值观、新时代宁波精神、公共文化、文化产业开展研究。一是社会主义核心价值观，如社会主义核心价值观与经济高质量发展的结合、引领市域治理现代化等研究。二是新时代宁波精神，如宁波精神及其内涵、时代价值等研究。三是公共文化，如宁波公共文化的发展现状、发展策略、发展路径、体系建设等研究。四是文化产业，如文化产业的发展现状、发展困境、重点产业的发展、价值提升、竞争力提升等研究。

（四）宁波名人文化研究

宁波的历史名人众多，名人文化影响力较大，重点围绕名人文化、家族文化开展研究。一是名人文化，以历史上有重要影响的宁波籍人士和在宁波生活过的名人为主要研究对象，如围绕革命家、政治家、思想家、企业家、科学家和文化界著名人物开展名人专题研究。二是家族文化，以宁波历史上的名门望族为研究对象，以望族族谱、望族的历史变迁、传统家族制度等为内容，开展宁波名人家族专题研究。

三、深化实施"宁波文化研究工程"的几点建议

（一）加大资金投入

近年来，财政下拨给"宁波文化研究工程"的项目经费逐年减少，由原先的每年约 140 万元下降到目前的 60 万元。同时，单项研究成果的项目经费也在不断上涨，仅出版经费就从以前的每本约 3 万元涨到现在的 6 万～ 10 万元，导致可资助的项目数量逐年下降，目前每年只能资助出版 7 ～ 8 本专著，而且资助经费有限也明显影响到了项目质量。据了解，目前"浙江文化研究工程"项目每年投入达到 600 多万元。建议进一步加大财政投入力度，切实增加可资助项目数量，提高单项资助经费水平，提升成果质量。

（二）完善项目管理

按照目前的财政资金使用管理办法和项目管理办法，"宁波文化研究工程"项目完成时限为 1 ～ 2 年。据了解，出版社的图书出版周期一般为 6 ～ 8 个月，甚至更长，因而实际可用于研究、写作的时间非常有限，影响了项目的质量和结题验收。因此，建议参照国家社科基金和"浙江文化研究工程"项目管理的有关规定，调整优化现行"宁波文化研究工程"的财政资金使用办法和项目管理办法，适当延长研究周期和经费保留期限。

（三）整合资源力量

从资源投入来看，多部门都有相应的资金和项目安排；从研究力量看，项目管理部门、研究机构、高校、社会组织基本呈"各自为战"状态。建议在宁波市文化研究工程指导委员会及其办公室领导下，进一步加强成员单位及相关部门之间的联动协调，切实强化对下阶段"宁波文化研究工程"的顶层设计和统筹安排，加强各方面研究力量的联动协作，谋划编纂"宁波四库全书""宁波文史读本"等凸显宁波文化底蕴特色的系列丛书，合力打造一批有影响、系列化的宁波文化研究精品力作，并进一步加强与相关部门的合作，推动文化研究成果数据化、影像化。

宁波市社科规划办

推动宁波文化繁荣发展，建设展示中国特色社会主义制度优越性"重要窗口"

——宁波文化研究座谈会专家观点综述

今年是习近平同志亲自倡导设立"浙江文化研究工程"15 周年，为更好地总结成效、谋划思路，市社科院（市社科联）和宁波工程学院共同举办了宁波文化研究座谈会。本文对与会专家的主要观点进行综述。

一、关于宁波历史文化底蕴

（一）宁波是中国古代文明的肇始地之一

宁波是中国乃至世界海洋文化的发源地之一，约 7000 年前，河姆渡人刳木为舟，开始向海洋索取生活资料。宁波人在很早就已经具备了高超的航海能力和造船水平，以及先进的地图绘制和指南针技术，有可靠文献记载的最早远航是勾践从句章越海航行至山东半岛。

（二）宁波是近现代中华文化转型的重要展开区域

从地理位置看，宁波自中唐时期中国经济文化重心南移后即建立州治，成为中国大运河与海上丝绸之路的衔接点。从对外交往看，青瓷、茶叶、丝绸等产品的对外输出，王阳明、黄宗羲等一批学者开启近现代经世致用和维新变革思潮，带动了中华文化的广泛传播，促进了东亚文化圈的形成。

（三）宁波是当代文化创新发展的地标城市

宁波高度重视城市软实力建设，相继实施文化大市、文化强市战略。"十三五"期间，宁波文化产业增加值年均增长 13.5%，文化制造业总量居全省首位，初步形成了一批具有宁波特色的文化产业集群。

（四）宁波是国内外文化双向交流合作的典范

宁波以优秀的本土文化产品为载体，有效推动对外文化交流向全方位、多领域、深层次发展。如舞剧《十里红妆》走进美国林肯大剧院，举办亚洲艺术节、中国—中东欧国家投资贸易博览会、中国航海日论坛等，有力推动了宁波文化的国际化进程。

二、关于宁波文化研究的方位

（一）立足于构建"东方文明"

东方文明，以浙东文化为核心。围绕东方文明开展宁波文化研究，有利于树立文化自觉，挺身担当古丝绸之路"活化石"的文化责任，为社会主义精神文明建设提供更多的宁波元素、宁波经验和宁波实践。

（二）立足于建设"都市文明"

都市文明，是宁波区域历史发展的主线。围绕都市文明开展宁波文化研究，有利于增强文化服务、文化产业发展、文化交流合作等方面的能力，助推城市软实力提升和可持续发展，更好地推动"东方文明之都"建设。

（三）立足于创建"人的文明"

人的文明，是建设全民文明素养示范城市的必由途径。围绕人的文明开展宁波文化研究，有利于增进市民的城市归属感、认同感，培育更文明、更高素质的市民群体。

三、关于宁波文化研究的成果

（一）"宁波文化研究工程"成果丰硕

由市社科院（社科联）牵头组织的"宁波文化研究工程"以"古、今、人、文"为主题，突出现当代文化研究、历史文化研究、宁波名人和宁波地域特色文化阐述等四个方面的内容，已形成以各类出版物为主要形式的研究成果136项，培育出一大批社科研究优秀人才。

（二）宁波文化研究特色鲜明

宁波文化研究涵盖宁波海洋文化、浙东学术、阳明心学、商帮文化、慈善文化、对外交流文化、民国文化、藏书文化、佛教文化、名人文化等内容。其中，浙东文化研究已经成为全国性高地，极大地提升了宁波在浙东乃至全国的文化影响力和辐射力，对宁波文明城市建设、文化强市建设和现代国际化港口城市建设起到了积极的促进作用。

（三）宁波文化研究平台多元

从课题平台来看，除了"宁波文化研究工程"年度项目外，还曾设有阳明心学专项课题、佛教文化专项课题、改革开放 30 年系列课题、改革开放 40 年系列课题等不同类型。从基地平台来看，既有浙东文化研究基地、民国文化研究基地、弥勒文化研究基地等历史文化类研究基地，也有海洋经济发展研究基地、城市发展战略研究基地等当代文化类研究基地。

四、关于宁波文化研究的短板

（一）文化遗产传承和研究开发力度不足

宁波作为中国唯一的大运河与海上丝绸之路相衔接的城市，现拥有 2 处世界级文化遗产，33 处全国重点文保单位（至第 8 批），国家级非物质文化遗产项目 25 项、国家级非物质文化遗产传承人 15 位，但对这些文化资源的研究挖掘还不够，公众认同感不高。文化资源缺少多样化的物化传播载体，研究和开发利用方面不仅内容片面、形式单一，而且缺乏特色、缺乏创新，文化资源向文化资本转化的能力不强，与城市知名度、美誉度与深厚文化内涵不相匹配。

（二）城市精神文明研究高度不足

对站在中华文化高点之上的东方文明价值内涵，缺乏理论阐释与系统性研究，历代大儒的丰富典籍、"宁波帮"近代商业文明实践等缺少时代性解读。宁波本地缺乏有全国影响力的文化学者，更未形成相关学术流派。当代城市研究主要侧重于产业、金融、建设、管理等实用层面，而关于城市文化、精神、价值、心态等方面的研究，多局限于对文明礼仪、文明规范的倡导，直接影响具有独特文化印迹的都市文明精神的构建。

（三）文化研究与生产优势融合不够

文化产业整体层次不高，文化产品竞争力弱，国际市场份额少，文化产业及文化贸易尚未取得根本上的发展优势。宁波文化研究与制造业的融合度不够，对文化产业的创新创意支撑不够，宁波文化研究水平与"书藏古今、港通天下"的城市形象存在落差，与名城名都的定位还有差距。

（四）文化研究平台的层次能级还不够高

宁波缺少一流的大学、研究机构、实验室等，艺术之城建设起步伊始，创意阶层尚未形成。地方丛书编纂和地方文化专业刊物建设都需进一步加强。博物馆、美术馆等公共文化设施数量有待增加。高等级文化设施的服务能级（如策展能力、展出面积、馆藏量和藏品等级）不够强。

五、关于宁波文化研究的重点方向

（一）浙东文化

扎根于传统儒学、发端于北宋的浙东学术文化，以王阳明、黄宗羲等人为代表，代表当时中国思维成果最高水平，其内涵也在继承中不断丰富发展。加强浙东文化研究对于突出宁波文化特色、提升城市软实力有重要意义。

（二）"宁波帮"文化

"宁波帮"是中国近代最大的商帮，在推动中国近代化进程中发挥着重要作用，特别是近代以来，大批宁波人闯荡上海滩，创业香江畔，开启了"宁波帮"的百年辉煌。尽管"宁波帮"研究已有一定积累，但仍有大量研究工作有待开展。

（三）海上丝绸之路文化

宁波是海上丝绸之路的"活化石"，加强海上丝绸之路文化研究，有利于使宁波历史文化具有开放的包容性、广阔的区域性以及广泛的影响力。

（四）河姆渡文化

河姆渡文化是宁绍平原远古文明的"第一道曙光"，与后来这一地区的良渚文化共同构成了越先民史前文化的主要源头，是宁波文化的根脉，也是东亚地区一切古文明最深层的积淀。河姆渡文化的研究与传播，不仅可以增强本地民众对地域历史文化的自豪与自信，更能加深外地民众对宁波作为历史文化名城的印象。

（五）大运河文化

大运河是宁波首个世界文化遗产。对宁波来说，站在人类文明的高度，以全球视野和敢于创新、勇于实践的自信，深入研究大运河的价值与内涵，对中国崛起、民族复兴具有重要而不可替代的作用。

六、关于宁波文化研究重点项目的建议

（一）深化"宁波文化研究工程"

进一步挖掘整理浙东学术资源，编写浙东文化编年史，形成浙东文化研究的"宁波高地"，规划研究"海上丝绸之路宁波港的重大历史事件和重要人物"，抓实"宁波之港""宁波之通""宁波之治""宁波之造"系列研究。

（二）开展"宁波学"研究项目

整合区域内高校及相关科研院所的研究力量，放眼世界城市学、文化学研究前沿，以"宁波学"研究推动"宁波现象"研究、宁波城市发展研究、宁波都市文化研究向深层次发展，为城市发展提供实践范本与理论支撑。

（三）续编《四明丛书》

《四明丛书》是一部编集宁波乡邦文献的丛书。《四明丛书》规模较大，原计划 10 年时间完成 10 集，始编于民国十九年（1930），至民国三十四年（1945）已完成 7 集。建议由市委宣传部、宁波出版社牵头，继续完成后续编撰工作，打造宁波地域丛书的拳头产品。

（四）启动《宁波大典》编纂项目

建议借鉴广州推出《广州大典》、绍兴编纂《绍兴大典》的做法经验，由市主要领导牵头，组织各方研究力量，启动《宁波大典》的编纂工作，传承地方优秀传统文化，提高文化研究成果的社会影响力。

（五）实施"东方文明"研究项目

建议设立浙东文化发展研究中心、浙学文献馆、宁波名人馆，举办阳明学术、浙东史学、"宁波帮"文化、禅宗文化等国际性论坛，开展"东方文明"系列主题研究，推进浙东学术当代化、国际化研究。

（六）实施"宁波碑碣集成工程"项目

宁波及所辖各区县（市）新旧方志均有"金石志"，既是记录宁波历史的主要载体之一，更是宁波作为国家历史文化名城的重要注脚之一；既可补宁波历史文化典籍的缺漏，更可纠宁波历史文化研究的差错。建议借鉴绍兴编纂《绍兴摩崖碑版集成》做法，设立"宁波碑碣集成工程"项目，建立宁波碑碣专题数据库，出版《宁波碑碣集成》。

七、关于加强宁波文化研究的保障措施

（一）加强文化研究人才梯队建设

加大国内外文化名家、文化产业高端人才引进力度，引导各类研究机构、高校等加强对文化研究领域青年人才的培育，支持有潜力的民间文化学术团体发展。同时，加强各类文化研究机构和学术团体之间的联动，在文化学术研究和交流方面开展合作，在文化领域重大课题研究、重要学术活动、重点人才建设等方面相互支持，协同开展宁波文化研究成果的推介活动。

（二）加强文化研究资金投入保障

有效整合各单位（部门）、机构的各类文化研究项目，整合资金、资源和研究力量，避免开展重复研究，提高财政资金使用效率，达到"集中精力办大事"的目的。加大对宁波大型地方文化丛书和重点文化项目的扶持力度，打造宁波文化研究领域知名品牌。提高研究项目资助经费额度，改变文化研究经费下拨不断减少、实际项目经费需求不断上涨的倒挂现象，不断提升成果数量、质量和社会影响力。

（三）加强文化研究平台载体建设

在市图书馆、书城、高校等场所开辟开放多元的公共交流空间，探索建设宁波文化研究"公共驿站"，为专家研讨交流创造条件，在社会上形成关注文化、崇尚研究的良好氛围。大力支持宁波文化研究会、宁波大学浙东文化研究院等研究平台建设，发挥其在整合文化资源、汇聚研究人才、加大成果产出中的积极作用。培育打造高级别文化研究刊物，扶持和壮大《浙东文化研究》《浙东文化集刊》《天一文苑》等宁波文化专业刊物建设，探索创设《宁波社会科学》或《宁波学刊》。

（四）加强文化研究基础工程建设

构建宁波文化研究的专家人才库、科研项目库和专题信息库，做好做实宁波文化研究中长期规划，加快已有文化研究成果的数字化建设，实施"宁波帮"研究数字化工程，实现纸电文化研究资源的一体化融合和图书、期刊、报纸各类文献载体的一站式检索。

宁波市社科院（市社科联）

借鉴良渚经验，抓紧推动宁波史前遗址申报世界文化遗产

井头山遗址是中国考古史上里程碑式的发现，在国内外引起了强烈的反响，宁波迅速组织"井头山、河姆渡与海洋文明"专题座谈会，要求深入谋划推进井头山、河姆渡等遗址的综合研究和保护利用工作，打造有影响力的重要文化标识。市社科院（市社科联）组织市内外课题组进行了初步论证，通过与良渚遗址的价值比较，认为宁波史前遗址申遗具有较高的可行性，建议分两步走，尽快开展相关筹备工作。

一、宁波史前遗址申遗对宁波城市发展的意义

（一）有利于提升宁波城市知名度与影响力

世界文化遗产作为全世界广为熟知的"文化IP"，具有世界性的认可度，推动宁波史前遗址申遗，实现宁波独立拥有世界文化遗产，有助于发挥世界文化遗产这一国际文化品牌的作用，提升宁波作为"一带一路"枢纽城市的地位。

（二）有利于促进文旅融合发展

纵观全国55处世界文化遗产，无一例外都成为当地旅游业发展的金字招牌。宁波史前遗址一旦申遗成功，不仅可以带来巨大的旅游流量，为全域文化旅游注入强大提振因素，遗产本身的价值内涵也将成为宁波文化创意、影视娱乐、游戏动漫、服装文具等产业发展的巨大素材宝库，以文促旅、以旅彰文，实现经济效益和社会效益双赢。

（三）有利于打造宁波文化新地标

申报世界文化遗产标准高、要求高，以此为契机，可以有效提升遗址的发掘、保护、利用水平。如杭州良渚过去十多年在申遗这个总目标的统领下，遗址发掘、价值研究、良渚博物院扩建提升、国家遗址公园建设等多方面突飞猛

进，有效支撑了申遗的成功。宁波现有全国重点文物保护单位 31 处，推动史前遗址申遗，可以充分发挥示范效应，带动全域文化遗产保护水平的提升。申遗过程中引导全民参与，可以激发强大的文化自信，推进文明城市创建等工作，为文化强市建设赋予更强的文化动因。

二、宁波史前遗址申遗的可行性分析

（一）良渚申遗的借鉴意义

世界遗产委员会相关专业机构在对良渚古城遗址的价值评估中重点提到了以下五个方面：代表长江流域对"多元统一"的中华文明起源作出的卓越贡献；代表中国古代在城市规划中强调社会等级秩序和权力的典型方法，这一方法创建于长江流域早期阶段并在其他地方多次应用；反映了人们在湿地环境中城市和建筑的特色，特别是外围水利系统；是东亚和中国 5000 多年前伟大史前稻作文明的最高成就；是人类文明史上早期城市文明的一个杰出范例。良渚古城申遗成功有两个关键点：一是项目必须具备突出普遍价值，也就是申遗项目必须符合联合国教科文组织世界遗产委员会确定的相关价值标准；二是项目必须经得起真实性、完整性检验，也就是保护状况要完好，能够真实完整地体现其价值。

（二）宁波史前遗址申遗的可行性

宁波河姆渡遗址和田螺山遗址，见证的是 5000～7000 年前人类生活的痕迹，井头山遗址则将宁波地区的人类活动和文明发展史推进到了 8000 多年前。宁波的三大史前遗址，使宁波形成了史前文化遗址群，承载了十分丰富的史前文化内涵。

宁波的三大史前遗址和良渚古城遗址同属长江流域的新石器时代文化范畴，但宁波三大史前遗址年代比良渚更早，二者既有文化脉络上的联系，又有文化内涵上的不同。其中，河姆渡遗址是一种与黄河流域的原始文化面貌完全不同的稻作农业文化遗存，其年代早至距今 7000 年，这一发现刷新了只有黄河流域才是中华远古文化摇篮的传统观点。2019 年发掘的井头山遗址，是中国沿海迄今发现年代最早、埋藏最深的贝丘遗址，主持该项发掘工作的浙江省文物考古研究所专家认为，井头山遗址代表的沿海新石器时代文化类型是中国海洋文化最主要的源头。专家认为，井头山遗址既有体现海洋文明的遗存，又有面向内陆的生业形态。

课题组通过价值阐释和比较，认为宁波三大史前遗址在人类文明史上的价值不逊色于良渚文化遗址，并且同样具备符合国际标准的突出普遍价值的提炼空间。在遗产保护的真实性、完整性方面，宁波三大史前遗址均得到了较好保护，整体保护状况完好，符合申报世界遗产的基本标准。

（三）宁波史前遗址申遗的短板

目前存在的主要问题如下：宁波史前遗址没有进入《中国世界文化遗产预备名单》；三大遗址没有统一的管理机构和申遗工作机构；遗址整体知名度和良渚古城遗址有较大差距，全民参与度有待提升；遗址展览水平及博物馆（院）建设与世界文化遗产建设要求差距较大；遗址考古发掘、研究及价值提炼仍有较大空间等。

三、推动宁波史前遗址申遗的对策建议

（一）应立即着手的工作

一是加强与国家文物局的沟通，推动宁波史前遗址进入《中国世界文化遗产预备名单》。根据世界遗产委员会的相关规定，每一个缔约国首先要向世界遗产委员会提供一份申遗预备名单，推荐申遗的项目首先要从预备名单中产生。同时，按照规定，每一个缔约国每年只能申报一个项目。因此，国内申报世界遗产的竞争十分激烈，目前《中国世界文化遗产预备名单》上共有 62 个项目，市文物主管部门要积极与省文物局和国家文物局沟通，提出申报世界遗产的详细方案，邀请国家文物局有关领导和专家赴甬实地考察，争取推动宁波史前遗址项目或河姆渡遗址项目尽快进入预备名单。

二是设立申遗组织机构，有计划、有步骤地推动申遗工作。申报世界文化遗产是一项牵涉面广、程序复杂的系统性工作，必须通过设立强有力的组织机构，有效整合各方资源，协同有序推进。建议在宁波市级层面成立申遗工作领导小组，统筹协调申遗工作；在宁波市文物主管部门设立申遗领导小组办公室，负责申遗日常工作，落实专项经费，抽调专门人才，共同参与申遗工作。在工作方案方面，应以问题为导向，学习借鉴良渚古城申遗等成功案例，找差距、补短板，逐步解决完善。

三是聘请顶级团队，编制申遗文本。申遗是一项专业性工作，在联合国世界文化遗产的评价体系中，有相应的国际标准来衡量申遗项目。因此，如何对申报项目的文化价值按照国际标准进行总结提炼成为申遗中最为关键的一环。良渚古城申遗邀请了中国建筑设计研究院陈同滨研究员领衔的团队来提炼遗产价值和编制申遗文本，该团队拥有丰富的申遗经验，曾推动杭州西湖、丝绸之路等项目成功申遗。宁波市应尽早邀请顶级专业团队开展史前遗址的申遗工作，在专业上精准把脉，提高申遗工作精准性和有效性。

（二）应持续推进的工作

一是举办系列文化活动，提升申遗舆论氛围。申报世界遗产的项目最终能不能通过，需要国际相关领域专家的肯定，在申报世界遗产的过程中，良渚方面多次邀请世界著名考古学家、英国科学院院士科林·伦福儒（Colin Renfrew）来杭州讲学，他在考察良渚的过程中逐步认可了良渚遗址的突出价值，并向国际学术界提出了"从考古学证据上证明了早在5000多年前，中国的良渚就已经进入了早期国家文明阶段了"这一重要论断，最终有力推动了良渚的申遗。建议由宁波市文物主管部门牵头，整合宣传部门、社科研究机构、高校等多方力量，通过举办大型学术研讨会或邀请国际知名专家赴甬讲学的方式，扩大宁波史前遗址的影响力，特别是要借助顶级专家的力量提升宁波史前遗址文化价值解读的权威性。

二是加大遗址保护管理力度，提升遗址展示水平。申遗项目的保护管理状况和展示水平是能否成功申报的关键因素之一。建议由宁波市文物主管部门牵头，遗址属地政府密切配合，加大遗址保护管理力度。重点是：加强保护管理的立法工作，编制保护管理规划，打造完备的遗址保护法律法规体系；健全保护管理机构，特别是补充专业力量，增强保护机构的专业能力；提升遗址博物馆的展示水平，创建国家考古遗址公园，提升英文展示和讲解水平，满足国际化需求；引导志愿者等社会力量参与遗址保护，体现遗址保护的全民性；等等。

三是进一步加大考古发掘力度，提升发掘研究成果水平。考古发掘是确证和进一步发现遗址价值的重要方式。良渚古城遗址在过去几十年持续发掘，特别是确定申遗之后，浙江省文物考古研究所加大了考古发掘力度，取得了一系列新的重大成果，为成功申遗奠定了基础。宁波的三大史前遗址中，井头山遗址发掘于2019年，目前已经取得了许多重大考古发掘成果，但是还需进一步发掘，河姆渡遗址、田螺山遗址的研究和阐释工作也要持续进行，要整合相关力量，对宁波三大史前遗址进行深度发掘，不断挖掘其文化价值、考古价值、科学价值，力争取得更多突破性的成果。

杭州西湖世界文化遗产监测管理中心　夏攀

宁波市社科院（市社科联）　王铭徽

宁波以井头山遗址开发为契机全力打造
中华海洋文明发源地的对策建议

井头山遗址考古成果，标志着宁波是中国乃至世界海洋文明的重要发源地。高质量推进井头山遗址开发，整合利用现有考古成果，对于宁波建设海洋强市、打造"一带一路"枢纽城市、建设全球门户城市具有重大意义。市社科院（市社科联）组织相关研究力量经过调研，认为宁波应以井头山遗址开发为契机，全力打造中华海洋文明发源地的文化品牌。

21世纪是海洋的世纪。发掘于20世纪70年代的河姆渡文化遗址，出土了大量海洋生物，证明了河姆渡文化不仅是长江流域文化起源的典范代表，更标示着宁波在中国海洋文化史上具有重要地位。近期发布的井头山遗址考古成果，直接将中华海洋文化史向前推进了约1000年。经专家考证，井头山遗址是迄今为止发现的最古老的国内海洋文化遗址，是中华海洋文明最早的历史见证。从井头山到河姆渡、田螺山，宁波的三大史前遗址，较为完整地构建起中华人类与海洋关系的文明序列，这是宁波所具有的在全球范围内独一无二的宝贵的海洋文化遗产。宁波依据近50年的现代海洋文化考古成果积累，全力打造中华海洋文明发源地的文化品牌，对于宁波打造"一带一路"枢纽城市、建设全球门户城市具有重大意义。

一、当前宁波史前海洋文化保护与开发尚存在不足

（一）井头山遗址开发尚处于起始阶段

一方面，井头山遗址文化内涵亟须进一步深挖。目前发掘的遗址一期，面积不到800平方米，虽然已经有大量成果披露，但主要集中于先人留下的生活垃圾，没有挖掘到承载文化含量更为丰富的生活居住区。从现在发现的制作精

良、保存完好的木碗和船桨等木器推测，可能会有更高水平的生活文明存在。

另一方面，井头山遗址的命名工作尚未提上日程。从现有考古成果发掘看，井头山遗址与河姆渡文化之间是祖孙关系，具有现今已知中国最早的海洋文化起源地这一独特内涵，初步具备单独命名为"井头山文化"的现实价值。井头山遗址命名为"井头山文化"，将直接成为研究、陈述中国海洋文化的一个标志性文化遗产，树立宁波作为中国史前海洋文明起源地的不可替代的地位。

（二）河姆渡文化品牌价值亟待提升

河姆渡文化品牌开发存在知名度不高、现实作用发挥受限、内涵价值阐述不足等问题。20世纪70年代，河姆渡文化发现与命名，打破了中国史前文明"黄河中心说"的历史局限，确立了中华文明的多源性。但随着全国范围内史前文明挖掘的进一步推进，发现了越来越多比其更早、更为完整的遗存，河姆渡文化的开发保护逐渐缩小到专业学术领域，止步于文物保护管理与器物文明研究，因而亟须转型升级，上升为宁波城市文化发展战略。

（三）杭州湾两岸史前文明开发尚处散点状态

以浙江大湾区为中心的东南沿海地区已经发掘了大量史前文化遗址，包括浦江上山文化、嵊州小黄山文化、萧山跨湖桥文化、余姚河姆渡文化、嘉兴马家浜文化、青浦崧泽文化、余杭良渚文化、闵行马桥文化、松江广富林文化等。大湾区两岸史前文化开发尚处散沙状态，尚无清晰系统的顶层设计、全面统筹大湾区史前文化开发的组织与载体，这直接影响了人们对大湾区史前文明的认识，也阻碍了中国海洋史、海洋文化史研究的推进。

（四）宁波对史前海洋文化遗产的认识与利用相对滞后

与良渚文化、跨湖桥文化的研究相比，宁波在史前文化考古研究方面较为滞后。良渚文化自1936年发现以来，文明成果发现不断推进，尤其是近30年来有着跨越式发展，现已成为世界文化遗产，推动了杭州市经济社会的全面发展。河姆渡文化遗产研究的先天不足，自然影响到对文化遗产的认识、利用及宣传。宁波史前海洋文化遗产与杭州史前文化错位发展，唱好"双城记"，真正促进宁波海洋文化强市建设，需要攻坚克难的抢拼精神与有效的策略推进。

二、宁波全力打造中华海洋文明发源地的对策建议

（一）高质量推进井头山遗址文化主动开发

一方面，尽快推进井头山遗址二期开发。经初步测算，推进二期发掘需要资金约 500 万元，建议这部分资金先由宁波市政府支持，后续由浙江文物考古研究所向国家文物局申请。

另一方面，着力推动"井头山文化"命名工作。宁波需要通过持续发力，推进遗存类型、聚落形态、文化特征、价值内涵等研究，挖掘井头山遗址的文化价值、考古价值、科学价值，力争取得更多突破性的研究成果，并在此基础上及早开展"井头山文化"认定工作。

（二）高品位谋划河姆渡国家考古遗址公园建设

河姆渡考古遗址公园建设要高起点规划、多领域统筹、广范围辐射，不仅要成为宁波人民可以追根溯源的精神家园，成为长三角文旅融合开发的典范，更要成为中国史前文明遗址保护与开发的标杆。遗址公园要突出国家属性，其定位是中华海洋文明源远流长的历史见证、中华地理的精神标识和国家的文化名片，深刻反映中国史前海洋文明发展阶段的经济、文化、社会等各方面历史信息，体现规模宏大、价值重大、意义深远等典型特征。要以社会主义核心价值观为引领，旗帜鲜明地回答"何以为中国""何为中国"等核心问题，充分展现中国特色社会主义制度优越性，凝聚社会共识、增进民族团结、维护国家统一，助力实现中华民族伟大复兴。

（三）高起点筹建"全新世"人类与自然博物馆

全新世是考古学中对公元前 1.1 万年至今的地质时代的总称，标志着人类文明的源起与发展，人类文明的起源以及当前社会的繁荣发展进步都发生在全新世。从史前文化遗产的完整性、集聚性和独特性出发，建议在余姚三七市镇河姆渡文化核心保护区外，筹建全新世人类与自然博物馆。筹建全新世人类与自然博物馆，是河姆渡文化遗产保护与开发的重要转型升级，是对宁波现有的小东门遗址、鲻山遗址、田螺山遗址、傅家山遗址、名山后遗址、大榭制盐遗址及至宁绍平原发现的 49 处史前遗址进行整合、保护、利用的重大举措，是对现阶段井头山遗址海洋文化价值世界性影响力的现实利用。同时，实现在史前文明开发上宁波与杭州的错位发展，与良渚文化开发东西呼应，唱好"双城记"，

并为浙江大湾区及至长三角史前海洋文明的开发建立统筹展示的有力载体，不仅可以擦亮浙江史前文化品牌，有力提升浙江大湾区、长三角地区的海洋文化含量，展示整个江南文化的海洋属性，还可展示中国所倡导的人类命运共同体建设的宁波实践，为宁波打造世界级旅游目的地、"一带一路"综合性枢纽城市、全球门户城市，提供不可多得的战略性品牌项目。

（四）高标准推动宁波史前文明研究

要以杭州推进良渚文化研究为标杆，高标准推进宁波史前文明研究。建议由宁波市文化遗产管理研究院牵头，成立宁波史前海洋文化研究组织，发挥好省文物考古研究院、全国史前考古力量的借力作用，合作成立浙江全新世新石器考古基地，主动培养与发展史前文明研究的"宁波队伍"。同时，根据宁波史前文明遗存勘测的情况推测，在近海区域及海岛极有可能存在距今9000年甚至更早的史前文明遗址，主动占据史前文明研究前沿领域，势在必行。要积极发挥宁波水下考古走在全国前列的优势，与中国文化遗产研究院水下考古中心等国家级考古单位合作设立中国海岸线考古基地，开展近海、海岛的史前文化考古，加强国际同类考古研究的合作研究，借助各方专业力量，共同开展中华海洋文化乃至世界海洋文化、全球海洋环境等内容的系统性与多学科研究，提升自身史前文明研究实力，使宁波史前学术研究成为城市文化交流、文化发展的一张金名片。

（五）高层次推进史前海洋文化遗产的转化与传播

要兼顾文物安全与人民群众日益增长的公共文化需求，将宁波史前海洋文化遗址的保护利用融入整个宁波的社会经济发展中，使宁波史前海洋文化遗址成为文化旅游的目的地、美丽乡村建设的重要载体，有效实现文物保护、生态修复、城乡发展、民生改善的相互协调，展现出文化遗址应有的活力和生命力。建议筹拍考古纪录片，如果井头山遗址二期发掘能够推进，可在关键时间点直播二期考古发掘，充分利用新媒体，讲述考古发掘故事，形成新闻热点事件。在此基础上，推进宁波史前海洋文化与丰富的海洋信仰文化、贸易文化、渔文化等文化的体系化整合，全力推进城市特色海洋文化建设，传播东亚海洋文明，构建宁波独具魅力的海洋文明城市形象。

宁波市文化旅游研究院　杨燚锋　黄文杰　周东旭

宁波市惠贞书院　黄炜茜

宁波市社科院（市社科联）　史斌　张英　徐兆丰

深刻把握宁波"打造独具魅力的文化强市"的内涵和重点

市委十三届八次全体会议明确把"打造独具魅力的文化强市"作为宁波当好浙江建设"重要窗口"模范生必须加快形成的 15 项重大标志性成果之一。对此，一是要立足传统，做好独一无二的传统特色文化，力争"人无我有"；二是要着眼当下，做强独占鳌头的当代文化名片，力争"人有我优"；三是要面向未来，做精独树一帜的新兴文化业态，力争"人优我特"。

宁波形成"独具魅力的文化强市"，既要立足传统，深挖区域特色，也要着眼当下，提炼文化发展亮点，还需面向未来，激发持续发展潜能。

一、立足传统，做好独一无二的传统特色文化，力争"人无我有"

（一）擦亮宁波"海洋文化"金字招牌

从现实基础看，宁波海洋文化遗产丰富，保存完整。史前文明时期宁波沿海先民已经走向海洋，井头山文化是中国海洋文化的发轫之地，唐宋以来尤其是改革开放以来，宁波更成为中国沿海重要的商贸中心和对外贸易口岸。

重点举措上，加快制定相关政策和地方性法规，对优秀的传统海洋文化项目采取积极有效的措施，进行抢救性的艺术保护；高起点构筑展示平台，充分展示海洋文化的迷人魅力，在办好现有海洋节庆的基础上，建议创办中国（或国际）海洋文化节，提升宁波海洋文化品位。

（二）打造宁波"阳明文化"心学圣地

从现实基础看，宁波是王阳明的出生地、成长地和讲学之地，一直以来把传承与弘扬阳明文化作为推动文化强市建设的重要内容，近年来陆续修缮了王阳明故居等一批文化地标，连续多年举办了"阳明文化日""阳明文化周"等活动，已经成为国内外具有重要影响力的阳明文化传播阵地。

重点举措上，宁波要深入实施阳明文化系列建设工程，围绕王阳明故居、中天阁等遗迹保护开发，推进阳明故里、阳明小镇项目建设，积极创作王阳明相关文艺作品，组织开展阳明文化重大课题研究，打造阳明心学文旅路线和研学基地，持续办好"阳明文化周"活动，推广"宁波小知"等系列 IP 形象及文创产品，构筑国内外阳明文化高地。

（三）推出宁波"藏书文化"拳头产品

从现实基础看，从宋朝至民国时期宁波就有藏书楼 100 余家，天一阁更是中国藏书文化的典范。为倡导全民阅读，2009 年以来，宁波市已连续组织了 8 届"全民读书月"活动，营造了浓郁的藏书文化氛围。

重点举措上，宁波要深入开展全民阅读活动，围绕藏书文化，重点打造"天一阁月湖景区"藏书品牌。加强图书馆建设，将宁波市图书馆建设成为在国内具有影响力的城市文化地标。创新建设公共阅读空间，推出"席地可坐"的读书空间等特色亮点服务，让市民在日常生活中直观感受宁波"藏书文化"。

（四）守护宁波"商帮文化"宝贵财富

从现实基础看，宁波商帮作为近代中国最大的商帮，如今不仅实现了从传统商帮向现代商人群体的转型，而且在时代发展进程中，在经济、科教、文体等诸多领域都取得了杰出成就，宁波已经连续举办 2 届"宁波帮"大会。

重点举措上，宁波要积极推进甬商产业回归、总部回归、资本回归、人才回归、科技回归。围绕商帮文化开展专版、专题、专栏宣传，拍摄反映甬商人文历史的精品纪录片，讲好甬商故事，传播甬商精彩，展现甬商精神。加强企业家精神打造，传承包玉刚、王宽诚、安子介、董浩云、邵逸夫等老一辈"宁波帮"的做人原则和商业基因。

二、着眼当下，做强独占鳌头的当代文化名片，力争"人有我优"

（一）塑造以"四知"精神为内核的城市精神

从现实基础看，宁波城市精神形成了新的时代表述——"四知"精神。"知行合一，知难而进，知书达礼，知恩图报"的"四知"精神体现了宁波深厚的文化底蕴，同时体现了鲜明的时代特色和价值取向，具有很强的独创性和极高的辨识度，在全国众多城市精神的表述中独树一帜。

重点举措上，宁波要以"四知"精神为内核，塑造宁波城市形象，在重要活动、各类城市外宣品、国内外新媒体平台中广泛使用"知行合一、知难而进、知恩图报、知书达礼"的城市精神文化形象品牌，强化各类活动子品牌对"四知"精神母品牌的支撑作用，形成对外传播效应。

（二）创建以"文明典范"为指向的全国文明城市

从现实基础看，宁波已获得全国文明城市"六连冠"。全国文明城市是我国所有城市品牌中含金量最高、创建难度最大的一个，是反映城市整体文明水平的综合性荣誉称号，是目前国内城市综合类评比中的最高荣誉，也是最具有价值的城市品牌。

重点举措上，宁波要以打造全国文明典范城市为载体，推动形成更有魅力的城市风貌和城市形象，精心打造城市功能区块，匠心雕琢城市细节，建成一批"席地可坐"的高标准保洁区域，塑造时尚大气、美观大方的城市形象。要高水平打造美丽城镇、美丽乡村升级版，坚决打好蓝天、碧水、净土、清废"四大战役"，积极培育文明乡风、良好家风、淳朴民风，推动环境美、人文美相得益彰。

（三）打造以"魅力乡村"为亮点的公共文化服务

从现实基础看，宁波的公共文化服务一直走在全国前列，形成了"一人一艺""天天演"等文化品牌。近几年，宁波更是通过"艺术+""音乐+""哲学+"等活动形成了公共文化服务体系建设的新亮点——"魅力乡村"建设。

重点举措上，"魅力乡村"建设要因地制宜、因村制宜，围绕哲学小村、生态美村、文化古村、艺术名村、旅游强村等多种模式形成特色，关键是留住乡愁，以文润村、以文化人，通过小乡村讲述大道理，通过老山村展现新魅力，力争打造出一个乡村文化建设的全国试点，成为全国样板。

（四）推动以"高质量"为前提的文化产业发展

从现实基础看，宁波始终把做大做强文化产业作为一项战略性任务来抓，"十三五"以来，全市文化产业增加值年均增速达 16.25%（宁波口径），2019 年实现文化产业增加值 916 亿元（宁波口径），同比增长 15.4%，占全市 GDP 比重的 7.6%，已成为宁波市国民经济发展支柱产业之一。

重点举措上，宁波应通过补贴、奖励等多种方式大力支持内容产品生产，依托和丰创意广场等文创产业基地和宁波广电集团、宁波日报报业集团、象山影视城等单位，重点扶持有潜力的影视、动漫、游戏、演艺、出版等文化内容产业。深化互联网在文化用品制造领域的应用，打响宁波文化用品智能智造品牌。打造"浙东唐诗之路"文化产业带，加强挖掘研究和传承，加快"浙东唐诗之路"文旅产业发展，推动森林温泉、上林湖越窑遗址、河姆渡遗址公园建设成为"浙东唐诗之路"文旅产业基地。

三、面向未来，做精独树一帜的新兴文化业态，力争"人优我特"

（一）着力将宁波打造成全球文化智造中心

从现实基础看，文化制造业是当前宁波文化产业中的主体产业，其实现的增加值占总量的比例保持在60%以上，远远超过全国29.1%的平均水平，占据绝对优势，但与此同时，宁波的数字文化产业却是明显短板。

重点举措上，宁波应着力促进文化制造与数字技术的融合，以数字技术促进文化制造转型升级、以文化制造为数字技术创造发展舞台，积极打造全球文化智造中心。这不仅是宁波文化发展扬优势、补短板的重要抓手，也是对宁波"246"产业发展要求的积极响应，更是对当前国家发展实体经济在文化领域中的主动实践。

（二）着力将宁波打造成全国影视产业发展标杆

从现实基础看，"影视宁波"是"文化宁波2020"的四个重要内容之一。以象山影视城、北仑博地影秀城、鄞州南部商务区等区域为主要依托的"影视宁波"建设已形成一定规模，影视产业的发展，不仅有助于宁波文化产业结构优化，而且对宁波城市形象塑造和推广、网红点打造、城市消费带动等具有重要意义。

重点举措上，宁波应以打造全国影视产业发展标杆城市为目标，以象山影视城、民和文化产业园、北仑博地影秀城、宁波文创港、溪口民国风情街等重点区块为发展依托，引进和培育影视剧本、拍摄制作、发行放映、会展节庆、影视交易、影视体验等产业链各环节主体，打造宁波全域、全产业链影视基地，形成"宁波影视"大IP。

（三）着力将宁波打造成音乐文化名城

从现实基础看，"音乐宁波2020"取得了良好进展；以宁波音乐港为主要依托的基础设施建设在逐步推进，宁波音乐港被列入浙江省打造文化产业万亿级产业重点项目，同时荣获 2019 年度浙江省宣传思想文化工作创新奖；"新乡村音乐"计划的推进使宁波成为中国乡村音乐的重要起源地；同时，中国（宁波）海丝国际音乐节、中国国际合唱节等众多音乐节庆活动也进一步活跃了宁波的音乐文化氛围。

重点举措上，宁波应立足打造海上丝绸之路音乐母港、中国新乡村音乐发源地、国家音乐产业基地园区的目标，持续提升宁波音乐产业的核心竞争力和品牌影响力，推进宁波音乐港建设、中国新乡村音乐基地建设和音乐特色街区建设，扶持原创音乐，尽快推动宁波建成音乐功能完善、音乐人才集聚、音乐创作活跃、音乐产业发达、音乐活动丰富、音乐品牌凸显、音乐消费旺盛的音乐文化名城。

（四）着力将宁波打造成"工艺与民间艺术之都"

从现实基础看，宁波的"非遗"保护、传承工作一直走在全省乃至全国前列，所拥有的"非遗"资源在副省级城市中也名列前茅，拥有良好的发展基础。"工艺与民间艺术之都"是全球创意城市网络的七个主题之一，截至 2019 年，我国已经有 15 个城市加入全球创意城市网络，其中有 3 个城市获评"工艺与民间艺术之都"，分别是杭州、苏州和景德镇。

重点举措上，宁波应进一步深入挖掘国家级、省级、市级"非遗"资源，整体规划"非遗"产业化传承发展，丰富民间民俗特色文化活动载体，同时借鉴相关城市申报"工艺与民间艺术之都"经验，对标申报要求，实质性推进宁波申报"工艺与民间艺术之都"，打造宁波的世界级文化名片。

宁波市社科院（市社科联）　张英　徐兆丰　史斌

关于加强宁波历史文化研究的建议
——基于近 20 年宁波历史文化研究的回顾与展望

近 20 年来，宁波坚持文化强市、文化树人的总体目标，组织市内外专家学者围绕梳理宁波文化传承脉络、挖掘宁波文化深厚底蕴等开展了一系列研究，取得了明显成效。但与先进城市相比，与国家级历史文化名城的要求相比，仍存在一定差距和不足。展望未来，还要以更高政治自觉、更强使命担当、更好质量标准，围绕"古、今、人、文"四大主题，谋划新时代宁波文化研究的思路和举措，奋力打造独具魅力的文化强市。

一、宁波历史文化研究概况及成效

2005 年 8 月，宁波市委十届四次全会审议并通过了《中共宁波市委关于推进文化大市建设加快社会事业发展的决定》；同年 10 月，成立由省委常委、市委书记挂帅的宁波市文化研究工程指导委员会，宁波文化大市建设工作进入了一个全新历史阶段。2007 年 6 月，宁波市委办公厅、市政府办公厅印发《宁波市文化研究工程（2007 至 2010 年）实施方案》，以宁波当代发展研究、宁波历史文化研究、宁波名人研究和宁波历史文献整理研究为主要内容的"宁波文化研究工程"全面铺开，经过多年的努力，取得了较为丰硕的成绩。

（一）"宁波文化研究工程"实施成效明显

"宁波文化研究工程"实施至今，共投入经费约 1200 万元，围绕"古、今、人、文"四大板块展开系列研究，成为引领宁波文化研究、汇聚历史文化智慧最具标志性的平台。

一是"古"，即历史文化板块。形成了包括宁波民营经济史研究、宁波农业史研究、浙东心学史等在内的专门史系列研究成果，完成专著 33 部；包括《〈四明丛书〉续编》编纂方案研究、宁波灵桥史料整理研究、《邵廷采全集》整理等在内的历史文献整理系列研究成果，完成专著15部；包括奉化布龙传承研究、"宁海平调"曲牌考略、宁波泥金彩漆的传承与保护研究等在内的非物质文化保护系列研究成果，完成专著5部。

二是"今"，即当代文化板块。形成了"改革开放三十年"系列丛书和宁波在长三角发展中的地位演进及提升研究、宁波现代海洋产业的选择与发展研究、现代社会组织与社区社工实践研究等研究成果，完成专著11部。

三是"人"，即名人文化板块。形成了包括李邺嗣研究、郑清之传、姜宸英研究等在内的名人研究成果，完成专著21部；包括鄞州史氏家族、余姚王氏家族研究、镇海柏墅方氏家族研究等在内的望族研究成果，完成专著16部。

四是"文"，即特色文化板块。形成了包括红帮裁缝研究、宁波帮文化与家族企业制度构建及传承的关系研究、宁波地名文化研究等在内的特色文化系列研究成果，完成专著33部。

（二）相关部门发挥各自优势，协同推进宁波文化研究

市政协、市方志办、天一阁博物馆以及在甬高校等单位，根据工作职能，充分发挥自身资源、人才等优势，积极开展宁波文化研究，协同推动宁波文化建设。

市政协组织出版"宁波帮"系列丛书30余部，成为弘扬"宁波帮"文化、传承"宁波帮"精神的主要组织部门。

市方志办以编纂宁波市志，挖掘、整理、研究宁波地方志与宁波历史文献，开发利用地方志资源为主要工作目标，出版了《宁波市志》《清代宁波府志》《宋元四明六志》等诸多地方志书。

天一阁博物馆在文献整理领域取得了不少成果，相继整理出版了《宁波市天一阁博物馆古籍普查登记目录》《天一阁藏书史志》《别有斋藏书目录》《天一阁藏明代方志选刊续编》《天一阁藏明代科举录选刊》《（嘉靖）宁波府志》等馆藏文献，并在此基础上出版了"天一阁研究丛书"，其主办的《天一阁文丛》是国内藏书文化研究的连续性学术出版物，多有宁波地方文献的介绍与研究，至今已出版近20辑。

市文化广电旅游局、市博物馆、市档案馆等部门，联合编纂出版了《甬上风物——宁波市非物质文化遗产田野调查》（149卷）、《甬上风华——宁波市非物质文化遗产大观》（丛书，11辑）、《中国"海上丝绸之路"研究百年回顾》、《20

世纪中国"海上丝绸之路"研究集萃》、《清代宁波契约文书辑校》、《〈申报〉宁波史料集》（8 册）、《宁波佛教》、《宁波佛教志》等著作。

在甬高校特别是社科研究基地充分发挥作用。如，宁波大学浙东文化研究基地推出了《北宋宁波文化史研究》《宁波古代对外文化交流——以历史文化遗存为中心》《黄宗羲与清代浙东学派》《宁波古代历史文化研究资料索引（1900—2008）》等 30 余部著作，民国史研究基地推出了《经营奇才——张敏钰传》《宁波小港李氏家族》《包玉刚与宁波开发开放》以及《宁波帮志》（系列专题）等优秀著述。

二、宁波历史文化研究存在的不足

（一）精品力作偏少

近 20 年来，宁波历史文化研究成果在"宁波文化研究工程""宁波学术文库"中多有体现，宁波市各高校、文化部门及研究机构也多有相关研究成果问世。但类似《宁波通史》（5 卷本）、《黄震全集》（文献整理，10 册）、《宁海丛书提要》（文献整理，120 册）等获得过省哲社优秀成果奖等高等级奖项、具有较大学术影响力的研究成果仍然偏少。

（二）研究成果分散

由于缺乏系统性的顶层规划指导，宁波的历史文化研究呈现出不同部门各自为战的特点，造成研究成果分散，不利于协同打造成体系、有规模，代表宁波在历史文化领域研究水平，并能在社会上产生较大影响力的研究成果。

（三）研究力量较弱

目前，研究宁波历史文化的力量主要来自在甬高校的文史哲教研人员，以及部分文化部门的专职研究人员和地方文史爱好者，其中高校是主要依托力量。但因历史原因，在甬高校不仅无哲学学科，而且与历史文化研究密切相关的汉语言文学、历史学等学科的研究人员也相对较少，高层次研究人员以及青年研究人才尤为匮乏。在省内外有一定知名度的高层次研究人才屈指可数，在省内外有一定优势的学科团队寥寥无几。学科布局的缺陷和研究人才的缺乏，已成为制约宁波历史文化研究向深度拓展的瓶颈。

（四）研究经费不足

近年来市财政下拨的专项经费逐年减少，由原先的每年约 140 万元下降到目前的 60 万元，目前每年只能资助 7 ～ 8 本专著。专项经费投入不足，也是制约宁波历史文化研究产出精品力作的重要因素。

三、宁波历史文化研究的重点领域展望

当前及今后一个时期，应认真落实党的十九大和十九届二中、三中、四中、五中全会以及"十四五"规划关于文化建设的部署要求，贯彻落实省委书记袁家军在浙江文化研究工程实施 15 周年座谈会暨省文化研究工程指导委员会会议上的讲话精神，按照省委"八个立"要求，以更高政治自觉、更强使命担当、更好质量标准，深入阐释宁波文化的历史渊源、发展脉络、基本走向，全面开启文化宁波建设新征程，为优秀传统文化创造性转化、创新性发展提供实践线索，形成具有浙江特色、宁波风范的当代"甬学"品牌。

（一）宁波历史文献整理研究

文献典籍是文化之根，是文化传承发展的基础，因此文献整理工作历来被视为嘉惠当代、泽及千秋的事业。宁波素有"文献之邦"的美誉，系统收集、整理海内外宁波历史文献，是深入挖掘宁波历史文化资源、揭示宁波历史文化底蕴的要求，也是展示宁波历史文化魅力、扩大宁波文化影响力的重要手段。

迄今为止，省内已系统开展或正在开展这项工作的，有温州市"温州文献丛书"（2001），杭州市"西湖文献集成"（2004），绍兴市"绍兴丛书"（2005），金华市"重修金华丛书"（2008），台州市"台州文献丛书"（2012），衢州市"衢州文献集成"（2015）等。而"浙江文丛"（2011）则是一项由省政府主导编纂，由浙江古籍出版社组织实施的重大文化工程，是一套以整理出版浙江文献为主，对浙江人物、浙江历史、浙江风物等进行广泛发掘、深入研究，以供世人全面了解浙江文化、深入认识浙江的大型文献丛书（已出版 500 册）。

早在 1999 年，宁波市社科联就组织专家开展《〈四明丛书〉续编》子目研究，2006 年又开展《〈四明丛书〉续编》编纂方案研究。但由于种种原因，《四明丛书》的续编工作一直未能实质性启动。建议把《〈四明丛书〉续编》编纂作为宁波市"十四五"文化发展规划的重点项目，集中力量优先整理有重要学术影响或珍稀罕见的宁波籍学者文集或著述。有两种建议方案：一是在已有文献整理成果的基础上，继续系统整理尚未正式出版的宁波历史文献。2006 年提交的"《四明丛书续编》编纂方案"曾就宁波籍学者文集或著述作了系统梳理，并建议第一期

整理文集 30 种。迄今，其中 14 种已点校出版，16 种未整理，包括《余姚虞氏合集》《舒岳祥全集》《杨守陈集》等。可在此基础上，增入《陈著集》《陈桱集》《程端礼集》等 20 种，合计 36 种。二是充分吸收已有文献整理成果，精选并系统汇辑不同历史时期宁波著名学人的经典文献 50 种，展示宁波学术文化精粹，如可辑入杨简、黄震、王应麟、胡三省、王阳明、黄宗羲、全祖望、朱舜水等人的代表性作品。

（二）宁波学术文化系列研究

宁波学术文化积淀深厚，是浙东学术文化体系的重要组成部分，而浙东学术作为中国区域文化的典型代表，以其求实务实、经世致用的为学宗旨独树一帜，饮誉海内外，在中国文化传统的整体构成中占有独特的地位。近 20 年来，宁波在浙东文化研究方面取得了一定成果，但缺少成系统、有影响的学术精品，特别是对宁波本土的重要人物及其思想研究还不够。因此，下一步可围绕以下选题重点展开：一是通史类。包括宁波文化史和宁波学术史，后者可采用《宁波通史》（5 卷本）的模式，打造多卷本著作。二是专题类学术史系列。包括宁波经学史、宁波理学史、宁波心学史、宁波史学史、宁波文学思想史。学术专题类研究可采用统一体例，每一专题以 30 万字为宜，统一套装出版。三是学人评传系列。宁波历史上学人众多，可在文、史、哲、经、法、理、工、医、农、兵以及教育、政治、宗教等学科领域中择取 50 位左右有建树的传主（部分传主也可以采用二人合传），统一体例，每本评传约 25 万字，以"评传丛书"的形式连续出版，或分辑分期出版。

（三）宁波商帮文化研究

宁波商帮文化是宁波最具特色的地域文化之一，它既是宁波传统文化中"工商皆本"思想在经济领域的体现，又是宁波传统文化中"经世致用"精神在宁波近代社会转型时期的创造性转化。宁波商帮文化不仅具有重要的历史研究价值，而且具有重要的当代价值，值得深入挖掘和弘扬。近 20 年来，宁波在商帮文化研究上取得了较为丰厚的成果，但多集中在人物传记和文化精神的阐析上，成果形式较为零散。为进一步打造宁波商帮这一城市名片，深化宁波商帮文化研究，建议下一步围绕以下研究重点展开：一是编纂商帮文化专门史。在总结梳理现有研究成果基础上，集中力量，编纂多卷本《宁波商帮文化史》，使之成为该领域的集大成之作。二是编纂文献史料系列丛书。加强宁波商帮相关文献资料，包括报刊资料、档案资料、文集与手稿、谱牒与方志资料、口述资料等的收集与整理，编撰出版"近代宁波商帮文献史料系列丛书"，为拓宽宁波商帮文化研究奠定资料基础。

（四）宁波海上丝绸之路文化系列研究

宁波是中国古代海上丝绸之路的始发港之一，"港通天下"是宁波城市形象的主题口号。深入挖掘宁波古代海上丝绸之路文化资源，不仅是助推当代宁波建设"名城名都""东方文明之都"的需要，也是宁波参与打造浙江"丝绸之路文化研究大平台"、服务"一带一路"建设的需要。

近20年来，宁波在古代海上丝绸之路文化研究方面取得了丰硕成果，但成果形式较为分散，缺少能够集中展现宁波在中国古代海上丝绸之路文化上的地位与贡献的集成式巨作或系列丛书。下一步，可围绕宁波与古代海上丝绸之路研究（多卷本）、宁波港口文化史研究（多卷本）、宁波海洋文献系列整理与研究（丛书）等重点选题展开。

（五）宁波非物质文化遗产研究

宁波非物质文化遗产是宁波历史发展和文化历史传统的见证，承载着宁波人的群体价值，是珍贵而具有重要价值的宁波特色文化资源，保护和弘扬宁波优秀非物质文化遗产，在建设当代社会主义核心价值体系中具有重要的作用和功能。

在非物质文化遗产研究上，《甬上风物——宁波市非物质文化遗产田野调查》（149卷）、《甬上风华——宁波市非物质文化遗产大观》（11辑）已做了大量的田野调查和初步梳理工作，下一步可在此基础上，重点对列入国家级非物质文化遗产代表性项目的宁波"非遗"项目，如梁祝传说、徐福东渡传说、奉化布袋和尚传说、宁波前童元宵行会、宁海平调、余姚剧、象山渔家号子、余姚土布制作技艺等，就其遗产特色、文化内涵、传承保护、开发利用等展开深入研究，分辑出版"宁波国家级非物质文化遗产代表性项目系列丛书"。

四、加强宁波历史文化研究的建议

（一）优化顶层设计

加大对宁波历史文化研究的重视程度，建议将"宁波文化研究工程"作为全市"十四五"文化发展规划的一项重大工程。围绕宁波特色历史文化，加强顶层设计，制定中远期研究规划，突出重点研究领域和项目，谋划打造一批有重大学术影响和良好社会效益的标志性成果。建议在宁波市文化研究工程指导委员会之下设立专家委员会，负责评估"宁波文化研究工程"规划及研究方案，评审、评估文化研究课题和成果。

（二）加强人才引育

加大国内外文化名家、文化研究高端人才引进力度，并优先考虑纳入"泛3315计划"。引导各类研究机构、高校等加强对文化研究领域青年人才的培育，在理论人才"三十工程"、领军和拔尖人才培养工程等人才工程中给予政策倾斜。加强各类文化研究机构和学术团体之间的联动，在文化学术研究和交流方面开展合作，在文化重大课题研究、重要学术活动、重点人才建设等方面相互支持，协同开展宁波文化研究成果的推介活动。

（三）整合资源力量

加大对"宁波文化研究工程"的财政投入力度，切实增加可资助项目数量，提高单项资助经费水平，提升成果质量。建议在宁波市文化研究工程指导委员会及其办公室领导下，进一步加强成员单位及相关部门之间的联动协调，切实强化对下阶段"宁波文化研究工程"的顶层设计和统筹安排，加强各方面研究力量的联动协作。近期，要健全组织架构，完善工作机制，整合最强力量，在保证高质量的前提下，加快推动《四明文库》的编纂与出版工作。

（四）强化平台建设

构建宁波文化研究的专家人才库、科研项目库和专题信息库，加快已有文化研究工程成果的数字化、影像化，谋划"宁波帮"研究、浙东文化研究数字化工程，实现纸电文化研究资源的一体化融合和图书、期刊、报纸各类文献载体的一站式检索。在市图书馆、书城、高校等场所开辟开放多元的公共交流空间，探索建设宁波文化研究"公共驿站"，为专家研讨交流创造条件。加快推进姚江书院建设，大力支持宁波王阳明研究院、宁波大学浙东文化研究院等研究平台建设。培育打造高级别文化研究刊物，扶持和壮大《浙东文化研究》《浙东文化集刊》《天一文苑》等宁波文化专业刊物，探索启动创设《宁波社会科学》或《宁波学刊》，为宁波文化研究提供高水平、标志性的展示平台。

宁波大学　张伟

优化《民生问政 服务问效》电视问政节目的建议

本文针对《民生问政 服务问效》电视问政节目中的导向出现部分偏差、部分现场承诺违背现代治理、专家队伍不够多元等不足，提出节目导向应更加凸显理性、点评专家应更加专业多元、领导干部应更加适应问政、整改举措应更加务实长效等建议。

一、《民生问政 服务问效》电视问政节目的成效

新闻媒体监督是最透明、最广泛的监督，是成本最低、最有效的监督。由市"六争攻坚、三年攀高"抓落实专项行动领导小组办公室和宁波广电集团共同策划的大型电视问政节目《民生问政 服务问效》，至今已举办三季，不仅收获了良好的收视率，同时也取得了明显成效。

从收视率来看，总体呈现大幅上升趋势。第一季的收视率与原黄金时段电视剧收视率持平；第二季收视率比第一季提高了20%，比原时段平均收视率高50%；第三季改成直播后，收视率又有大幅提升，比第二季提高了83%，且远高于原时段平均收视率。由此可见，该节目引起了广泛关注。

从取得成效来看，主要表现在三个方面。

一是增强了领导干部的危机感。电视问政暴露了问题，问出了个别领导干部素质能力和作风上的短板，倒逼政府部门提升政务服务水平，推动政府职能转变。

二是增强了群众的参与感。电视问政为普通百姓提供了一个与政府面对面

平等交流的平台，可以就与切身利益密切相关的民生问题进行对话、问询，要求政府官员当场回应，简化了问政程序，增强了问政实感，激发了民众参政议政热情。

三是增强了新闻媒体的使命感。新闻媒体发扬了揭露真问题、挖掘真相、追究真责任的"真问"精神，坚持问出真思路、真承诺、真成效，搭建起政府与民众之间的沟通桥梁，回应了社会期盼建立服务型政府的呼声。

二、《民生问政 服务问效》电视问政节目存在的问题探讨

（一）节目导向出现部分偏差

当前的节目导向表现出两个倾向。

一是问责重于问政。问责是问政的一种方式，但不是问政的全部指向，所以电视问政除了突出问责功能之外，还应该有促进对话协商的功能。相对来说，在已播出的三季节目中，问责功能体现很明确，但对话协商功能体现不足。

二是可看性重于有效性。从观众对电视问政节目的关注点来看，不少人只是盯着节目的"火药味""辣味"够不够浓厚，发问是否犀利等，但电视问政节目不同于一般的真人秀节目。从功能定位来看，它的核心是政治功能，而不是娱乐功能，电视问政节目成功与否，关键标准不是"火药味"够不够浓，而在于有没有起到疗效。从参与主体来看，在目前的节目中，新闻媒介的声音显得比较突出和强势，行政单位代表的声音偏于迎合性表态，显得比较弱势，而民众代表的声音比较少。三者应有的功能作用没有充分发挥，三方之间的沟通协调还不够充分。

（二）部分现场承诺违背现代治理理念

三季节目中，多数行政单位代表在现场给出了承诺，有的是主动给出承诺，有的是在主持人的追问下给出承诺。当场承诺的方式在一定程度上体现了"立整立改"的良好态度和行政作风，但也存在着部分失当。

一是现场承诺的合规性。有些临时性的承诺不符合行政行为的合法化、程序化要求，如在第三季节目中，对于214省道问题的相关承诺，就涉及一系列相关程序的审核与把关，如提请人大常委会审议、重大资金调度等。

二是现场承诺的适度性。在节目中，行政单位代表的心理压力会比较大，在应急状态下可能会作出过度承诺。比如，第一季节目中有单位承诺政府热线

接通率争取达到 100%，明显超过了主持人后来在节目中出示的《政府热线服务规范（GB/T 33358—2016）》规定的接通率不低于 95% 的要求。

三是现场承诺的合理性。在电视节目上，短短几分钟内要厘清典型事件的来龙去脉与是非曲直，本身就存在很大难度。在没有充分熟悉前因后果的情况下或者在民众诉求不尽合理的情况下给出承诺，固然能取得较好的现场效果，但同时也会给人一种决策随意感。倘若政府部门后续又未能及时兑现承诺，则更易陷入被动局面。

（三）专家队伍不够多元

专家队伍包括观察员和评论员。从观察员的组成情况看，第一季共 10 人，其中人大代表 2 名，政协委员 2 名，党代表 2 名，高校教师 2 名，媒体代表 2 名，分别由人大、政协等单位推荐；第二季共 6 人，包括媒体代表 2 名，高校教师 2 名，第一季择优留下来的"两代表一委员" 2 人；第三季共 3 人，包括高校教师 1 名，媒体代表 2 名。而评论员在三季中都是 2 名，均为媒体人，人数和人员上都未曾变化。从以上数据可以看出，无论是观察员队伍还是评论员队伍，媒体代表一直是核心。在这个队伍中，鲜见法律界专家，"两代表一委员"的数量也在不断减少中。尤其是在第三季，媒体代表占了 80%。

三、优化电视问政、促进城市治理创新的几点建议

（一）节目导向应更加凸显理性

一是有机设置选题。节目旨在寻求共识，要让官员有说话的"机会"、市民有问政的"能力"，达成理性有效的协商与对话。选题要注意多方位梳理，引入真正有公共性、现实性和紧迫性的议题，既要敢于为民发声、正视矛盾，又要把握好尺度与锐度的平衡，不刻意夺人眼球。

二是理性定位主持角色。主持人作为现场关键，一定要明确自身角色定位，即政府与公众沟通平台的中间人。在政治素养、知识背景、专业技巧上过硬，能够平心静气、审时度势、把握导向，引导理性对话、确保有效沟通，推动找出解决方案。尤其是面对一些敏感、复杂问题，要注意把握火候，适时引入政策解释、合理分配话语权，避免一味责问、激化矛盾。

（二）点评专家应更加专业多元

一是吸纳更多行业领域的专家担任观察员、评论员乃至增加"解读型专家"。

尤其是邀请法律界和涉及问政主题的专业领域专家，在现场运用专业知识解释一些特定事项，以独立的第三方身份，有效辨识和指出官员作答时存在的问题，并适当普及相关知识、解释施政困难。

二是专家应在质问、批评外，提供务实意见，协商解决难题。评论员发言可犀利尖锐，但旨在弄清症结、点明问题，而非追求和满足于"火药味"。"两代表一委员"组成的观察员，应用好自己的发言权、质询权，多问多思考，事后可形成议案；点评语言力求通俗明了，避免艰涩难懂的专业名词或含混不清的比喻。

（三）领导干部应更加适应问政

一是官员要主动提升自身媒介素养。电视问政节目中直问直答的"浸入式体验"，应成为深化干部服务理念、重塑政府回应模式的契机。领导干部要主动提升媒介素养，现场做到态度诚恳、分寸得当。在压力下对实际问题和解决办法都能有快速准确的分析，在诚恳"认错"之余注意慎重承诺，有所为有所不为。尤其是遇到不尽合理的诉求时要站稳立场，承诺举措必须有规可依，过度迎合、不当承诺可能造成公共资源的不合理配置，甚至触碰行政规范和法治边界，违背问政初衷。

二是避免陷入"顺从"式被动回应思路。在一些治理难点、改革创新点上完全可以开诚布公，主动与公众、专家探讨，既能争取群众理解，又能引入民智民策，化被动为主动。

（四）整改举措应更加务实长效

一是要举一反三，推动地方治理不断改革创新。不能单纯"拨一拨动一动"地解决单项问题，要以问政事项的整改破解为契机，强化自查、寻根究底，以解决好一类事情乃至理顺一种机制为目标，对有关情况全面清改。尤其是问政中反映出来的一些治理难点，要纳入长期改革议程。

二是要落实问效，加强后续监督通报。节目可不定期突击"回头看"，客观呈现问政成果。重要整改事项可由监察部门介入，与媒体联动追踪，督查到位。建立并公布持续跟踪问政事项的官方通报渠道（如微博、微信），实时通报更新整改落实情况，方便群众监督，促使《民生问政 服务问效》节目既有短期效果更有长期效应。

三是要关注舆情，妥善应对。节目"曝光性"可能会引起一定的负面舆论，也多少会对部门、干部形象造成损伤，要关注舆情发展，及时进行公关修复，避免负面印象沉淀固化。可以采取正反面相结合的"问政"方式，对于一些富有成效的举措，也要作出正面、及时的回应，既强化正面导向，又锤击负面不足，张弛有度才会收到更佳的效果。

宁波市社科院（市社科联）陈建祥 张英 孙肖波 李广雷

建议在《宁波市住宅小区物业管理条例》修订中更加突出党建引领

2010 年施行的《宁波市住宅小区物业管理条例》（以下简称《条例》）部分内容已不适应社会发展形势，迫切需要修订。建议在《宁波市住宅小区物业管理条例》修订中更加突出党建引领。

快速城镇化和社会变迁使社区治理规模和内容都不断扩大，社区居（村）民委员会、物业公司、业主委员会逐渐成为现代社区治理体系的"三驾马车"。市场失灵、自治失效、政府失管等情况在社区治理中不同程度地出现，亟须强化党建引领，发挥党的群众工作优势和党员先锋模范作用，引领基层各类组织自觉贯彻党的主张，确保基层治理正确方向。因此，建议将党建引领作为《条例》修订重点，在发挥党员和基层党组织引领作用的基础上，有效实现居（村）民自治和社区自治，提升社区治理现代化水平。

一、在《条例》修订中更加突出党建引领的重要意义

（一）上级有要求

党的十九大明确提出基层党组织要"领导基层治理"，党的十九届四中全会也指出必须完善党委领导的社会治理体系。以党建引领基层治理现代化，将党建与基层社会治理结合起来，是新时代基层治理方式与时俱进、国家治理体系和治理能力现代化的必然要求。将党建引领融入《条例》修订，有利于发挥基层党组织领导优势和组织优势，完善社区治理，实现基层治理现代化。

（二）各地有借鉴

2018 年 3 月 19 日，国务院对《物业管理条例》进行修正。2019 年 12 月 23 日，十三届全国人大常委会第十五次会议公布《中华人民共和国民法典（草案）》，

在"物权编"中对小区物业管理、小区自治作出新的规定。2018—2019 年，上海、重庆、深圳、武汉、衢州等多地先后修订物业管理条例，无一例外地都把党建摆到极其重要位置，如上海明确"党建引领、三方参与"治理架构，重庆创新社区党组织领导下的业主自治机制，深圳明确社区党组织在业主自治中的领导地位，武汉实施"红色引擎"工程激发社区治理活力，衢州构建党建统领红色物业联盟。宁波应广泛汲取各地经验，将党建引领融入《条例》修订，通过制度确保党建对基层社会治理的引领带动，提高基层社会治理水平。

（三）现实有需要

近日，在海曙基层调研时发现，物业管理中仍存在小区自治不规范现象，组织召开业主大会、进行业主决策等工作存在困难，大多数普通居（村）民对公共事务参与不足，个别小区自治和业主维权存在失控风险。物业管理中存在这些问题，关键在于缺少基层核心力量推动小区治理正常运作。目前，基层党建往往停留在"组织覆盖"和"仪式化参与"上，注重党组织体系在基层社会的覆盖率，但在提升组织体系的组织能力上相对滞后。在职党员向社区报到变成简单的参与社区志愿活动，而在小区自治、社区矛盾纠纷化解等治理事务中，个别党员刻意隐匿身份，甚至不交物业费等。将党建引领融入《条例》修订，对充分发挥党建引领作用具有很强的现实意义。

二、具体内容条款修改建议

（一）建议增加党建引领基本原则的条款

明确物业管理遵循党建引领原则。建议在总则中明确规定"物业管理遵循党建引领、业主自治、多方参与、专业服务与政府监管相结合原则"。

（二）建议增加党建引领物业管理具体方式的条款

一是党建引领开展物业管理。建议规定"业主大会、业委会、物业服务企业等在中国共产党社区委员会的领导下依法依规开展物业管理活动"。

二是党建引领纳入基层治理体系。借鉴上海、武汉等地新做法，建议规定"将物业管理纳入现代服务业发展规划、社区建设规划和社会治理体系，完善公益性和市场化相结合的物业管理机制，以基层党组织建设推进物业管理，促进物业管理融入城市基层社会治理""将物业管理纳入基层精神文明建设，开展物业管理考核"；建议规定"建立健全以社区党组织为领导核心，居（村）民委员会、业委会、物业服务企业等共同参与的住宅小区治理架构，推动小区物业管理创新"。

三是党建引领多方联动机制。进一步完善现有《条例》规定的物业管理联席会议制度，建议规定"健全社区党组织领导下的居（村）民委员会、业主大会、业主委员会和物业服务企业协调联动机制，统筹推进社区治理和物业管理工作"。

（三）建议增加加大业委会和物业服务企业党建力度的条款

建议规定"在业委会和物业服务企业中，根据《中国共产党章程》的规定，设立中国共产党的组织，开展党的活动，保障物业管理活动依法有序进行"。可借鉴衢州经验，通过加大在业委会和物业服务企业党建力度，健全物业管理区域基层党组织，在社区党委领导下，用党建把小区网格、业主委员会、物业服务企业、小区业主等主体贯穿起来，形成"红色物业"联盟。

（四）建议增加党建引领下严把候选人选举组织关、推荐关、审核关的条款

建议明确党组织把好候选人选举组织关，在业主大会筹备阶段和业委会换届选举阶段，社区党委或基层党组织尽早介入，规定"社区党委或者物业管理区域基层党组织应当派员作为业主大会筹备组和业委会换届小组成员"。

建议明确党组织把好候选人推荐关，在业委会委员候选人推选环节增加"社区党委可以向筹备组推荐候选人"；引导开展党员交叉任职制度，规定"鼓励和支持物业管理区域内共产党员、公职人员通过法定程序成为业主委员会成员，依法履行职责""提倡符合条件的社区党组织书记、副书记和居委会主任，通过法定程序兼任业委会主任"。

建议明确党组织把好候选人审核关，对筹备组和业委会候选人名单积极把关，规定"筹备组在确定业委会候选人名单之前应当征得物业所在地社区党委同意"。

（五）建议增加重要事项、重大分歧及时向党组织报告的条款

当出现日常合作危机、自治失灵苗头时，应及时上报信息，寻求社区党委的支持和党政力量的介入。建议规定"业主大会未能及时召开，或者会议未能形成相关决议决定，以及业主就会议议题内容存在重大意见分歧的，业委会应当及时向社区党委报告"。

（六）建议增加强化党组织对业委会监督的条款

建议借鉴深圳新条例，规定"实行业委会主任任期和离任经济责任审计，规定每半年公示业委会委员缴纳物业专项维修资金、物业管理费、停车费情况以及停车位使用情况"。同时，进一步完善业委会委员的任职条件，不得担任情形、禁止行为，建议规定自行终止职务、决定终止职务情况。

（七）建议增加在党组织领导下充分发挥居委会作用的条款

建议规定"业委会会议应当邀请物业所在地居（村）民委员会派员列席，业委会会议情况以及决定事项在物业管理区域内公告并应告知居（村）民委员会"，并加强居（村）民委员会对业委会换届改选、补选的参与和指导。鼓励在居（村）民委员会设立环境和物业管理委员会，具体指导和监督业主委员会、物业服务企业依法履行职责。

（八）建议增加推进党的领导和业主自治融合发展的条款

完善在职党员参与小区自治机制，深化党员"双报到""亮明身份"制度，将在职党员"亮明身份"落到实处，提高社区居（村）民对党员群体的知晓率，在职党员签订党员承诺书，带头开展物业费缴纳等自查自纠工作。引导和支持党员业主通过法定程序成为业主代表、业主委员会成员，发挥其在业主自治中的政治把控、矛盾调处、顾问咨询等关键少数作用。

（九）建议增加健全社区党组织和单位党组织党建工作衔接机制的条款

完善在职党员在社区党组织和单位党组织的双考评机制，考评重点应放在其社区政治表现及作为关键少数的实质作用发挥上，相对减少参加志愿活动等易流于形式的社区参与要求。

（十）建议增加创新党建引领小区执法协作机制的条款

针对社区基层组织约束力不够问题，建立健全党建引领小区执法部门协作机制，打通行政执法力量直接介入小区治理的"最后一公里"。可在《条例》修订中规定"因行政执法需要进入物业管理区域开展执法工作的，业主、业主委员会、物业服务企业应当提供便利"。

宁波市社科院（市社科联）　邵一琼

"清廉宁波"网站信息公开评估及优化对策

中国社会科学院中国廉政研究中心发布了 2019 年全国地方各级纪检监察机关信息公开评估结果，宁波在 33 个省会及副省级城市中排名第 6。课题组在认真分析这次评估结果的基础上，对"清廉宁波"网站建设提出了优化建议。

一、2019 年全国地方各级纪检监察机关信息公开评估分析

（一）评估指标体系和方法

指标体系分三级，一级指标 8 项、二级指标 25 项、三级指标 61 项，主要从公开平台、组织结构、部门收支、制度规定、工作报告、通报曝光、巡视整改、社会参与等 8 个方面评估纪检监察机关信息公开状况。中国廉政研究中心项目组通过全覆盖随机抽样方法确定评估对象，在固定的时间段观测和评估网站发布的相关信息。

（二）评估结果

2019 年，中国廉政研究中心对全国 31 个省（自治区、直辖市）和 33 个省会及副省级城市、54 个普通地级市及 194 个县区纪委监委信息公开工作进行了系统评估。其中，33 个副省级及省会城市纪检监察机关的平均得分为 40.80 分。宁波排名第 6，得分为 47.20 分，虽然名次靠前，但仍有较大提升空间。

（三）宁波的强项与短板

在 8 个一级指标中，"公开平台"指标排名前十的绝大多数城市之间没有多大差别。"巡视整改"指标排名前十的城市中，宁波居首位，达到 76.45 分。打开"清廉宁波"网站，发现宁波在"巡视整改"工作方面做得确实不错，不但有上级巡视，还有市本级巡察；不但有巡察公告，还有巡察反馈。存在问题主要是巡察整改情况的通报不及时、不完备。

宁波的短板主要体现在"工作报告"和"社会参与"两项指标上。"工作报告"指标，宁波得分为0，在"清廉宁波"网站上，查不到宁波纪委监委的工作报告。相比之下，成都、贵阳、石家庄、南京等城市得分较高，都在90分以上。"社会参与"指标，宁波得分为26.41分，在排名前十的城市中得分最少，武汉、南宁、南京等城市的得分都远远高于宁波。具体来说，"社会参与"包括"监督举报渠道""群众评价互动""网站点击率"3项二级指标，宁波在这些方面还较为欠缺，需要下功夫、出实招、做实改、引实行。

二、优化"清廉宁波"网站信息公开工作的建议

（一）创新"平台载体"公开模块

对照"纪委监委公开平台评价指标"明确的1项一级指标、3项二级指标、6项三级指标，建议创新"清廉宁波"网站相关模块，增加"清廉宁波"站内检索功能并使站内检索功能更加便捷，提高"清廉宁波"网站信息更新频率尤其是头条信息的更新频率，便于社会公众通过网站和公众号及时了解相关信息。

（二）丰富"组织结构"公开内涵

对照"纪委监委公开组织结构评价指标"明确的1项一级指标、5项二级指标、14项三级指标，建议对"清廉宁波"网站上的纪委监委相关信息及时进行动态更新，对纪委监委领导班子成员姓名、照片、履历介绍，内设及派驻机构的职责、编制等信息，能公开的尽量予以公开，使纪检监察机关更多地接受多元监督。

（三）加大"部门收支"公开力度

对照《中华人民共和国政府信息公开条例》（2019年4月3日中华人民共和国国务院令第711号修订颁行）第20条、2019年宁波市政务公开工作要点和"纪委监委公开部门收支评价指标"明确的1项一级指标、4项二级指标、9项三级指标，建议在"清廉宁波"网站上及时公开预决算、办案经费、"三公"经费等信息。

（四）拓展"制度规定"公开项目

对照"纪委监委公开制度规定评价指标"明确的1项一级指标、2项二级指标、5项三级指标，建议在"清廉宁波"网站上对监督执纪问责的上级制度、本级制度、相关实施细则及工作程序等法律规范应公开尽公开，做党政机关的表率和先行者。

（五）扩充"工作报告"公开内容

对照"纪委监委公开工作报告评价指标"明确的 1 项一级指标、3 项二级指标、4 项三级指标，建议在"清廉宁波"网站上及时公开纪委全会工作报告。如果有保密事项不便于公开，那么也应该尽量扩充公开内容。当前，在"清廉宁波"网站上没有找到任何一次全会工作报告，而在成都纪委监委"清廉蓉城"网站、南京纪委监委"钟山清风"网站上，都可找到纪委全会工作报告。

（六）加大"通报曝光"公开频率

对照"纪委监委公开通报曝光评价指标"明确的 1 项一级指标、3 项二级指标、11 项三级指标，建议在"清廉宁波"网站上通过图文、音视频立体协同的形式，提高对违纪、违规、违法案件的公开频率，加大教育和震慑力度，为打造不敢腐、不能腐、不想腐长效机制构筑有影响力的平台。

（七）提升"巡察整改"公开效果

对照"纪委监委公开巡视巡察整改评价指标"明确的 1 项一级指标、2 项二级指标、5 项三级指标，建议在"清廉宁波"网站将党的十九大以来以巡察报告统领巡察、以问题整改突出问题导向、以专题督改引导专项巡察、以立行立改凸显震慑作用、以装备到位保障巡察有序的情况，及时、动态、全面地予以公开。这样不仅有利于被巡察单位更清晰地了解巡察工作的工作程序，还可以发挥巡察利剑的震慑效能，有利于打造风清气正的政治生态。

（八）开放"社会参与"公开平台

在"清廉宁波"网站上不易找到"网上举报"平台，与此形成鲜明对比的是，成都纪委监委"清廉蓉城"网站醒目位置可以找到"举报投诉"平台，南京纪委监委"钟山清风"网站醒目位置可以找到"信访举报"平台。对照"纪委监委公开巡视巡察整改评价指标"明确的 1 项一级指标、3 项二级指标、7 项三级指标，建议在"清廉宁波"网站开通举报投诉模块、网民留言模块、点击量统计模块，并把相关模块做得更精细、更亲民，使"清廉宁波"网站真正成为市民群众与纪检监察机关互动的良好平台。

浙江万里学院　陈金波

关于完善推广江北区全面从严治党集成性改革
当好全面从严治党涵养优良政治生态"模范生"的建议

本文总结提炼了近年来江北区围绕全面从严治党开展集成性改革的举措和成效，并就完善推广江北区改革做法、推进风清气正的清廉宁波建设提出建议。

一、主要做法

（一）注重一锤接着一锤敲，持续性创新制度机制

持续性创新制度机制，在落实班子责任、"第一责任人"责任、"一岗双责"和监督责任过程中坚持"四位一体"整体推进，接续发力，一以贯之深化全面从严治党。2014 年，创新建立了一把手分析研判制度，推动党委（党组）书记定期听取干部勤廉状况分析报告，并及时提出要求、落实责任。2016 年，创新实施了党风廉政建设函告制度，促进各级领导班子成员履行好"一岗双责"。2017 年，创新建立新任一把手"三交底"廉政谈话制度，探索出一条压紧压实"第一责任人"职责、促进主体责任落地落实的新路子。2018 年，江北区率先建立巡察"开巡报告"制度，牢牢把握政治巡察定位，将巡察准备工作进一步做深做实做细，有效提升巡察监督质效。2020 年，江北区创新建立"云监督"工作机制，在全面从严治党新常态下进一步提高了监督工作的精准性、实效性。

（二）注重一关接着一关闯，针对性瞄准难点短板

针对新任党委（党组）书记对"第一责任人"职责存在认识模糊、对所在单位存在问题及生态状况知之甚少的情况，创新建立"三交底"廉政谈话制度，由纪委主要领导在其上任之初"一对一"地、"面对面"地交底问题清单、风险清单和履责清单，既增强新任"一把手"履行主体责任的意识，更能让其树立抓好党风廉政建设的信心和决心。针对班子成员同级监督缺少有效载体、班子成员抓

党风廉政建设缺少有效抓手的情况，通过创新建立党风廉政函告制度，将发现的党风廉政建设问题以《廉政函告书》的形式送达班子分管领导，分管领导根据"五个一"的履责要求，督促分管单位举一反三抓好整改落实，既压紧了班子成员"一岗双责"，也探索出了破解同级监督难题的新路子。针对基层熟人社会对巡察工作的影响、巡察发现问题质量不高的情况，创新实行"开巡报告"制度，推进巡察前期准备工作更加规范、充分，确保巡察有备而去、有的放矢。

（三）注重一环接着一环抓，系统性推进"四责联动"

持续推动制度创新，并注重提升各项改革的互补性、关联性和耦合度，联动推进班子责任、"第一责任人"责任、"一岗双责"和监督责任"四责协同"有效贯通。通过一把手分析研判，为一把手履责提供有效抓手，以此压实党委（党组）的主体责任；通过"三交底"廉政谈话制度，压紧压实新提任一把手"第一责任人"责任，明确该怎么履责；通过党风廉政函告制度，压紧压实领导班子成员的"一岗双责"，为班子履责提供有效支撑；通过开巡报告，做深做细做实巡察前期准备工作，为实施精准"体检"做好充分准备。由此实现纪委监委监督、派驻监督、巡察监督之间环环相扣、"联动联合"，主体责任、"第一责任人"责任、"一岗双责"、监督责任的责任链条进一步打通，让横向协同协作与纵向压力传导结合起来，有效形成监督合力。

二、主要成效

（一）主体责任进一步压紧压实

自推行全面从严治党集成性改革以来，推动制定整改措施 120 多项，推行"开巡报告"后平均每家被巡察单位发现问题与移送线索数量同比分别增加 32.2%、41.2%，平均每家单位巡察时间同比减少 15.0%，"第一责任人"责任和"一岗双责"不断压实。目前，"三交底"廉政谈话制度已作为宁波市唯一经验入选《全国纪检监察监督工作实践探索》（中国方正出版社，2018）一书，并被评为全国首届纪检监察体制改革典型案例。函告制度被市纪委列入"三书三查两报告"在全市范围推广；"开巡报告"制度入选 2019 年度宁波市改革创新十大最佳实践案例。

（二）勤廉干事进一步深入深化

以分析研判、"三交底"廉政谈话、党风廉政函告、"开巡报告"等各项创新制度为载体，各级党组织抓班子、管队伍、干事业的积极性、主动性被进一步激发出来，自觉加强本单位、本系统的干部队伍的思想动态、作风状况、履职情况的日常监督管理，全区干部作风建设和精神面貌进一步好转，"四风"问题得到有效遏制。同时，充分发挥警示教育作用，组织新提拔区管干部赴省法纪教育基地接受警示教育，编发《江北区违纪违法典型案例警示录》，用身边事教育身边人，推进勤廉干事观念进一步深入深化，廉荣贪耻、勤劳务实的良好风气逐步形成。

（三）政治生态进一步向清向好

系统创新的四项制度机制为推进全面从严治党注入了新鲜血液，为落实全面从严治党政治责任提供了有力抓手，形成了环环相扣、无缝衔接、贯通运用的履职尽责"组合拳"，进一步提升了抓党风廉政建设、抓干部队伍建设的针对性、系统性和时效性，教育引导党员干部特别是领导干部自觉严守道德底线、纪律红线，一体化推进不敢腐、不能腐、不想腐，最大限度减少腐败问题的发生。

三、几点建议

（一）当好模范生，要总结推广有效经验做法

通过开展专题研讨、交流座谈等方式，将江北区创新实践的"三交底"廉政谈话、党风廉政函告等改革举措以及其他区县（市）的探索做法进行深化完善、提炼总结，形成可复制、可推广的经验模式，在全市推广，并积极向上级部门汇报推介。

（二）当好模范生，要持续推进集成改革创新

坚持以改革的思维和办法破解难题，持续推进我市全面从严治党集成性改革，特别是要坚持问题导向，着力推进政治监督体系、扶贫领域监督体制、纪检监察体制、"两个担当"等方面的集成性改革，推动全面从严治党取得更大战略性成果。

（三）当好模范生，要加快打造重大标志性成果

着力在政治生态清明、经济生态清净、社会生态清朗、文化生态清正等方面打造形成一批具有创新性、示范性和影响力的重大标志性成果，并注重对成果的提炼总结、宣传推介，让"清廉宁波"成为宁波城市的一张亮丽名片。

宁波市社科院（市社科联）课题组

我市村级组织换届选举中可能出现的
风险点及相关防范化解建议

2020 年是我市村级组织换届年。在行政村规模优化调整、村书记村主任"一肩挑"、疫情防控常态化等新形势下，村级组织换届选举中可能会出现一些新情况、新问题，工作难度也会加大。为保证村级组织换届选举工作顺利进行，要未雨绸缪、及早谋划，对合村时间较短带来矛盾冲突更多、宗族派系对换届选举干扰更大、村级干部基数消化更难、村"两委"班子选配更复杂、组织动员和集中投票任务更重、选举操作与监督要求更高等风险点进行提前研判、综合分析，并做好防范和解决预案。

一、合村时间较短带来矛盾冲突更多的问题

（一）问题分析

此次奉化、象山、宁海、江北等地合村时间较短，三个月内就完成，乡镇政府、新村党组织、过渡时期村选举领导小组之间尚未充分融合，尤其是在合村时职务变动或没能再担任领导的部分村干部，心态上难免产生一些不良情绪。加上此次换届选举是合村后的第一次换届选举，更易导致矛盾问题集中爆发，如合村后村级集体资产管理、村级利益分配、征地补偿等问题。调查中发现，有的村在合并前负债高达几十万元甚至上百万元，合村后由谁来偿还债务、村集体财产如何分配成为难题；有的村还欠着一些村干部的补贴；还有一些村的征地拆迁款未及时发放到位而积聚矛盾。

（二）对策建议

一是全面开展摸底。在换届选举前，乡镇政府要做好村干部考察、财务审计、社情民意调查等准备工作。设立村级组织换届选举矛盾纠纷排查工作组，

以乡镇领导班子包村、一般干部联组、党员代表联户为主，通过召开专题村民说事会、进村入户大走访等形式，深入分析、吃透村情，掌握换届选举的有利因素和存在的突出问题。

二是精心制定预案。各乡镇、行政村结合实际制定切实可行的换届选举工作方案、目标责任细化表及社会稳定风险防控方案，并对群众反映强烈的历史遗留问题进行调查核实、清理处置，做到一村一策、一案一策。

三是畅通信访渠道。各级信访部门要认真做好信访接待和处理工作，千方百计把问题解决在基层、解决在萌芽状态，防止矛盾激化、事态扩大。

二、宗族派系对换届选举干扰更大的问题

（一）问题分析

传统的宗族亲属观念在乡村尤为强烈，基本以同姓为一派，如果外姓人多，或多个姓氏村民集中，往往会导致矛盾复杂化。在此次合村后，村庄面积更大，人口数量更多，宗族姓氏更杂，对换届选举干扰更大。调研中发现，老百姓普遍认为村委会当中必须有自己片村的人，担心"并村后不把资源放他们那里"，在换届选举中村民投票往往不问竞选者的素质和能力，只问来自哪个村。

（二）对策建议

一是做好关键群体说服教育。摸清宗族各派底子，对关键人物进行多种渠道、多种方式的说服教育，使他们摒弃狭隘的思想，从本村长远发展出发，选好本村"两委"班子。

二是严肃换届选举纪律。对影响和阻碍换届选举工作的宗族、宗派及各种非法组织活动，对利用暴力、威胁、欺骗、贿赂、伪造选票以及冲击选举会场等手段进行的违法犯罪活动，要坚决制止纠正、依法打击。

三是完善村规民约。制定完善宗族问题相关政策和村规民约，指导宗族关键人物协助村委会管理村庄，积极动员宗族成员遵纪守法，规范参加片区选举。

三、村级干部基数消化更难的问题

（一）问题分析

《浙江省村级组织工作规则（试行）》等文件规定，村干部职数一般核定为3～7名，但由于农村工作繁杂，我市各乡镇普遍存在超职数配备村级干部的情况。2020年开始，建村数量大幅精简，如象山从490个行政村调整到350个行

政村，这就意味着有近千名村干部被调整出来，消化压力较大。由于职数有限，村干部之间竞争也必将更加激烈，尤其在原村有一定声望和影响力的村干部，如落选后安抚工作不到位，有可能引发相关矛盾。

（二）对策建议

一是切实做好思想疏导。乡镇（街道）党政领导要与退任村干部积极开展谈心谈话，引导广大村干部特别是退任村干部正确看待个人进退留转问题，自觉遵守政策规定、尊重选举结果。

二是妥善安排退任后路。鼓励有能力、有意愿的退任村干部到农村专业合作社、村务监督委员会、村民小组等担任职务，或聘为镇村顾问，继续发挥余热。

三是及时给予经济补助。对退任村干部并任职达 9 年的应及时给予一次性经济补助。对于一些任满 2 届、任职 6 年的村干部，符合主动退任条件的，应适当放宽任职期限，使他们也能享受一定经济补助。

四、村"两委"班子选配更复杂的问题

（一）问题分析

一是小村能人当选难。合村前，客观上存在大村小村、强村弱村的区别，优秀的村干部如果在小村弱村，合村后客观上就不容易被选上。

二是年轻干部当选难。合并村之间的村民了解不深，一些较为优秀的后备干部锻炼机会较少，不被村民所熟悉，当选难度较大。

三是妇女当选难。调研中发现，尽管乡镇政府大力引导，但是由于没有相关法律法规和政策硬性规定，女性参选意愿不高，加之一些女性参政能力有限，在更加激烈的竞争背景下，女性很难获选。

（二）对策建议

一是探索划片提名候选人。结合村实际，依法注重平衡原村各方利益，做到既促进融合发展，又利于工作开展。探索候选人提名办法，平衡各原村候选人名额，以原村为片区提名本村候选人，确保每个自然村至少有 1～2 名正式候选人。按原村人口占比相对平衡原则，合理分配村民代表名额，保障小村弱村合法投票权益。

二是选优配强村"两委"班子。区县（市）党委组织部门要发挥牵头和协调

作用，切实加强对换届选举工作的统筹指导、对村干部选配的审核把关。在村干部配备上，广泛征求党员和村民代表意见，在原各村多发现、多培养、多选拔35周岁以下优秀年轻干部，并将合村工作中的表现作为新村班子配备的重要依据。

三是保障妇女候选人名额。可在选票上单设"妇女委员"一栏，选举时对女性候选人单独计票，得票达到法定票数，优先确定得票最多的女性当选。

五、组织动员和集中投票任务更重的问题

（一）问题分析

一是组织动员难度大。调研中发现，许多乡镇有将近60%的村民在外打工、经商，有的比例更高，符合选民条件的在家人员较少，大大增加了组织动员难度。

二是集中投票难度大。受合村影响，村庄范围扩大，选民居住地距离较远且分散，特别在疫情形势下，组织集中投票压力增大。

（二）对策建议

一是强化宣传教育。及时召开村"两委"换届选举工作动员会，统一思想、明确要求、强化纪律。加强对村民的宣传教育，务必保证《村级换届选举工作手册》《告全体选民书》《选民须知》发到每个选民手中，采取"上门＋通信"动员和"电话＋喇叭"提醒等多种举措，让选民了解换届选举的有关事项，如换届选举的目的与意义、法律法规、上级政策和程序方法等重要内容，引导群众正确对待选举。

二是探索远程集中投票试点。借鉴湖北经验，在合法合规前提下，制定《村"两委"换届选举远程投票方案》，聘请专业技术团队参与微信公众号"远程投票"功能搭建。提前将在外打工经商或居住地与集中投票点距离较远且有意愿参与本次远程投票的村民信息录入系统中，保障具有投票资格的选民可进入"投票选举"菜单；参与远程投票的村民需先在微信公众号进行身份认证，确保本人投票；远程投票结果与现场投票结果同时计票，且当场公布投票选举结果。

六、选举操作与监督要求更高的问题

（一）问题分析

有的村干部对相关法律法规了解得不够深入、不够透彻，甚至是一知半解；

有的对换届程序和方法讲不清楚，造成群众误解或疑惑；有的在选举操作中简化某些环节，造成选举结果不被信任；有的对村情民意了解不够，容易生搬硬套；有的故意制造矛盾，结成"利益同盟"，经常在茶馆、饭店"开小会"，花式拉票，如宴请、送烟酒、发微信红包、托人打招呼；有的"画大饼"，盲目许诺将实施公益事业项目；等等。此外，有的流动票箱监管不到位，由于许多村民在外打工，可能出现大量代投票、委托投票以及口头委托投票，一些流动票箱的监票人往往变成投票人，有时一个人代填十几张，存在舞弊可能性。

（二）对策建议

一是严格法律程序。全面落实"十严禁""十不准"纪律要求，严格程序、依法操作，认真抓好对选举工作人员的业务培训，使他们熟练掌握相关法律法规和换届选举的程序方法，建立一支精干高效的换届选举骨干队伍。

二是加强全程监督。区县（市）纪检监察部门向各村派驻换届选举监督工作组，对换届选举中出现的贿选拉票等违法违规行为，及时介入，严肃查处。严格限制流动票箱的使用数量，规范设置区域，对于委托投票和代投票行为，严格书面委托手续。

宁波市社科院（市社科联） 邵一琼

后　记

围绕党委、政府中心工作，服务经济社会发展，深入研究、出谋划策、积极发声，是哲学社会科学工作的重要职能。长期以来，宁波市社科院（市社科联）围绕宁波发展的全局性、战略性、前瞻性问题，积极组织全市社科界力量开展研究，并通过《社科成果专报》及时向市领导报送研究成果和对策建议，为党委、政府决策提供理论支撑和智力支持，发挥了思想库、智囊团的重要作用。

2020 年是极不平凡的一年，面对错综复杂的国际形势、艰巨繁重的改革发展稳定任务特别是新冠肺炎疫情的严重冲击，以习近平同志为核心的党中央团结带领全党全国各族人民战胜各种风险挑战，取得了举世瞩目的成就。在统筹推进疫情防控和经济社会发展的特殊时期，习近平总书记到浙江考察调研，第一站就是宁波，让全市党员干部和群众备感振奋、备受鼓舞。2020 年，宁波市社科院（市社科联）党组在市委、市政府的领导下，在理论研究和建言献策方面主动担当作为，积极履职尽责，咨政研究工作取得了历史性好成绩，全年共报送《社科成果专报》81 期，获市领导批示 46 人次，其中主要领导批示 27 人次，许多研究成果被市委、市政府决策吸收采纳。

本书突出问题导向和实践价值，收录 2020 年度《社科成果专报》具有较强针对性和可操作性的部分优秀研究成果共 71 篇，涉及"重要窗口"建设、新冠肺炎疫情防控、助推复工复产、弘扬"四知"精神、区域开发建设、产业经济转型、开放合作深化、社会建设深化、历史文化挖掘、党建纪检建设等方面。

《宁波社科咨政报告 2020》是宁波市社科院（市社科联）咨政研究成果的第一次出版，今后，我们将紧紧围绕市委、市政府中心工作，加强政策咨询研究工作，进一步提升研究层次，力争多出成果、快出成果、出好成果，期望本报告能够成为宁波社科理论界服务中心、服务决策、服务发展的"金名片"。

本书由宁波市社科院（市社科联）组织力量编写，党组书记、院长、主席徐方担任主编，鲁焕清、童明荣、李建国担任副主编，科研管理处承担具体编撰出版工作。其间，市委宣传部相关领导和理论调研处给予了大力支持，市级相关部门和在甬高校提供了许多帮助，在此一并表示衷心感谢！

　　囿于水平，本书难免存在不足之处，恳请批评指正。

宁波市社科院（市社科联）

2021 年 4 月